KB105430

지구화 시대 여성주의 철학

윤혜린 지음

지구화 시대 여성주의 철학

윤 혜 린 지음

철학과현실사

책을 펴내며

우리 시대를 특징짓는 으뜸가는 표지는 지구적 자장(磁場) 안에 들지 않는 항목들 혹은 대상들의 거의 완전한 소멸이다. 이제 사람(이주노동자, 유학생, 이민자, 난민 등), 물건, 부(富), 정보, 기술, 위험, 지역문화가 지구적 연결망과 흐름 속에서 전면적으로 생산, 교환되고 있다. 물질이든 비물질이든, 유기물이든 무기물이든 그 소통을 막고 있던 국민국가적, 지역적, 의식적 경계들이 빗장을 열어 가고 있다.

소위 386세대에겐 부재했던 해외 배낭여행의 경우를 보자. 지금의 학생들은 방학이나 혹은 휴학 기간을 이용하여 이웃나라 먼 나라 할 것 없이 새로운 경험을 향해 발걸음을 내딛고 있다. 이들이 보고 오는 것은 이국적인 자연 풍광이나 수준 높은 그들 선조들의 문화유적만이 아니다. 다른 나라, 다른 지역의 사람들은 현재 무슨 생각을 하며 어떻게 살고 있는지 몸으로 느끼고 그들의 생활양식을 묻혀서 들어온다.

이들은 한 호수의 백조가 환경오염으로 죽음을 당한 사건이 신문의 1면을 장식하는 것을 보고 환경 선진국의 의식 수준을 짐작한다. 지진의 재앙이 닥친 나라에 자원 활동을 하러 간 학생은 몇 달의 기간 안에 돌아와야 하는 처지에 발길이 떨어지지 않았지만, 다시 2차 계획을 치밀하게 세워서 거의 1년 일정으로 다시 그곳으로 돌아가려 한다. 차세대 리더를 키우려면 천 권의 책보다 열 군데의 여행이 낫다는 말처럼, 이들은 지구화 시대의 체 게바라인 것처럼 자신의 궤적을 따라 공간 이동을 한다. 글로벌 NGOs는 의식 있는 학생들의 새로운 활동 지평이다.

이렇듯 지구화(globalization)는 일상의 미세한 영역에까지 강력한 구성적 힘으로 작용한다. 우리의 모세혈관에는 지구화 과정의 각종 생산물들과 다양하고 복합적인 효과들이 흘러넘친다. 특히 지구자본과 소비문화의 긴밀한 유착을 통해 우리의 몸과 의식은 순간순간 광속으로 전개되는 변화를 체험해 가는 중이다.

지구화를 추동하는 기본 동력은 바로 정보기술의 급속한 고도화와 공간적 확산이다. 지구촌 저편에서 일어나는 사건을 바로 지금 내 앞에 재생시켜 주는 통신과 컴퓨터를 통한 정보처리는 우리의 경험과 인지 과정을 새롭게 조직하고 있다. 세계적 냉전 질서의 기세가 한풀 꺾인 상태에서 진행되는 지구화의 과정은 생활양식과 문화가 지구적 차원에서 유통될 수 있는 가능성을 제고한다. 이제 과학기술을 떠나서 지구시민사회의 형성이나 지구촌 민들의 의식의 의미론적 질서 및 문화적 욕구 등을 논하기 어렵다. 과학기술의 효과에 따라서 삶의 거의 모든 차원이 매개되거나 굴절됨으로써 자연적 직접성에 의존해 온 체험의 방식은 최소화하거나 해체되는 상황이다.

우리 시대의 구조적 조건인 지구화와 정보화는 서로가 원인이자 결과로서 매우 밀접한 두 개념항이다. 우리의 관심과 이해, 활동 범위가 지구 전역으로 확장되는 것을 현실화시켜 주는 힘이마로 정보 네트워크다. 역으로 사람들 간의 관계가 지구적으로 확장됨으로써 다른 지역의 사회구조나 문화 등에 대한 정보적 접근 및 문화권이 요청된다. 이에 따라 기존 경계들을 횡단하는 정보사회적 삶의 양식을 통해 지구촌은 다양한 차이들을 기반으로 한 지구적 결속체로 재구성된다. 우리가 지구/지역적(glocal) 세계를 개인의 세계로 구성해 가면서, 또한 자신의 관심과 활동을 지구/지역적으로 유통시키기도 하는 이러한 삶의 지평을 '정보적 지구화(informational globalization)'라고 말할 수 있다.

정보적 지구화는 시공간 응축(time-space compression)에 따른 경험의 증폭과 공간적 교류 및 정보소통의 환경과 함께 가기 때문에, 정보사회의 여러 공간들은 다중적 현장들에서 활동하는 행위 주체들과 리더십들을 생산한다.

필자가 주목하고자 하는 것은 지구적 정보사회의 공간적 문제다. 큰 단위로서 지구(혹은 세계)는 모든 지리적 공간에 대해 주변 환경으로 작용한다. 지구는 각 공간에 스며들어 그 공간을 변화시키고 거기에서 초래되는 결과에 따라 자기 스스로 변화, 발전하게 된다. 지구라는 공간은 일종의 '메타 공간' 혹은 '공간들의 공간'으로서, 다른 모든 공간들을 한꺼번에 종합하는 상징 언어다.

지구화는 외부 공간의 내부화를 수반한다. 즉 가도 가도 끝이 없을 것 같은 세계에 대해서 이제는 마지막 부분, 미지의 지역들까지 인간의 발이 가 닿음으로써 인간에 의해 포획되는 지구가 된 것이다. 올리비에 돌퓌스의 용어로 지구 공간의 유한화(有限化)가 급속히 진행되고 있는 것이다.

현대 자본주의 역사는 생활의 속도를 빨라지게 하는 속도전의 양상을 보이는 반면, 공간적 장벽을 극복하는 능력이 커짐에 따라 이제 세계는 "우리들 내부로 가라앉는 듯하다."고 데이비드 하비는 말한다. 공간은 정보통신으로 묶인 '지구촌'으로 줄어들거나 경제적, 생태적으로 상호 의존하는 '우주선 지구호'로 축소된다는 것이다. 시간 지평은 바로 지금 모든 것이 존재하는 정신분열증적 세계라고 할 정도로 단축되고 있다.

그렇지만 하나뿐인 이 지구와 그 안의 사회적 공간들의 관계는 마치 러시아 민속인형처럼 작은 것을 그 다음 큰 것이 켜켜이 품고 있는 모습은 아니다. 지구화는 힘들의 상호작용에 의해 진행되기 때문에 부분과 부분 사이, 부분과 전체 사이, 상위 부분과 하위 부분 사이에서 발아하는 사이 공간들이 서로 중첩적으로 연결되어 있다. 지구촌은 다양한 차이와 복수성의 콘텐츠들의 전시 공간이다.

또한 지구화의 회오리바람이 사람들의 삶에 영향을 미치는 정도는 개인과 지역에 따라 차이가 있다. 정치적, 경제적, 문화적으로 지구화에 의해 길들여진 곳이 있는가 하면, 여전히 야생으로 남아 있거나 지구화의 영향력을 최소화하려는 곳들도 있다. 지구화와 반(反)지구화의 힘의 장이 교차하면서 지구화는 행위자에 따라 불균등한 진전을 보이고 있다.

지구화는 다양한 행위들과 실천들이 복합성(복잡성)을 갖고 발아하고 성장하는 카오스적 현상이다. 일반적으로 지구화를 하나의 전체 국면으로 놓고 분석하는 틀을 갖는다면 그 총체적 파악의 면에서 유리하겠지만, 현상 자체의 다종다양성과 여러 차원의 중첩성은 단일 패러다임으로서는 포착하기 어렵다. 따라서 지구화 내부 공간의 얽히고설킨 연결망들의 조직과 그 조직의 계층 구조를 통해 지구상의 각 지역들을 하나로 결합시키는 흐름에 의해 세계가 움직인다는 것을 염두에 둔 채로 각 지역의 상황을 변화, 발전시키는 요인으로 분석해 보면 그 중층적 역동성이 한층 더 부각될 것이다.

지구화를 누구의 입장에서 어떻게 진행시켜 가고 어떤 전망과 가치에 의해 끌어갈 것인가에 대해 정치적으로 올바른 관점의 확보가 더욱 중요해질 수밖에 없다. 나는 일차적으로 지구화 국면에서 국가 경계를 넘어 문화적 다양성이 서로 존중받고 소수자 집단의 문화적 권리가 함께 수용될 수 있는 역동적인 시민사회를 창출해 보자는 지향성이 미래 비전과 관련된다고 본다. 더욱 적극적으로는 평등, 평화, 생태 등의 상위 가치가 여성주의의 이름으로 추구될 때 지구촌의 억압, 분열과 폭력의 질서를 대치할 수 있다고 본다.

이와 관련하여 젠더 관점에서 지구화 문제를 좀 더 심도 있게 논의해 보자. 젠더(gender)란 "여성과 남성의 사회관계를 조직하는 다양한 방식이며 역사적 변화 및 다양성의 분석에 유용한 범주"다. 젠더는 문화적 상징들, 규범적 사고들, 사회적 기관들과 조직들과 연관된 정치에 대한 이해, 그리고 주관적 정체성이라고 하는 상호 결합적인 요소들을 정치적 역학으로 포착하는 개념이다. 젠더 질서는 여성/남성 개인 및 여성/남성 집단의 정체성, 사회적 역할, 일상생활의 규범 등에서 매우 포괄적이고 미시적으로 작동된다. 가부장제 사회에서 젠더는 사회성원들을 남녀라는 생물학적 범주로 이분화하고 각각의 범주에 서로 다른 사회적인 의무와 책임, 권리, 규범 등을 부여해 왔기에 젠더 정권(gender regime)으로 표현될 수 있다. 그 안에서 여성은 사회적 권력으로부터 소외, 억압, 차별, 주변화 등의 존재 양상을 드러내었다.

이러한 젠더 범주를 지구화에 도입하는 일은 지구화가 현행 젠더 질서를 어떻게 상대적으로 고정하는지, 그리고 여성들의 실천에 따라 이 질서가 어떤 식으로 변형되는지를 하나의 지구적 젠더 역학 관계로 파악하는 일이다. 젠더 관점으로부터 지구화를 조망할 때 빈곤의 여성화나 이주의 여성화 등의 현상 속에서 많은 문제들이 포착되었다. 지구촌의 빈곤선 아래 인구 중 여성 비율은 계속 증가하고 있고, 가정 내 젠더 역할에 따라 저급한 국제 이주노동에 내몰리는 여성 비율이 남성보다 높다. 빈곤선 이하에 사는 전 세계 12억 인구 가운데 여성이 70%를 차지하는 등 지구화의 진전과 함께 '빈곤의 여성화'가 갈수록 심각해진다. 그 구조적 원인은 노동시장에서 성불평등의 온존으로서 여성 비정규직화의 확대, 남성-생계부양자 모형에 의한 여성의 경제적 비주체화, 경쟁력 논리에 따른 지구 경제 질서로 인한 사회복지 축소의 여파 등으로 파악된다.

그럼에도 불구하고 판도라의 상자에서 남아 있는 '희망'의 카드처럼 역사상 최장기 최대 다수의 피억압의 사회적 집단으로서 여성, 혹은 지구촌의 마지막 식민지로서 여성은 여성주의 운동을 통해 억압의 공통성을 자원으로 하여 공간적으로 연대와 소통을 확장할 수 있는 계기를 지구화에서 찾는다. 즉 지구적으로 확산되는 젠더 정치학으로부터 국가로 대표되는 정치 주체와 반드시 같은 인식적 관점을 가질 필요가 없는 새로운 정치 주체들의 출현이 목격된다. 이러한 변화 속에서 여성들은 국가와 국민, 그리고 국익 등의 전통적인 관계성을 해체시키고 새로운 정치학의 지평을 열고 있다.

지구적 차원에서 전개되는 여성주의 운동은 공간적으로 제한된 채 여성의 권익운동에 머무르는 것이 아니라, 현 지구촌 곳곳의 구조적 불평등을 제거하려는 평등주의 시민운동이다. 이는 젠더가 성뿐만 아니라 계급, 국가, 인종 등과 교차하여 억압적 질서를 형성해 내고 있다고 보기 때문에 성차별과 계급차별, 피부색 차별, 연령차별, 학력차별 등 모든 종류의 지배자 체제(dominator system)에 민감하게 대응하고 이를 종식시키기 위한 노력이다. 이는 불평등에 대대적으로 민감하고도 철저한 접근이다. 이때 사회적 소수자로서 여성이란 조건이 주는 공통적 유대감은 세계적 공감대 형성에 유리하다. 지구화 문제에 있어서 아래로부터의 (bottom-up) 관점을 견지할 수 있는 집단적 토대가 가능한 것이다. 이들은 지구화의 대안 세력을 자임하며 그 대안의 기본 방향으로서 각국의 지역 현장들에서 삶의 자립성과 자율성, 자치성이 회복되어야 한다고 보며, 이를 위해서는 전 지구적으로 경쟁과 지배가 아니라 협동과 연대의 국제관계가 정립되어야 한다고 주장한다. 이를 위해 풀뿌리 민중이 삶의 주체로서 전면에 등장해서 생활세계를 탈식민화해야 한다는 것이다. 지구화라고 하는 복합 현상을 목도하면서 우리가 타자성의 렌즈를 통해 세계를 전망할 아젠다가 새롭게 도출될 수 있다.

제1부 '정보적 지구화에 대한 여성철학적 이해'는 기초적으로 지구적 정보사회를 거시 공간적 문제틀에 따라 분석해 본 글들로

구성되어 있다. 우선 제1장에서 살펴보듯이 지구화는 정보화를 떠나서는 기술될 수 없다. '정보적 지구촌'을 유영하는 생활양식 안에서 국제적 정보 교류와 공간 이동이 활발해지면서 경제, 정치, 문화, 환경 모두가 지구적인 외연으로 확장되어 그 내용이 다시 지역적 삶에 영향을 미치는 공간적 의미 구조의 거시적 변화에 대한 시대적 코드를 독해할 수 있다.

제2장에서는 지구적 정보사회를 구성하는 영역 중의 하나인 사이버 공간에서 여성 네티즌이 어떤 경험을 축적해 가고 있는가를 살펴봄으로써 여성의 공간적 행위성과 지향점에 대한 시야를 확보하려고 하였다. 사이버 공간에서 자유로운 소통과 공동체 구성의 가능성을 실험해 보고, 자기 표현력을 극대화하는 새로운 감수성을 지닌 세대가 현실 공간 변혁의 물꼬를 틀 수 있는지 예감해 볼 수 있는 계기가 될 것이다.

여기에서 더 나아가 제3장은 정보기술 차원보다 더 큰 외연적 범위인 현대 과학기술문명 전반에 대한 여성주의적 성찰을 보여 준다. 기술과 젠더의 관계에 대한 정립 및 여성 과학자의 지식 생산에 체화된 인식론적 관점들을 살펴보고, 새로운 생명의 과학문화를 위해 여성의 감수성과 행위성이 기여할 수 있음을 기대할 수 있다.

제2부 '아시아 여성주의의 개념적 공간'은 아시아 여성들이 지역적 기반 위에서, 지구/지역적 차원에서, 지구화 국면에서 중층적으로 상호작용하면서 작동되는 젠더 정치학에 예민하게 대응하고 사회 변화를 추구하려는 미래 지향성을 담지하는 경로에 대한 사유를 보여준다. 제4장에서 지구시민사회를 하나의 역동적 맥락으로 놓고 여성주의 관점을 채택하여 논의해 본 것은 바로 이 같

은 복잡한 생성의 현장을 개념적으로 이해해 보자는 뜻이다. 또한 한국의 시민사회를 논할 때 일반적으로 국가와 시장에 대한 상대적 자율 공간으로서 시민사회가 아직 성숙하지 않았음이 지적되는데, 시민사회의 형성력으로서 여성주의가 특정한 역할을 할 수 있다면 지금이 바로 적시가 아닌가 한다.

제5장에 나오는 '아시아 여성주의들'이라는 용어가 가리키듯이 여성주의는 복수적(plural) 개념틀 안에서 작동할 때 현실세계에 도움이 되는 사회적 자원이 될 수 있다. 구체적 지역 현장의 여성주의 시민들은 지구적 표준에서 설정하는 여성정책의 가이드라인과 자국 정부의 실제 정책 사이의 괴리를 좁히기 위해 끊임없는 협상을 하고 있다. 아시아 여성주의자들은 여성의 지위 및 권한이 앞서 있는 타국의 운동 사례들을 참조하면서도 선진국 지배계층 여성들이 누리는 삶의 질이 3세계 여성 자원에 대한 전유와 활용에 기반하고 있음을 비판적으로 성찰한다.

한편 국가 및 지역 공동체와 다른 층위에 존재하는 글로벌 시티는 지구적 자본 축적 양식의 일부로서 잉여 순환의 지리적 패턴의 결절점이다. 특히 아시아의 글로벌 시티에서는 후발 개발주의가 무서운 속도로 동력화되면서 동시에 지역 간에 위계적인 불균등 발전이 생성되는 혼종성의 양상들이 전개되고 있다. 이는 성 불평등과 사회적 빈곤의 공간적 실현 양상으로 인식된다. 그리하여 제6장은 공간적 정의(spatial justice)를 확보하려는 지향성 안에서 글로벌 시티의 개발 문제를 젠더 관점에서 분석적으로 성찰함으로써 글로벌 시티가 여성에게 안전하고, 평등하고, 편리하고, 자유롭고, 가치 있고, 특색 있는 공간이 될 수 있게 하는 기획들을 여러 차원에서 중층적으로 모색해 가고 여성의 공간적 삶의 질이 상승되는 효과를 촉구한다.

이로써 필자가 공간 문제로서의 정보적 지구화라는 틀 안에서 여성철학적 성찰 작업을 수행해 온 근 10년의 지적 여정을 소개해 보았다. 문제 접근법에서는 거시적인 총체적 지구화의 틀을 염두에 두고 미시적인 공간 속을 동시적으로 유영하고자 했다. 특히 공간 안의 내부 문제 지점들과 모순의 충돌을 엮어 내는 그 결절점들을 파악함으로써 지구화 환경에서의 여성 행위자의 실천이 직면한 현실과 미래 비전을 드러내고자 하였다.

‘공간 자체’에 대한 관심에서 출발한 필자의 문제의식은 궁극적으로는 ‘우리에 대한 공간’의 의미구조와 변증법적 상승 작용을 파악하는 것으로 이어졌다. 공간은 우리의 삶을 담는 한갓 빈 용기가 아니며 여성주의 행위자와의 상호작용을 통해서 새롭게 직조될 수 있는 그런 것이다. 그리하여 ‘여성’은 지구화 시대 희망의 코드이자 그 희망을 일구어 내는 공간이다.

얼굴을 떠올리는 것만으로도 마음이 벅차게 되는 많은 분들이 있다. 은사이신 소흥렬 선생님께 받은 지도와 보살핌은 평생 잊을 수 없을 것들이며 동문수학한 선후배들과의 좋은 인연도 감사하게 생각한다. 그리고 철학과에서 학사, 석사, 박사 학위를 끝낼 때까지 지원해 주신 신옥희 교수님, 정대현 교수님, 김혜숙 교수님, 이규성 교수님, 남경희 교수님께 감사드린다.

필자의 학문세계 안에서 철학과 여성학의 행복한 조우를 가능하게 해준 한국여성연구원의 이끔이이자 역대 원장님들이신 이상화 선생님, 장필화 선생님, 조형 선생님, 김선욱 선생님, 조순경 선생님, 오정화 선생님, 이재경 현원장님, 30년 연구원지기 박진숙 선생님, 연구원의 도우미 선생님들, 그리고 동고동락 중인 지킴이 연구교수들(김영옥님, 정진주님, 이박혜경님, 안태윤님)께 감사를 전한다. 연구원에서 좋은 인연을 맺고 지금은 다른 공간에서 열정적으로 활약하고 계신 김애령님, 원미혜님, 노성숙님, 유정미님, 이영숙님, 변혜정님, 이영숙 작가님, 양민석님, 김정희님, 이정화님께도 감사한다. 한국여성연구원의 옆 동네인 아시아여성학센터의 김은실 전소장님, 허라금 소장님께서 평소 보여주시는 관심에 대해서도 감사드린다.

또한 오라버니네(임정숙님 – 윤성호님), 아우네(박미연님 – 윤성찬님), 막내 아우네(양신자님 – 윤성훈님) 등 가족의 심리적 지원에 대한 감사를, 그리고 김자현님, 김재숙님, 이남진님, 이종진님, 임소현님을 비롯한 시울 동지들, 혜명원 식구들, 마지막으로 오랜 벗들을 대표하여 김석영에게 고마움을 표현하고 싶다. 이 소담한 연구물이 학술서로서 세상에 나올 수 있게 해준 출판 관계자분들께 감사한다.

모교인 이화동산 안에서 가장 아름답고 생산적인 연구 공간이라 자부하는 한국여성연구원에서 보낸 근 10년의 시간 동안 나의 머릿속을 꽉 채웠던 의식, 언어, 사유의 실타래들과 입자들에서 이제 놓여나고 싶다. 그것들은 세상 속에서 스스로의 삶을 새롭게 꾸려 갈 것으로 믿는다. 그 덕분에 어느덧 내게 체화된 내용물들 위에 한 켜 한 켜 더 발전된 생각들을 두뇌 공간에 하나씩 새로 축적하기 위한 도정을 향해 나는 다시 떠날 수 있을 것이다.

2009년 3월

윤 혜 린

차 례

제 1 부

정보적 지구화에 대한 여성철학적 이해

제 1 장
정보적 생활양식에 대한 철학적 반성

1. 들어가는 말

'글로벌라이제이션'이 시대적 화두로 떠오르고 있다. 기든스는 인류사회가 경험하고 있는 지구화가 '시간과 공간의 원거리 조정 (distantiation)'을 가져온다고 한다. 공간적 맥락을 교차하여 시간 의 표준화가 이루어지고, 첨단적으로 발달해 가는 매스미디어 덕 분에 우리 각자는 직접 경험의 제한성을 넘어서 무수한 매개된 경험을 하게 한다는 것이다. 이는 우리 개인의 일상생활이 세계 적 힘에 의해 구조화된다는 것을 의미한다(앤서니 기든스, 2000). 지구화는 나의 현존과 타인의 현존을 공간적으로 병치시켜 먼 거 리의 사회관계와 사건들을 지역적인 맥락들과 조우하게 한다.

---

* 이 장은 「과학기술 문명과 정보적 생활양식에 대한 철학적 반성」(『정보 매체의 지구화와 여성』, 이화여자대학교 출판부, 2002에 수록)을 정리 한 것이다.

지구화를 추동하는 힘의 원천으로서 과학기술의 발전은 그 파장이 사회 경제적인 영역에 그치는 것이 아니라 문화적인 층위에까지 침투해 있다. 즉 새로운 삶의 방식이 이미 우리 앞에 닥쳤다는 뜻이다. 첨단 과학기술이 창출한 전자적으로 매개된 환경 속의 여러 활동들(가상공간 속의 정보 수집 활동, 교육, 의사소통, 게임 등)은 이미 우리의 문화적 현실이다. 첨단적 정보처리기술을 그 중핵에서 구현해 내는 상징물로서 컴퓨터 공간 속에 차단된 채 생존 실험을 감행하는 사람들도 생겨난다. 따라서 '지구화(globalization)'라는 객관적, 외적 개념이 아니라 '지구성(globali-ty)'이라는 속성적 개념 쪽으로 논의의 지평을 넓혀 지구화가 나의 생활에 미치는 구체적 임팩트 속에서 새롭게 나에게 구성된 관계적 성질이 무엇인지를 탐구하는 것도 가능하다고 생각한다.

　　한편으로 지구화는 제조된 리스크(세계에 대한 우리의 발전하는 지식이나 정보의 충격으로 말미암아 창출되는 리스크)를 우리에게 안기는데, 이는 우리가 역사적으로 거의 경험하지 못한 리스크 상황이다. 정보기술은 리스크(익명성을 무기로 한 가상공간 속의 성폭력이나 정보 부자와 빈자 간의 새로운 계급적 위계질서 구축, 혹은 여성에 대한 조직적 배제 전략, 유전 정보처리를 둘러싼 각종 실험들에서 야기되는 예기치 못한 부정적 결과 등)를 배태하고 있다. 그러나 '리스크' 개념의 어원에서 볼 때도 '위험을 무릅쓰고 시도하기'를 배제할 필요는 없다. 정보기술, 가상공간을 창출한 과학은 의미론적 기술이기 때문에 정보 공간 속에서 우리가 어떤 담론을 행하고, 어떤 새로운 사회적 활동을 시도해 가느냐에 따라서 이 새로운 대륙은 또 다른 기회이기도 한 것이다.

　　셰리 터클은, 실제와 가상 사이의 경계에 서 있을 때 우리의 경험은 인류학자인 빅터 터너(Victor Turner)가 리미널(liminal: 경계에 서 있는) 순간이라고 이름붙인 바를 상기시킨다고 한다. 이는 새로운 문화적 상징과 의미가 출현할 때에 경과하는 순간이다. 동시에 경계적 순간은 긴장, 극도의 반응, 엄청난 기회의 시간이다(Turkle, 1996). 다윈의 '적자생존'이 "가장 정보화된 자의 생존"(제레미 리프킨, 1999) 개념으로 교체되고 있는 이 시기에 물리적 힘이나 강제력이 아니라 정신적인 통찰력, 문화적 풍요로움이 진보의 핵심이라면, 사회의 진보를 꾸려 가는 중요한 심급인 문화적 기준에서 이 공간을 어떤 식으로 활용할 것인가가 중요해진다. 새로운 문화 환경의 유입기에 변화되는 생활방식에 대한 민감한 감수성도 훈련되어야 하지만, 무엇보다 중요한 것은 이 변화의 본질이 무엇이고 이 힘이 어느 정도 심대하게 우리 사회의 구조적 질서를 재편성하는가에 대한 정확한 인식일 것이다.

따라서 필자는 이러한 문제의식 속에서 정보화 사회의 삶이 우리 인간의 가치 체계에 어떤 영향을 미치는지를 다각적으로 살펴보고자 한다. 이를 위해 정보적 생활양식의 체험이 주는 가치론적 함축과 '정보' 개념에 대한 인식론적 탐구와 정보 공간의 존재론적 지위에 대한 철학적 고찰을 행하고자 한다.

2. 정보적 생활양식의 전면화

우리가 정보화 사회의 여러 변화들을 포착하면서 그 새로움에 놀라는 모습은 즉자적이다. 그러나 정보적 생활양식이 근원적으로 어떤 점에서 새로운 것인가를 파악하려면 사회의 근본적 토대에 미치는 영향과, 정보화 과정이 '어떻게', '어떤' 새로운 사람을 형성해 내는가 하는 기제에까지 논의를 진전시켜야 할 것이다.

　우선 정보화 사회의 선구자적 논자인 다니엘 벨에 의해 탈산업 사회는 이전의 모든 사회구성체와 대립되어 정의된다. 정보화 사회의 특징을 그는 세 가지 측면에서 정리하는데, 첫째, "GNP의 50%, 노무자 임금과 사무직이나 전문직 봉급의 50% 이상이 정보 재화 및 서비스의 생산, 가공, 배분 과정을 통해 나오고 그런 의미에서 우리는 정보화 경제를 갖고 있다."는 것이다(다니엘 벨, 1992). 이는 그전 사회에서 수입의 대부분이 물질적 추출이나 제조에서 나온 것과 대조된다. 둘째, 노동력의 반 이상이 역사상 처음으로 정보 종사자로 충원되고 있다는 것이다. 셋째, 수입과 노동의 기준에서 볼 때 지식과 정보가 사회의 중추 원리가 된다는 것이다. 다니엘 벨은 물론 모든 사회가 생산 과정에 지식을 끌어들였지만 최근 들어서 비로소 경제가 '과학과 공학의 합체'라는 특징을 갖게 되었다고 한다. 이로써 탈산업사회는 실재성에서의 변동이며 이는 사회적 세계에 우위를 부여하고 자연과 사물을 그것에 종속시키게 된다(다니엘 벨, 1992).

　이러한 벨의 논의를 사회과학 안의 방법론이라는 내적 차원에서 평가하자면, 벨은 지식을 탈산업사회에서 독립변수라고 하나 이는 수사학적이고 총체적이어서 사회과학의 경험적 연구에는 별 도움이 안 된다는 점을 지적할 수 있다(마크 포스터, 1994). 가령 자본, 노동, 지식, 정보 등은 비교 가능한 분석 단위가 아니어서 조사 연구에서 조작화가 가능하지 않다는 것이다. 각도를 바꾸어 벨의 탈산업사회론 자체가 양적 지표를 동원한 사회 분석의 틀을 유지하고 있다는 한계를 지적할 수 있다. 즉 정보를 언어적 사실로 다루지 않고 경제적 사실로 다루기 때문에 정보통신의 새로운 가능성이라는 문제를 간과한다. 벨의 메타포는 경제적 환원주의에 성노되어 있는 셈이 문제다(마크 포스터, 1994).

산업사회와 정보사회의 질적 불연속성을 강조하는 사람들은 사회의 핵심 기술이 기계기술로부터 정보기술로 변화하고 있다는 사실을 중요시한다. 정보기술은 애초에는 점(단일 기계에 적용된 정보기술)으로 출발하더라도 향후 선, 면, 입체로 이어져 궁극적으로 생산 방식과 의사소통 양식 전체를 질적으로 혁신하게 된다는 것이다(Castells, 1996). 정보사회는 산업사회의 후속편이라기보다 대치 패러다임의 성격을 갖는다는 것, 구체적으로 우리들의 공사 영역에서 일상이 짜이는 패턴이 바뀐다는 데서 새로운 삶의 양식을 제공한다.

더 구체적으로 정보화의 질적 진전 단계를 전산화 → 연계화 → 유연화의 과정으로 살펴보자(김문조, 1999). 우선 전산화는 하드웨어의 보급을 중심으로 기술 인프라를 구축하는 것이다. 전산 정보 기기를 통해 단순 반복적 활동을 자동화함으로써 인력과 시간을 절감하고 업무의 정확도가 높아진다. 여기에서는 근로 활동의 효율화가 달성되지만 사회 각 단위의 양적 생산성 향상이라는 제한적 목표가 달성된다.

두 번째 연계화 단계는 전산기술과 원격통신기술의 결합으로 체제 내, 체제 외적 의사소통망이 확산되어 가는 상태를 지칭한다. 이는 온라인 체제의 구축을 주 내용으로 하면서 효율성 차원을 넘어선 더 높은 수준의 합리화를 추구함으로써 근로 영역과 비근로 영역 모두에서 사회적 재구조화를 촉발하기 때문에 정보화 사회가 새로운 사회적 틀을 조형할 수 있는 잠재력이 잉태된다.

세 번째 유연화 단계에서 사회구조적 경직성이 완화되고, 인간의 사고방식, 행위양식이 이완되어 시간적, 공간적, 부문적 경계가 약화된다. 특정 세력이나 가치의 지배력이 약화되고 단위들 간의 경계가 해소되는 다원적이며 개방적인 사회체제를 이룰 수 있는 것이다.

이러한 정보화 사회의 다단계 과정은 사회적 개방성의 지표로 간주되는 사회적 자유도가 지속적으로 증가되어 간다는 것을 함의하며 이제 얼마만큼 사느냐라는 생활기회의 문제를 지나 어떻게 사느냐라는 생활방식의 문제가 중요한 사회적 관심사로 대두된다는 데 새로운 의의가 있다고 볼 수 있다.

다음으로 정보화 사회를 미디어의 측면에서 고찰했을 때 정보적 생활양식의 새로운 전기가 마련된다고 보는 견해가 있다. 미디어 연구가인 마샬 맥루한은 뉴미디어의 힘에 주목하면서, 전기를 이용해서 우리의 중추신경계는 전 세계로 확대되고 그 순간의 인간의 모든 경험은 상호 연결된다고 한다(마샬 맥루한, 1997).

그러나 맥루한의 "미디어는 메시지다."라는 명제는 정보 양식의 향방을 드러내지만 그 이상 나아가지는 못한다. 그는 수용 주체의 감각기관에 초점을 두면서 그 주체를 '해석하는' 존재가 아니라 '감각적' 존재로 설정한다. 그의 미디어 개념은 매스미디어, 인간이 고안한 도구, 기술 등 인간의 신체 및 감각 기관의 기능을 확장시키는 모든 것에 불과한 것이다. 그렇다면 맥루한의 관점은 우리가 세계에 대한 직접적, 간접적 감각 경험을 확산할 수 있는 능력을 부여하는 것으로서 미디어 기술에 대한 발전을 긍정하는 것으로 그칠 가능성이 있다.

반면 티모시 리어리는 전자 국경 안의 유목민 생활과 가상세계에 대해 언급함으로써 새로운 생활양식의 단초를 설계한다(티모시 리어리, 1996). 이 생활 안에서는 국제적 통신에서의 정보처리, 저장, 재생의 기술과 화상·음성의 재생 기술이 적절히 이루어질 뿐 아니라 네트워크화된 통신기술에 의해 결합된 정보는 광대한 지식을 갖춘 가상세계를 형성한다고 한다. 이는 기록된 데이터와 식별번호, 그 나름의 표준, 방법, 절차를 가진 또 하나의 우주다. 이제 정보화 사회의 인간은 현실세계와 가상세계를 표류하면서 동시에 거주하는 양서류가 된 것이다.

마크 포스터 역시 맥루한의 감각기관의 개편보다는 그 주체의 일반화된 탈안정화에 주목한다. 정보 양식에서 주체는 절대적인 시공간의 한 지점에 위치하면서 다른 지점을 합리적으로 계산할 수 있는, 물리적으로 확고한 입지를 누리지 못한다고 한다. 주체는 네이터베이스에 의해 다중화되고, 컴퓨터 메시지 및 회의에 의해 분산되고, TV 광고에 의해 탈맥락화되고, 다시 동일성이 부여되는 것이다. 시공간에 고착된 농경민적 존재에서 지구를 마음대로 떠도는 유목민적 존재로 변모한다.

이들의 논의를 이어받으면서 좀 더 심도 있게 접근한 경우로서 들뢰즈와 가타리의 연구를 들 수 있다. 이들은 현대 사회의 의식 형태와 탈현대 사회의 의식 형태의 단절을 '수목적인 것'과 '근경적인 것' 사이의 대립으로 파악한다. 수목 모델(arborescent model)이란 하나의 본질로부터 모든 것을 파생적 범주로 파악하고 중심과 주변을 위계화, 질서화시키는 것을 말한다(라도삼, 1999). 데카르트가 사유 실체로서 이성에 부여했던 것, 또한 헤겔이 절대 정신 혹은 국가에 이성 운동의 정점을 설정했던 것, 그리고 마르크스가 생산관계에 모든 중핵을 배치했을 때, 그것은 곧 나무처럼 강고한 뿌리(본질)에 기초를 두고 모든 대상(가지)을 배치하는 수목적인 사상이라는 것이다. 반면 리좀(rhizome)적 사고란 '뿌리 없는 식물' 같은 것이다. 특정한 영토 위에 뿌리를 내리지 않은 채 이리저리를 떠돌아다니는 초원의 식물처럼 특정한 사고의 지반 없이 다양한 힘들의 차이와 복수성을 다원화하고 산포시킨다.

애초부터 본질이란 없으며 그에 따라 보편성도 총체성도 없다고 보는 새로운 사고방식에서는 인간성, 이성, 본질, 실체, 자아 개념은 사라지고 시작도 끝도 없는 동태적인 운동과 욕망의 흐름만이 있을 뿐이다(라도삼, 1999). 이러한 들뢰즈와 가타리의 세계전망 속에서 개인은 정보 흐름의 회로 속에 놓인 자신의 위치를 통해서 구성된다. 또 자신을 정보 흐름의 주파수에 맞추고 유목민적 기계로 작동되는 일(들뢰즈 & 가타리, 2001)이 곧 주요한 정치적 행위다.

정보적 생활양식은 전통적 주체에게는 새로운 도전의 장이다. 경계 없이 넘나드는 정보의 흐름 속에서 자아가 다중화, 유연화, 복수화되는 환경 속에서 주체의 안정성을 어떤 방식으로 도모할 수 있는가라는 새로운 과제를 던지고 있다. 그러나 정보를 제한 없이, 큰 비용 없이 획득할 수 있고, 개인의 정보가 다수의 망을 통해 집합화될 수 있을 때 더 문화화된 삶의 기회와 주체의 유연한 구성을 비로소 기대할 수 있다. 따라서 정보화 사회적 인간은 시대의 흐름 속에 표류하는 인간이라는 불안한 이미지가 아니라 시대와 자신을 유연하게 구성하는 존재로서의 공간을 확보한 자로, 즉 정보 속에서 항해하는 자(infornaut)로 보아야 한다.

전통사회에서 성(sex), 성별(gender), 국가, 사회 경제적 지위 등 우리의 자아를 고정시킴과 동시에 구속하고 제한했던 고리들

대신에 자신들의 다양하고 차별적인 가치관에 따른 네트워킹 속에서 스스로 자발적이고 자유로운 작은 사회들을 만들어 내고 그 주체가 될 잠재력을 무시할 수 없다. 정보의 민주주의가 현실화될 때, 각 개인은 자신의 목소리들을 사회 속에 반영함으로써 어느 누구라도 조금씩 전체 단위에 기여하는 바가 있는 삶을 살 수 있다.[1]

셰리 터클의 말대로 이 시대 컴퓨터로 대표되는 뉴미디어의 철학적 의미는 '로르샤하 테스트(Rorschach test)' 기회를 우리에게 준다는 것이다(데이비드 라이언, 1992). 심리학자들은 피실험자들에게 잉크의 얼룩을 통해 무엇이 연상되는지를 묻는다. 마찬가지로 컴퓨터는 사람이나 사회조직에 관한 생각에 메타포를 제공하는 투영 장치, 즉 우리가 컴퓨터와의 대비를 통해 인간이 무엇인지를 알아 가는 과정이 우리에게 열려 있다. 마치 거울을 들여다보면서 자신의 얼굴 매무새를 가다듬듯이 컴퓨터의 도움은 단지 정보처리를 쉽게 해주는 도구에 불과한 것이 아니라 인간이 누구인지를 정면으로 보게 하는 교육적 가치가 있다.

3. 정보의 인식론적 의미

우리가 대기 중에서 생활함에도 불구하고 평소에 '공기'를 의식하지 않고 살듯이, 정보화 사회 속의 삶을 고찰하면서도 '정보'

---

1) 피에르 레비는 네트워크화된 정보 세계에 대해 '보편적으로 분포된 지성'(universally distributed intelligence)이라고 명명한다. 이를 인상적으로 표현하기를 "누구도 모든 것을 알 수 없고, 모든 사람은 무언가를 알고, 모든 지식은 인류 안에 존재한다."고 한다(Levy, 1997).

에 대한 개념적 파악은 잘 이루어지지 않고 있다. 정보가 너무 일반적이고 포괄적인 사용법을 갖는 개념이기 때문이기도 하지만, 학문 영역에 따라 다른 식의 내포적 의미가 주어지기 때문이기도 하다. 그러나 정보화 사회의 근본 개념적 지위를 갖는 '정보'에 대해서 나름대로 규정하지 않고서는 체계적인 논의를 행할 수 없기 때문에 어떤 식의 규명이 필요하다고 생각한다. 우선 정보 개념을 여러 속성 면에서 특징화함으로써 논의를 시작하도록 한다.

첫째, 정보는 그 재현 양식(mode of presentation)에서 무한하다. 예를 들어 모차르트의 '진혼곡'이라는 하나의 정보 내용은 모차르트의 마음속 언어, 악보, 누군가 콧노래로 흥얼거림, 교향악단의 연주, 콤팩트디스크, 시디롬, 자기테이프 등등의 매체 형식 안에서 복수적으로 실현될 수 있다. 정보가 미디어를 변화시켜 새로운 형태로 재현될 수 있는 것이다. 정보 개념의 어원상으로도 'in-formation'은 원형질의 것에 틀을 부여하는 것, 즉 어떤 형식을 갖추어 소통이 가능하게 된 것을 뜻한다고 한다. 이 점에서 정보란 여러 종류의 옷을 갈아입고 차례로 여럿이 탈 수 있는 것에 타고 있는 것이나 마찬가지라는 것이다(마쓰오카 세이코, 1998).

둘째, 정보는 물질과 정신에 비교해 볼 때 선차적이다. 정신은 물질에 비해 잘 조직화되고 더 상위 차원의 창발적 속성이지만, 이 정신을 다시 정보와 비교해 보았을 때 정신 역시 잘 조직화된 정보다. 정신은 정보처리를 원활하게 하기 위해서 더 효율적이고 상이한 특수한 물질로 투사된 것이다(Yakovlev, 2000). 정보가 선차적이기 때문에 정보는 우리 삶에 토대적 기반을 제공하는 것이며, 인간사회의 발전도 정보 단계에 의해서 측정되는 것이지 경제적, 정치적 도식에 의해서가 아니라는 것이다. 자연 역시 정보를 위한 에너지 백업의 일종이고, 정보는 인간 두뇌에 의해 받아들여지고, 적응되며, 체계화되고, 처리된다.

셋째, 정보는 불멸적이라는 점에서 필사적 인간과 대조된다. 인간은 생물학적으로는 시한부 삶을 지니지만 정보처리 체계로서는 연속성과 불멸성을 보인다. 물론 유전공학의 발달로 인해 인간이 생물학적으로 영속적인 삶을 살 수 있는 가능성이 없는 것은 아니지만, 지금 수준에서 말하자면 유전은 개체 인간이 생물학적으로는 죽지만 정보적으로 생명을 유지하는 기제다. 그리고 그러한 인간사회 속에서 우리는 정보의 지속적 이미지인 문화의 지속성 안에서 삶을 영위하는 문화적 존재가 되는 것이다.

넷째, 정보는 배포에 의해서가 아니라 전파에 의해서 전달된다. 정보는 원 소유주의 소유를 벗어나지 않고도 이송할 수 있다(존 페리 바로우, 1996). 이 점에서 정보는 물리적 재산과 구별된다. 즉 타인에게 양도해도 본인이 계속 소지할 수 있는 비이전성, 필요로 하는 사람 누구에게나 가치가 발휘될 수 있는 무한가치성을 갖는다. 이에 따라 정보화 사회의 기본적 토대가 원자(atom)에서 비트(bit)로 이동함으로써 부의 원천도 물질 자원이나 에너지에서 정보 지식으로 변화되게 된다.

정보의 이러한 속성들을 기반으로 하여 좀 더 엄밀하게 '정보' 개념을 정의해 보자. 우선 베이트슨은 "정보는 오직 차이 안에서만 실제적으로 존재한다. 정보는 차이다."라고 한다(마쓰오카 세이코, 1998). 즉 구별될 수 있는 것이라면 무엇이든 정보라는 것이다. 베이트슨의 정의는 일단 너무 넓기 때문에 이 세상 안의 모든 사실, 사태, 현상(데이터)이 정보가 아닌 것이 없게 되지 않는가라는 우려가 든다. 따라서 정보의 의미를 데이터와 대조적으로 정의해 봄으로써 유의미성을 보존할 필요가 있다.

데이터는 외부 대상과 관련된 사실들을 나타내기 위해 사용하는 구체적인 숫자나 상징물을 말한다. 이는 정보처리 체계와 관련했을 때 입력, 저장, 처리되는 요소들이다. 반면에 정보는 이들이 유용하게 조직되거나 선택되는 연관을 가리킨다는 점에서 데이터가 구조화된 것이라고 볼 수 있겠다(손동현, 1999).

이러한 구조화된 데이터로서 정보가 쓰임새를 갖는 영역은 다양하다. 물리화학이나 열역학에서 보면 정보는 엔트로피와 대응해서 보통 엔트로피의 역수로 계산하는 수치가 될 수 있고, 전기공학이나 통신공학에서는 잡음을 될 수 있는 대로 배제한 메시지의 신호라고 정의한다. 특히 후자의 경우 커뮤니케이션은 정보와 잡음 사이의 물리학적, 통계적 관계로 취급되어 손실된 부분, 즉 잡음은 에너지가 물질로 전환하는 과정에서 소실되는 열과 비슷하다. 이러한 정보 전달 모델(새논 모델)에서 사용하는 '정보'는 메시지의 의미가 아닌, 메시지의 의미를 운반하는 물리적 형태에 불과하다는 점이 한계로 지적될 수 있다(마크 포스터, 1998; 임일환, 1999; Chmielecki, 2000).

인간의 지적 행위를 조직화하는 방식, 즉 자료 전달과 소통에 대해서 기술적, 경제적, 양적 차원의 접근으로 한계가 있다는 것은 다른 말로 하면 인간의 지식 획득과 관련해서는 매체 형식뿐 아니라 메시지라는 내용적 요소가 중요하기 때문이다. 정보는 수신자, 발신자, 매체라는 형식적 틀뿐 아니라 메시지라는 제4의 요소가 있을 때 온전하게 파악된다.

한편 정보는 인식론적으로 실재론 범주에 속한다. 정보는 객관적 실제 안에 '저기'에 있는 어떤 것이다. 정보는 인간이란 탐구자의 마음 안에만 거주하는 유용한 기술적 용어가 아니다. 정보는 질량, 에너지, 공간적 외연을 갖지 않고, 보이지도 만져지지두, 냄새 맡아지지도 않음에도 불구하고 구별적인 객관적인 실체(entity)다(Chmielecki, 2000).

만일 정보가 '저기'에 있다면 정보를 사용할 수 있는 체계에 적합한 용어로 정의되어야 한다. 따라서 최초의 정보적 체계가 출현한 시점에서는 무엇이 있었는가를 탐구할 필요가 있다. 상이한 물리적 실체들— 기체, 액체, 고체 — 이 상이한 구조와 성질을 갖고 있었고 상이한 물리적 힘에 묶여 있었다. 그 밖에 그것들 간의 '차이'가 있었다. 차이는 일종의 관계로서, 즉 물리적 실체 혹은 성질들 간의 비동일성의 관계다. 그러한 것으로서 차이는 비현실적인 실체이지만 객관적인 어떤 것이고, 지각되든 아니든 간에 '저기에' 있는 '관계'다(Chmielecki, 2000).

생명 체계의 근본적 면모가 식별하고 선택할 수 있는 능력이라고 했을 때, 그것이 특정 먹이에 대한 집중이든, 온도, 습도, 모양과 같은 물리적 변수의 크기에 대한 집중이든 간에 중요한 것은 체계에 의해 구분될 수 있는 사물 간의 어떤 탐지되는 차이다. 우리는 다시 베이트슨으로 돌아가서 정보를 '어떤 것에 관해 탐지된 차이'로서 혹은 '사물들 간의 구조적 차이'로서 재정의할 수 있을 것이다.

이러한 추상적 차원의 개념으로서 '정보'를 구체적으로 실재하는 개체와의 관계에서 살펴봄으로써, 자연 안에 근본적인 실체(entity)가 무엇인지에 대한 더 명확한 파악이 가능하다. 이 세상에 있는 것은 개체들이고, 이 세상에서 일어나는 것은 사건들이다. 그런데 사건이 일어나기 위해서는 동력의 작용과 정보의 직용이 필요하다. 동력으로서의 힘, 흔히 말하는 에너지 혹은 물리적 힘이 있어야 하며, 그 힘이 어떻게 적용될 수 있는지를 결정하는 정보의 힘이 있어야 한다. 동력으로 작용하는 힘이 어떤 성질의 것이며, 어떤 질료에 적용이 될 수 있으며, 어떤 형태적·구조적 변화를 가져오며, 어떤 기능을 하게 하는 사건인가를 말해 주는 것(이 네 가지 요소를 아리스토텔레스적인 의미의 동력인, 질료인, 형상인, 목적인이라고 할 수 있다)은 모두 정보에 해당한다.

그리고 개체는 그것이 실재하도록 하는 네 가지 원인에 대한 정보를 보유하고 있을 뿐만 아니라 다른 개체와 상호작용하여 필요한 네 가지 원인에 대한 정보도 제공한다. 그러한 개체들이 자연 안에서 다음과 같은 중층적 세계를 이루고 있으므로 거기에 관련된 정보도 다르게 된다. 대체적으로 말해서, 동력의 특수 상태로서 소립자, 원자, 분자, 그리고 물체가 형성되는 데 필요한 정보는 '물리정보'라고 할 수 있다. 또 분자들이 모여서 세포를 만들고, 생명체를 형성하는 데 필요한 정보는 '유전정보'다. 생명체는 감각기능을 하므로 '감각정보'를 필요로 하며, 두뇌의 기능 중에서 마음의 기능이 가능하게 되는 데는 '언어정보'가 필요하다고 생각되며, 마음의 기능보다는 한 차원 높은 기능이라 할 '정신의 기능'이나 '영혼의 기능'에는 '직관정보'가 필요하다고 할 수 있다(소흥렬, 1996).

종합적으로 볼 때 정보는 '차이들이 적절하게 구조화된 관계성'이라는 점에서 일관적인 정의가 가능하나, 그 구체적인 적용의 방식에서 볼 때는 차원마다 중층적으로 다양한 기능을 수행하고 있다고 볼 수 있다. 우리는 흔히 "태초에 말이 있었다."라고 한다. 정보의 씨앗이 어떤 가설처럼 우주 공간을 날아서 왔는지 아닌지,

정보의 근원지가 어딘지에 대해서는 기초적 호기심이 있지만 태초에 유의미한 차이가 있었고 그것이 최초로 조직된 정보였다고 생각한다. 말의 질서는 정보 유형의 하나다. 정보를 넓게 본다면 언어적 정보 외에도 비언어적 정보, 직관적인 정보, 신체적 정보들까지 포괄해야 하므로 우리는 위의 말을 "태초에 정보가 있었다."로 재기술할 수 있을 것이다.

4. 사이버 공간의 존재론적 의미

정보화 과정의 절정은 첨단 정보통신기술과 멀티미디어 기술의 융합의 결과로서 출현하는 사이버스페이스의 등장이다. 사이버스페이스 혹은 그 속에서 구현되는 가상현실은 정보화 사회의 변화된 양상을 포착하는 핵심 개념이다. 특히 이들 개념은 기술적 용어에서 출발했지만 세계, 실재에 대한 존재론적 함의를 갖는 은유적 표현이다. 정보화 사회의 질적 발달 경로를 자동화 사회 → 네트워크 사회 → 유연화 사회 → 사이버 사회로 설정한다는 것도 이에 부응한다.

사이버스페이스는 전통의 세기에 속한 지난날의 우리가 보고 느끼고 지각하지 못했던 새로운 신세계다. 멘델이 유전학적 법칙이 작용하는 생명계의 신비를 밝혔고 프로이트가 표층적 의식 세계의 심층에 내재하는 빙산처럼 거대한 무의식적 욕망 세계를 발굴한 것처럼, 사이버 세계는 대항해 시대의 신대륙의 발견처럼 우리의 세계관을 확장시키는 데 지대한 공헌을 한 것이다. 더 구체적으로 사이버스페이스는 우리의 감각기관의 매체적 확장을 가능하게 할 뿐 아니라 우리를 새로운 공간에 거주하게 하는 강력한 끈이 된다.

사이버스페이스는 직접적으로 정보기술과 대중매체의 발달의 결과물로서, 우리 자신과 세계 인식에 큰 영향을 주어 우리가 마치 양서류처럼 두 세계에 사는 형국이 초래된다. 우리의 감각 앞을 흐르고 있는 현상의 흐름과 간접 전달 형식인 정보의 보고 혹은 재현의 세계를 통해 우리는 나와 망으로 연결된 무수한 타인들에 의해 그려진 지도를 양손에 쥐게 되는 것이다. 현실 공간, 현실 환경과 전자적으로 매개된 사이버적 환경이 그것이다. 두 대륙 안에서의 활동은 그 중심이 하나였을 때와 질적으로 다른 상호작용 관계를 맺을 수 있다. 서로를 참조하면서 영향력을 교환하고 정보를 소통할 수 있는 피드백 고리가 형성되기 때문이다.

이러한 사이버스페이스의 본질에 대해 기계적 공간이라기보다는 또 하나의 생태 체계라고 보는 견해가 있다(진보와 자유재단, 1996). 이 체계는 보편적인 생체 전자적 환경(universal bioelectronic environment)으로서 전화선, 동축 케이블, 광섬유 라인, 전자기파가 있는 곳이면 어디에나 존재하며 이 환경 속에서 조직되고 모아지는 지식은 디지털 정보 형태로 존재한다는 것이다. 또한 이 공간 안에는 일방향문(TV 수신기/송신기)도 있고, 쌍방향문(전화, 컴퓨터 모뎀)도 있다.

이런 식으로 사이버스페이스는 장소와 물질에 기반한 현실세계와 달리 컴퓨터 네트워크 속에 존재하는 공간이라는 기본 성격을 지니면서도 실물이 없되 보고 느낄 수 있는 허구적 세계이고 현실보다 더욱 현실적인 세계를 구현하는 초현실성(hyper-reality)을 그 특징으로 한다.

이러한 사이버스페이스를 초기에 '가상' 공간이라고 번역했을 때 허깨비, 환영, 사이비, 현실이 아닌 것 등의 내포적 의미와 연관시켜 오해하는 경우도 있었다. 이런 경우는 '정보 공간'으로 번역해서 일정 기간 사용하자고 제안하고 싶다. '정보 공간' 개념은 사이버스페이스에서 실제로 일어나는 각종 행위와 사건들을 기능적으로 분석하는 데 유용하다고 생각한다. 실용적 정보 공간으로는 원격 진료, 다자간 화상회의, 사이버 교육기관, 상담 및 의사소통의 장, 정보 획득의 장, 놀이터로서 대두되고 활성화된다. 또한 심미적 정보 공간으로는 컴퓨터 예술 분야에서 대중이 창조적 여러 장르에 접근 가능하게 된 것이 괄목할 만하다. 이러한 기능성을 다각적으로 검토하고 개선하는 것, 그리고 바람직한 지향성을 모색하는 것은 가상공간을 정보 공간으로서 존재론적 지위를 명확히 설정해 주는 것에서 시작된다고 본다. 이하에서는 간략히 사이버상에서 펼쳐지는 정보 공간의 존재론적 특성을 검토하기로 한다.

(1) 정보 공간은 실제적 공간이다. 현실세계의 물리 공간과 동형적인 구조를 갖는다. 그 안에서 "실제적인 것은 인과력을 갖는다."는 알렉산더의 명제가 관철된다. 컴퓨터과학에 기반한 가상공간의 창출은 기술문명사의 새로운 국면이지만 인간의 상상력에 의존한 허구적 세계가 아니라 인과적 질서를 갖는 공간이다. 이 공간에서는 자연적 세계가 디지털의 세계로 전환된다. 인간의 기억, 아이디어가 물화된다. 가상공간의 공간성을 드러내는 메타포는 '신대륙'이다. 여기에서 누가 빨리 집을 짓고, 영토를 확장하고 부를 쌓아 가는가에 몰두할 때, 이 공간의 윤리적 질서가 문제

화된다. 다윈의 '적자생존'이 '가장 정보화된 자의 생존'으로 대치될 가능성에 대한 점검이 필요하다.

(2) 정보 공간은 개방적, 연속적 공간이다. 폐쇄적이고 자기 완결적인 공간이 아니다. 현실의 공간과 엄연한 인과적 상호작용의 고리를 이어가고 있다. 따라서 채팅방에서의 성희롱은 현실세계의 거주자에게 실제적 영향력을 행사하면서 상처를 줄 수 있는 범죄를 구성한다. 이메일을 통해 일방적인 스토킹을 하는 것은 현실의 '나'에게 치명적인 정신적 손상을 입힐 수 있다. '보이지 않는 손', '마음에 대한 범죄' 개념이 대두된다.

(3) 정보 공간은 표현적 공간이다. 현실세계의 제약을 벗어난 실험성의 요소와 놀이의 요소를 포함한다. 이러한 특징을 위한 주요 메타포는 '극장' 개념이다. 현실세계의 영화 감상, 독서 상태의 상상력 발휘와 감정이입보다 더 적극적인 표현성이 가능하다.

'영화, 책 < 연극 < 가상현실'의 관계는 주인공, 배우, 캐릭터와 맺는 행위자의 능동적 역할의 정도를 나타낸다. 영화 제작자는 "자, 보여주겠소."라고 하나 정보 공간 창조자는 "자, 당신이 발견하도록 해보겠소."라고 한다. "극작가나 영화 제작자는 경험의 관념을 관객들에게 전하고자 하나 정보 공간 창조자는 경험그 자체를 전한다."(랜들 월셔, 1994) 그러나 가상성에 대한 도취의 정도에 따라 가상현실은 '전자 LSD'의 흡입 상태가 될 수 있고 중독적 병리가 나타날 수 있다. 정보 공간의 중독성은 일상공간의 소외를 토대로 한다.

(4) 정보 공간은 인지적 공간이다. 정보소통과 학습이 가능하고, 동시에 정보조작과 정보사기, 절도가 가능하다. 한편으로는 '정보의 바다'로 개념화되고, 또 한편으로는 '해적' 행위의 장소

가 된다. 정보 가치에 대한 행위자의 판단력과 정보와 사실, 정보와 진리 사이의 기준 설정이 중요하다. 지식 개념을 단순한 정보 자료의 축적으로 동일시할 수 없다. 정보의 양적 증대가 오히려 의미의 진정성을 혼란시킬 수 있다. 정보 획득에 필요한 시공간 거리 단축은 지식 탐구를 향한 인간의 진지한 고뇌를 상실하게 할 수 있다. 또한 정보와 역정보의 거대한 장에서 일어나는 정보 환경의 오염과 해석의 자의성은 소통성을 결핍시킬 수 있다. 이제는 정보 부족이라는 소박한 결핍이 문제가 아니라 정보의 부정확, 정보 홍수 속에서 인지적 주체성을 확보하는 것이 절박해진다.

(5) 정보 공간은 사회적 공간이다. 다수의 참여자가 자신의 의견과 가치관, 신념 체계들을 소통시킬 수 있는 공간이다. 기존 현실세계의 위계질서(사회적 신분, 경제적 지위, 권력적 지위, 성, 연령, 장애 정도)에 전적으로 의존하지 않는 소통 구조가 가능하다. 온라인 공동체도 가능하다. 가상공간의 사회성은 '그물(네트)'로 개념화된다.

문제는 온라인 사회가 오프라인 사회의 영향력으로부터 얼마나 자유로울 수 있는가가 아니라 오프라인 사회의 억압적 요소를 극복하는 데 얼마나 도움이 될 수 있는가이다. 온라인 공간을 도피의 공간, 놀이 공간으로 자족하는 태도를 지양하면서 오프라인을 중심으로 소통과 재구성, 변혁의 축이 마련되어야 한다.

물론 전자적으로 매개된 인위적 환경, 즉 정보 공간의 창출이라는 새로운 전기에 대해 그 위력을 인정하면서도 비판적 시각을 견지하는 학자들도 많다. 맥루한은 전자매체가 인간의 의식과 육체를 확산시킨다고 하나 사이버스페이스는 통합적, 인과적 사고 대신 분할적, 조합적 사고를 고취하며, 또 사변이나 성찰 대신 몽상과 도피심리를 조장한다고 비판하였다. 사실 사이버스페이스는 현실세계를 떠나 홀로 존립할 수 없는 의존성 혹은 비에너지성, 비자족성(non-self-sufficiency)으로 표현되는 치명적 한계가 있다는 것이다(김문조, 1999).

이러한 비판점을 더 발전시켜 이기현(1996)은 정보 공간의 세 가지 결핍을 지적하는데, 정보의 양적 증대가 초래하는 의미 결핍, 시공간적 거리 축소에도 불구하고 일어나는 친근성의 결핍, 기호 환경의 오염과 해석의 혼란이 가져오는 소통성의 결핍이 그것이다. 이러한 결핍 공간으로서의 정보 공간 비판을 더 밀고 나가면 정보 공간 속에서 주어지는 가상현실의 반예술성(이봉재, 1999) 비판으로 연결된다. 가상현실은 하나의 현실에 대한 모사물(simulacrum), 환상에 불과하며 그 속에서는 어떤 문제도 음미, 조회, 반성되지 않는다는 것, 그것은 깨달음이 아니라 위안을 준다는 것이다.

여기에서 우리는 현실세계와 사이버 세계의 상호관계에 대한 치열한 문제제기 속에서 어떤 식의 중심을 설정할 필요가 있다. 앞 절에서 논의한 바대로 정보 양식이란 새 국면은 우리에게 새로운 사회구조와 행동양식을 추구하게 하며 정보사회가 다원적이고 더 개방적이고 유연한 사회가 될 수 있는 잠재력을 갖는 것도 정보 공간의 활성화에서 말미암은 바가 크기 때문에 그 공간을 원천적으로 부정할 수는 없다고 생각한다. 마쓰다의 말대로 산업화 단계의 목표가 국민총생산의 증대에 있는 것과 대조적으로 정보화 사회의 목표는 국민총만족(Gross National Satisfaction)에 있다는 것은 정보화 사회가 인류의 역사적, 문화적 진전의 계기임을 보여준다.

더 나아가 정보사회는 현실 공간과 정보 공간의 두 대륙이라는 이질적 요소늘 간의 결합을 조장하는 종합적 이성(synthetic reason)을 필요로 하고, 이는 시공간과 윤리 영역, 인식 영역까지 매우 광범한 대상에 적용되는 사고다. 시간에 대한 종합적 사고로는 과거 – 현재 – 미래의 전후 시제들을 동시적 맥락으로 환원시켜 생각하는 공시적 사고가 있다. 리오타르는 인식의 복수성과 상대성을 역설하는데, 위의 물리적 시간의 변형을 시간의 현기증이라고 부른다. 시대착오적 역사란 곧 시간의 굴레를 벗어나 어느 때나 발발할 수 있는 사건의 돌출성이다. 동공간적 인식은 공간 개념의 축소, 원격 정보망 체계일 것이며, 윤리 영역에 대한 도전은 다원적 가치관의 개방이다.

종합적 사고에 의해 대당적 요소들이 동일 범주로서 인식되는 경계 파괴의 극치는, 정보조작에 의한 가상현실로서 멀티미디어가 생활체험의 확대를 위해 우리에게 제시하는 대부분의 현실은 현실 그 자체가 아닌 허구적 가상현실이지만 사실성을 인위적으로 보강함으로써 실제 현실을 더 현실적으로 지각시키는 하이퍼현실이라는 점에서, 우리는 복수적 현실 속에서 중심을 잡을 필요가 있는 것이다. 정보 양식적 삶을 사는 우리의 새로운 문화 욕구는 표출주의, 탈제약을 향한 지향성, 참여주의로 대별되는데, 정보 공간 속에서 독단화된 제약 없이 표현적인 삶을 연출해 나가는 기획자로서의 우리의 자리매김은 매우 소중하다고 생각한다.

5. 맺는 말

정보적 생활양식의 지구화라는 인류사회의 대전환기를 맞고 있는 상황에서 이러한 새로운 문화의 토대에 대한 철학적 반성은 어느 것보다 더 절실하다고 생각한다. 즉 정보화 사회가 인간과 사회구조, 그리고 문화적 지형을 어떻게 조형하고 재구성할 수 있는가라는 의문에 답하기 위해서 그 잠재력과 현실화 과정에 대한 비판과 분석이 의미 있게 되는 것이다. 특히 정보 공간의 가치론적 함축을 도출해 내고, 정보의 개념적 정의를 정교화하고, 정보 공간의 존재론적 지위를 설정해 보는 것은 더욱 활성화될 우리의 정보적 삶의 방향성을 모색하는 차원에서 매우 중요하다. 정보 공간의 활용에 대한 기술과 그 활용이 어떤 식으로 규범화되어야 하는가라는 당위의 문제에 끊임없이 이론적 출구를 제시해야 한다.

또한 정보적 생활양식은 대중이 정보 공간에 대대적으로 진입하는 계기가 됨으로써 대중이 참여하고 창출하는 사이버 문화의 시대를 구가하게 한다고 볼 때, 이러한 문화적 역동성을 어떻게 수용하고 발전시켜 나갈 것인가에 대한 현실적 방향을 모색해야 하는 과제를 남기고 있다.

[참고문헌]

쾬기현(2000), 『정보사회의 논리』, 나남출판사.

김문조(1999), 『과학기술과 한국사회의 미래』, 고려대학교 출판부.

김상환 외(1998), 『매체의 철학』, 나남출판사.

니콜라스 네그로폰테(1995), 『디지털이다』, 백욱인 옮김, 박영률출판
사.

다니엘 벨(1992), 『정보화사회와 문화의 미래』, 서규환 옮김, 디자인
하우스.

데이비드 라이언(1992), 『정보화사회론』, 한국전자통신연구소.

_____(1994), 『전자감시사회』, 한국전자통신연구소.

드보라 존슨(1997), 『컴퓨터윤리학』, 추병완 외 옮김, 한울아카데미.

들뢰즈 & 가타리(2001), 『천 개의 고원』, 김재인 옮김, 새물결.

라도삼(1999), 『비트의 문명 네트의 사회』, 커뮤니케이션북스.

랜들 월셔(1994), 「사이버스페이스 극장의 구성 요소」, 산드라 헬셀
외 편, 『가상현실과 사이버스페이스』, 노용덕 옮김, 세종대학교 출
판부.

리차드 세버슨(2000), 『정보윤리학의 기본원리』, 추병완 외 옮김, 철
학과현실사.

마샬 맥루한(1997), 『미디어의 이해』, 박정규 옮김, 커뮤니케이션북
스.

마쓰오카 세이코(1998), 『정보의 역사를 읽는다』, 김승일 외 옮김, 넥
서스.

마이클 하임(1997), 『가상현실의 철학적 의미』, 여명숙 옮김, 책세상.

마크 포스터(1994), 『뉴미디어의 철학』, 김성기 옮김, 민음사.

_____(1998), 『제2미디어시대』, 이미옥 외 옮김, 민음사.

박진희 외(1999), 「여성과 기술」, 『남성의 과학을 넘어서』, 오조영란
외 편역, 창작과비평사.

반 퍼슨(1994), 『급변하는 흐름 속의 문화』, 강영안 옮김, 서광사.

산드라 헬셀 외 편(1994), 『가상현실과 사이버스페이스』, 노용덕 옮김, 세종대학교 출판부.

소흥렬(1996), 『문화적 자연주의』, 소나무.

_____(1999), 「사이버문화의 인간적 조건」, 『정보과학회지』.

손동현(1999), 「정보의 존재론적 구조와 특성」, 철학연구회 편, 『정보사회의 철학적 진단』, 철학과현실사.

앙리 르페브르(1990), 『현대세계의 일상성』, 박정자 옮김, 세계일보사.

앤드루 웹스터(1998), 『과학기술과 사회』, 김환석 외 옮김, 한울아카데미.

앤서니 기든스(2000), 『질주하는 세계』, 박찬욱 옮김, 생각의 나무.

에릭 홉스봄(2000), 『새로운 세기와의 대화』, 강주헌 옮김, 도서출판 끌리오.

윌리엄 깁슨(1996), 『뉴로맨서』, 노혜경 옮김, 열음사.

윤정로(2000), 『과학기술과 한국사회』, 문학과지성사.

이기현(1996), 「정보화 사회와 매체의 스펙트럼」, 『철학과 현실』, 1996년 가을호.

이봉재(1999), 「경험 양식으로서의 가상현실」, 철학연구회 편, 『정보사회의 철학적 진단』, 철학과현실사.

이블린 폭스 켈러(1996), 『과학과 젠더』, 민경숙 외 옮김, 동문선.

임일환(1999), 「정보·지식·인지 개념」, 철학연구회 편, 『정보사회의 철학적 진단』, 철학과현실사.

임홍빈(1999), 「20세기의 과학기술과 세계사회의 규범적 쟁점들」, 『철학과현실』, 1999년 여름호.

제레미 리프킨(1999), 『바이오테크 시대』, 전영택 외 옮김, 민음사.

조섭 애거시(1990), 『현대문명의 위기와 기술철학』, 이군현 옮김, 민음사.

조용현(1996), 『정신은 어떻게 출현하는가』, 서광사.

존 페리 바로우(1996), 「아이디어의 경제」, 홍성태 편, 『사이버공간, 사이버문화』, 문화과학사.

진보와 자유재단(1996), 「사이버스페이스와 미국의 꿈」, 홍성태 편, 『사이버공간, 사이버문화』, 문화과학사.

철학연구회 편(1999), 『정보사회의 철학적 진단』, 철학과현실사.

티모시 리어리(1996), 「대항문화들」, 홍성태 편, 『사이버공간, 사이버문화』, 문화과학사.

황상민 외 편저(1999), 『사이버공간의 심리』, 박영사.

Castells, M.(1996), *The Rise of the Network Society*, Blackwell Publishers.

Chmielecki, A.(2000), "What Is Information?", http://www.bu.edu/wcp/Papers/Cogn/CognChmi.htm.

Griffiths, M.(1995), *Feminism and the Self: the Web of Identity*, Routledge.

Haraway, D.(1991), *Simians, Cyborgs, and Women: The Reinvention of Nature*, Free Association Books.

Harcourt, W., ed.(1999), *Women@internet: Creating New Cultures in Cyberspace*, Zed Books.

Heim, M.(1998), *Virtual Realism*, Oxford University Press.

Katz, D.(1997), "The Digital Citizen", http://www.wired.com/wired/archive/5.12/netizen_pr.html.

Kramarae, C., ed.(1988), *Technology and Women's Voices*, Routledge & Kegan Paul.

Levy, P.(1997), *Collective Intelligence: Mankind's Emerging World in Cyberspace*, Plenum Publishing Corporation.

Neutopia, D.(1994), "The Feminization of Cyberspace", http://eng.hss.cmu.edu/fcminism/fcminization-of-cyberspace.txt.

Spender, D.(1995), Nattering on the Net: Women, Power and *Cyberspace*, Spinifex.

Terry, J. & Calvert, M.(1997), *Processed Lives: Gender and Technology in Everyday Life*, Routledge.

Turkle, S.(1996), "Who Am We?", http://www.wired.com/wired/archive/4.01/turkle.html.

Volk, T.(1995), *Metapatterns: Across Space, Time, and Mind*, Columbia University Press.

Yakovlev, A.(2000), "Globalization and Responsibility", http://www.unesco.org/webworld/infoethics_2/eng/papers/paper_28.htm.

제 2 장
사이버 공간의 여성 체험

1. 들어가는 말

우리는 공간으로 던져진 것이 아니다. 새로운 공간은 그곳을 꿈꾸고 그 안에서의 생활을 기획, 설계, 수정하는 사람들을 필요로 한다. 그런 의미에서 공간 역시 저 스스로 있거나 던져진 것이 아니다. 사람이 공간을 만들고 사람이 그 안에서 산다.

이 점을 더 명확하게 하기 위해 공간의 대표 격인 집을 살펴보자. 집에는 그 구조를 이루는 토대, 즉 골조, 내장재, 외장재 등의 물리적 재료들이 투입된다. 그 양에 대한 계산과 물리적 구조의 안정과 균형을 잡기 위한 수식에서는 이미 설계라는 정신적 작용

---

* 이 장은 「사이버 공간의 여성 체험」(『정보매체의 지구화와 여성』, 이화여자대학교 출판부, 2002에 수록)과 「정보적 생활양식과 온라인 여성주의 공동체 연구」(『지구화 시대 여성주의 대안가치』, 푸른사상, 2005에 수록)의 두 논문을 통합하여 재구성한 것이다.

이 포함되어 있다. 더 나아가 물리적 양들은 그 공간을 지키고 있을 뿐 그곳에 거주하지는 않는다. 안방이나 거실 등의 공간에서 사는 것은 인간이다. 하드웨어로서의 집에서 소프트웨어로서 집의 기능으로 변화하는 것은 물리적 차원에서 문화적 차원으로 상승한 것이다.

집이 물리적 외연을 기반으로 하여 그곳에 거주하는 사람들의 생활방식에 중요하게 관련되어 있기 때문에 그 공간에 대한 사람들의 활용, 의미부여 등이 우리의 관심이 된다. 새로운 공간에 대한 체험의 역사는 집의 내포적 기능 덕분이라고 할 수 있다.

집에서 인터넷으로 논의 무대를 바꾸어 보자. 일반적으로 새로운 문화적 공간에 대한 체험의 역사가 짧을 때는 그 공간 안의 인간 생활에 대한 신비로운 가설들이 존재한다. TV 브라운관이 처음 등장했을 때 순진한 사람들은 그것을 이리저리 만져 보면서, 그 안에 어떻게 저 작은 인간들이 들어갔을까라고 하며 소형인간론을 가정한 발언들을 했다. 이제 인터넷으로 박세리의 골프 경기를 생중계한다고 해도, 그 안에 그 수많은 갤러리들이 들어가 있으리라고 가정할 사람은 없을 것이다. 경기의 내용 쪽으로 관심을 갖게 되는 것, 이것을 요즘 말로 하면 콘텐츠가 중요하다고 할 것이다.

구체적으로 내가 한 컴퓨터 게임상에서 아바타를 하나 만들어 놓고 있다고 하자. 캐릭터, 직업, 옷, 취미생활 등을 내가 설정해서 생활을 꾸려 가게 한다면 이때 화면 속의 내 분신과 그것을 들여다보고 이리저리 생활을 조정해 가는 나라는 주체의 이중화는 무엇이 가능하게 만든 것인가? 일차적으로는 소위 정보기술의 디지털화를 통해 이 모든 경험이 가능하게 되었으므로 그 장면들도 물리적 인과의 연쇄일 것이다. 그렇지만 내가 아바타를 만들고자 했으며, 내가 그것의 생활과 일거수일투족을 영위하는 지침을 준다는 점에서 보면, 그 행위자적 측면의 주체는 바로 나의 의식구조다.

만일 로버트 프로스트의 「가지 않은 길」에서 표현되었듯이 인생의 수많은 갈림길에서 한쪽을 선택해야 했지만 자신이 가지 못한 길에 대한 동경과 아쉬움이 많이 남은 사람이라면 현실의 자기와 다른 경로로 아바타의 일거수일투족을 지시할 수 있다. 이는 내포적 공간의 자유로움이다. 혹은 현실의 제약, 자기 조건과 좀 거리를 취하고 싶어 자신과 이질적인 캐릭터를 선택했지만 결국 문제를 풀어 가는 과정이 현실의 자기를 고스란히 반영하고 있다면 "그래, 바로 그게 나지."라는 결론을 얻을 수도 있을 것이다.

우리가 만약 다중적 게임을 즐기고 있다면 그곳에는 수많은 사람들의 분신이 활동한다. 그 공간에는 일종의 집단의식이 작용하고 있는 것이다. 패를 지어 사이버 적에 대한 전투를 행한다든지, 전략적으로 고수인 자가 마법사라 등급이 매겨지며 조직을 이끈다든지, 전자 게시판을 통한 실시간 집단 토론을 행하는 것은, 이는 단지 게임뿐만 아니라 그룹 대화, 게시판 활동의 장이 모두 하나의 사회적 공간임을 말해 준다. 디지털화라는 우리 사회의 물리적 구조 변화가 새로운 집단적 활동의 장을 만들어 준 것이다.

니콜라스 네그로폰테(1995)의 말처럼 현실 공간의 원자적 토대에서 디지털 공간의 비트 단위화는 물론 새로운 구조다. 그렇지만 디지털 공간에서 거주하는 것은 비트가 아니다. 비트의 토대 위에서 인간들이 어떻게 사는가가 문제가 되므로, 사이비 공간의 문화를 문제시할 수밖에 없는 것이다. "원자에서 비트로"는 정보 고속도로의 시작 지점을 일러 주는 건조한 게시판인 반면 사이버 공간의 문화화는 현재 진행형적인 사건의 흐름들로서 많은 산맥과 지류가 만들어지고 있다.

두 사람 이상이 모이는 곳엔 사회가 생긴다는 말처럼, 사이버 공간 안의 수많은 활동들이 이곳을 사회로 인식하게 한다. "현실 공간에 있는 것은 모두 사이버 공간 안에 있다."는 말처럼 현실 사회의 활동은 재현되고 재편된다. 리니지 게임의 전리품인 무기들을 둘러싼 절도 행위가 사회면 기사를 장식하게 되자 담당 경찰관은 "자신의 30년 생애에서 이런 일은 처음"이라고 했다지만, 이는 절도에 대치되는 새로운 유형의 절도라기보다는 현실세계와 다른 공간과의 중첩성에서 일어나는 일이므로 우리에게 생소함을 주었을 뿐이다.

물론 혼자서 설계해 보는 사이버 공간이 없는 것은 아니다. 즉 우리는 무의식이라는 가상적 공간의 존재에 익숙하다. 그렇지만 내가 꾸는 꿈속에서 아무리 많은 사람들이 등장하고 그들끼리 대화하고 그 안에서 사건들이 일어난다고 해도 그 꿈과 현실은 같지 않다. 그 안에 상호작용이 일어나는 것이 아니기 때문이다. 또한 내가 상상 속에 지도를 놓고 아무리 사회 개혁을 도모하고자 이런저런 설계와 실험을 한다고 해도 그것은 경험의 사회적 실재성을 주지 못한다.

사이버 공간의 사회적 활동이 꿈, 상상, 환상과 다른 것은 그 안에서 주체들끼리 상호작용을 체험하기 때문이다. 이를 우리 혹은 집단-지향성이라고 부를 수 있다. 대면을 하지 않음으로써 다소 그 사회적 실재감이 미약하게 느껴진다 해도 이는 엄연한 사회의 일종인 것이다.

우리가 사이버 공간에서 거주하기 시작하면서 무수 새로운 일이 생겨나는가? 새로운 공간에 대한 인간의 태도는 매우 다양하겠지만 그것 역시 인간이 하는 일을 벗어나지는 못할 것이므로 현실 역사에서 한 사례를 취해서 참고로 삼아 볼 만하다. 소위 콜럼버스의 '신대륙 발견'으로 대표되는 공간 체험을 보자.

콜럼버스는 왜 아메리카에 갔는가? 그는 그 죽음의 항해 끝에 무엇을 기대했는가? 그가 스페인을 떠날 때 소지했던 이사벨라 여왕의 특허장에는 그가 목적을 달성했을 때 받게 될 영예와 은전이 다음과 같이 적시되어 있었다고 한다.

> "우리는 그대 콜럼버스가 대양에서 앞서 말한 도서와 대륙을 발견하고 정복한 후 이의 제독이 되기를 원하노라. … 그리고 차후로는 경은 자신을 돈(스페인의 귀족 칭호) 크리스토퍼 콜럼버스라고 부르고 이의 칭호를 쓸 수 있으며, 경의 아들과 상속자가 위의 직책을 맡게 되면 그들에게도 돈, 제독, 국왕 대리 및 총독의 칭호를 붙일 수 있다."(유종선, 1995:24-25)

이를 통해서 볼 때, 사실 아메리카를 그보다 더 먼저 발견한 인디언들의 자연주의적 평화주의와 달리 그는 새로운 이민자라기보다는 정복자로서 그 대륙을 대했을 것임이 분명하다. 같은 공간에 대한 이질적인 세계관이 충돌한 하나의 경우로서, 자유의 땅이라는 신대륙에서 악명 높은 노예제도가 2백 년 이상 계속된 역사의 아이러니가 생기고, 사실 왜곡, 저항과 통제의 규율, 불평등 구조의 키워드들이 부유했던 새로운 공간은 그렇게 생겨났다.

새로운 곳을 가본다는 것은 설렘과 기대, 호기심에 들뜨게 하여 우리는 과장된 여행기도 흥분해서 읽고, 나중에 거짓 여행기라고 밝혀진 것에도 당시엔 열광적으로 몰입하기도 한다.

물리적 신대륙이 아닌 채 광활하게 펼쳐진 곳이자 외연이 무한정한 이 사이버 대륙에 대한 우리의 태도, 즉 사이버 에토스는 무엇이 될 것인가? 특히 이 공간에 대한 여성적 체험기는 어떤 양과 질로 엮어지고, 여성들은 어떤 활동 속에서 자신의 정체성을 누비게 될 것인가? 이 공간이 여성에게 의미 있게 되기 위해 새롭게 만들어 가야 할 공간적 감수성은 무엇인가?

이 문제는 현실 공간의 윤리적 창의성을 새로운 방식으로 전개시키는 것, 즉 보편적인 정의의 관점에서 현실의 성불평등을 고스란히 안고 가서는 안 된다는 점을 전제로 시작하고자 한다. 그 전제로부터 사이버 환경이 여성 친화적일 수 있게 하는 것과 현실 권력의 재영토화가 사이버 공간에서도 심화되어서는 안 되는 것 등도 구성적 소전제가 될 것이다.

먼저 2절에서는 사이버 공간과 현실 공간 사이에서 작동되는 성별 정치학(gender politics)을 살펴본다. 사이버 공간이 그 자체로 위대한 평등자일 수 없다는 점과 함께, 사이버 공간의 익명성 위력에 대한 과대평가를 비판하고, 사이버 공간이 현실 공간의 성별적 아비투스를 재현하는 것에 대한 과소평가를 비판할 것이다. 3절에서는 여성의 몸과 마음이 사이버 공간 안에서 어떤 성별적 구조하에 놓이게 되고 여성 네티즌과 여성주의 공동체는 이에 어떻게 실천적으로 대응하는가를 살펴본다. 4절에서는 사이버 공간과 현실 공간과의 만남이라는 증폭된 경계면에서 여성주의 집단이 창출해야 할 협상력을 논의한다.

2. 사이버 공간의 성별 정치학

1940년대 창고만한 컴퓨터로부터 지금의 PC 개발까지 걸린 시간은 불과 50-60년 정도다. 특히 1980년대에 등장한 월드 와이드 웹은 우리에게 새로운 경험의 주조 공장이 되고 있다. 즉 동기적인 커뮤니케이션과 비동기적인 커뮤니케이션 모두를 지원할 수 있게 되어, 웹사이트는 실시간 문자형 대화방뿐만 아니라 비동기적인 토론 그룹을 지원하여 풍부한 소통 맥락을 형성하고 있다 (피터 콜록 외, 2001:57). 넷 세대라 불리는 새 세대는 인터넷, 사이버 현실 게임, 3D 그래픽의 사용에 익숙하며 기존 세대의 경험을 송두리째 '덮어씌우고' 있다.

스튜어트 브랜드(존 브록만, 1999:66)는 날마다 새로워지는 장치들의 특징으로서 사용자를 두 배의 가속도 또는 그것에 따르는 두 배의 불안정 상태에 빠뜨린다는 점을 이야기한다. 무어의 법칙(Moore's Law)에 따라 칩 하나에 집적될 수 있는 연산자의 수와 그에 따른 컴퓨터의 성능이 18개월마다 두 배씩 향상된다고 한다. 또한 멧카프의 법칙(Metcalfe's Law)에 따라 네트워크의 가치는 접속된 사용자 수의 제곱 배로 증가한다고 한다. 그에 따라 초기 네트워크인 웰의 사용자가 삼사백 명일 때와 월드 와이드 웹의 사용자가 수억 명일 때 상호작용의 정도는 비교하기 어렵게 된다.

이 사이버 공간에 대한 거주의 역사는 비교적 짧기 때문에 뭐라고 단정적으로 말할 수는 없다. 앞에서 미국 신대륙의 경우를 잠깐 보았지만 집단마다 개인마다 이 새로운 공간의 의미를 달리 부여하면서 다양하게 이용하고 있기 때문에, 또 사용 경험 안에서 그때그때 변화하는 경험을 갈무리하고 있기 때문에 일의적으로 그 성격을 규정하기는 어려울 것이다.

하지만 초기 개척자들의 장밋빛 꿈이 점차 탈색되고 탈신비화되고 있는 경향을 추적해 볼 수는 있다. 아래에서 사이버 공간이 재산, 지위, 학력, 나이, 인종, 국가와 마찬가지로 성별에 대해서도 그 차이를 드러내지 않으면서 권력을 분산하리라는 낙관론이 얼마나 의미가 있는지를 검토해 보고자 한다.

1) 사이버 공간은 '위대한 평등자'인가?

우선 사이버 공간의 위대한 평등자(the great equalizer) 가설(Rheingold, 1993)은 검증되었는가? 즉 사이버 공간이 현실세계의 약자에게 유리한 균형 회복의 지점이라는 설정은 여전히 유효한가? 먼저 현실세계의 권력 관계의 기본 지점인 경제 분야에서 이 문제를 검토해 보자.

우선 인터넷 네트워크 마케팅의 꽃인 전자 비즈니스계의 현황을 보자. 캐서린 양(Yang, 1999:1)은 사이버 공간이 위대한 평등자인가를 자문하면서 "절대로 그렇지 않다."고 단언한다. 넷이 소수에게 더 우호적인 환경이 되기 위해서 의식적인 노력이 필요하며 이는 현 상황에 대한 진단으로부터 모색되어야 한다는 것이다.

"사이버 공간의 새로운 질서에 대한 온갖 과장에도 불구하고, 구 질서의 대부분이 여전히 지배하고 있다. 두뇌와 활력 외엔 아무것도 문제가 되지 않는 능력중심사회를 표방하는 것은 중요한 진실을 가리고 있다. 관계와 연줄망이 전자 비즈니스에서조차도 비중 있게 통한다. 당신이 누구를 아는가가 이 첨단 산업의 지도적 기업의 기회를 얻게 될 것이다."

전자 비즈니스 세계에서 상위직으로 진출한 여성이 없는 것은 아니다. 사고가 유연하고, 맥락에 따라 자유롭게 판단하고, 상황에 더할 수 없는 감수성을 갖는 여성이 정보사회라는 지각 변동에서 큰 흐름을 타고 사회로 진출할 가능성이 없는 것도 아니다. 그렇지만 앞의 사례에서 보듯이 사이버 공간의 이용은 누구에게나 열려 있는 것, 즉 누구나 동등한 선 위에서 달려가는 것이 아니라 이미 현실 공간의 힘을 전이시키는 장이 되므로 기득권의 이행이 쉽게 일어난다는 점에 주목해야 하는 것이다.

그렇다면 사이버 공간 자체가 위대한 평등자라기보다는 그 가능성의 공간이라는 정도밖에 안 된다. 현실의 성불평등을 제거하기 위해 정책적으로 여성의 접근 기회를 더 가중치를 줌으로써 보장해야 하는데 실제로는 그렇지 않다. 누구나 다 사이버 공간에 접속만 하면 정보를 수집하고, 자신의 견해를 제시할 수 있고, 원하는 사람들을 만날 수 있음으로 해서 정보력과 소통력을 확보할 수 있다는 것은 물론 환영할 만한 진전이다. 그렇지만 현실 공간의 힘의 불균형을 적극적으로 해소하기 위한 공평(equality)의 장치를 갖고 있는가에 대해서는 아직 그 징후를 발견하기 어렵다.

왜냐하면 여성의 경우 기존 사회구조 속에서 확보하고 있는 자원의 양과 질(물질, 권력, 시간, 교육 등)이 상대적으로 남성보다 적은 상황에서 정보 공간에의 진입 자체가 동등한 가능성에서 시작되지 않는다는 점이 근본적 문제이기 때문이다. 구체적으로 컴퓨터 경험에서 남녀 학생의 성별 차이에 대한 연구(권오남, 2001)

에 의하면 남녀 학생 간에 유의미한 차이가 드러난다는 것이다. 즉 가정 안에서 컴퓨터가 주로 남자 형제의 방에 있고, 그 결과 컴퓨터를 주로 사용하는 사람도 남학생이고, 컴퓨터 사용 시간도 남학생이 여학생보다 더 많았다. 또한 남학생이 여학생보다 컴퓨터를 좀 더 일찍 접했고, 컴퓨터에 대한 경험이 더 풍부했다. 또 컴퓨터 캠프나 방과 후 수업에서도 남학생의 참여가 더 두드러졌는데, 이러한 성별 차이는 컴퓨터에 대한 태도에도 영향을 주어 남학생이 여학생에 비해 컴퓨터에 대한 긍정적인 태도를 갖고 있으며, 여학생은 컴퓨터 사용에서 자신감이 없고, 남녀 학생 모두 컴퓨터를 남성의 분야라고 인지하고 있다는 것이다.

이러한 연구로 미루어 볼 때 컴퓨터를 통한 정보 획득의 접근 가능성에서 나타나는 성별 간 편차가 극복되지 않고서는 사이버 공간 속에서 여성이 또 다른 주변부 집단으로 소외될 가능성이 커진다고 생각한다.

또한 컴퓨터 과학기술 인력 배출 구조를 연구한 윤정로(2000: 296-326)에 의하면, 컴퓨터, 전산, 정보 분야 대학교수의 성별 분포에서도 여성은 2.2%를 차지하는 것으로 나타나 우리 사회의 극심한 성별 편향성이 잘 드러난다. 전 사회적으로 본다면, 현실적으로 컴퓨터에 대한 접근과 활용 능력은 성, 계층, 세대, 국가, 지역별로 구조적인 차이가 있으며, 이를 보통 정보 격차(information gap) 혹은 정보 불평등(information inequity)이라고 하는데 거의 모든 국가에서 여성은 정보화에 상대적으로 뒤떨어져 있다는 것이다. 이는 역사적으로 여성들이 문맹으로 인하여 사회적 불이익을 당해 왔듯이, 앞으로는 다시 컴맹으로 불리한 처지에 놓일 가능성이 대단히 높다는 것을 시사한다. 또한 정보 설비, 정보 이용,

정보화에 대한 관심을 측정하여 종합한 정보화 지수는 남성을 100으로 했을 때 32 정도에 불과하다고 한다.

세나가 『한국인터넷 백서』(한국전산원, 2001:48; 한국인터넷진흥원, 2007:61)에 따르면, 2000년 12월말 기준으로 성별 인터넷 이용자 수는 남성이 1,083만 명, 여성이 821만 명으로 차이가 현저하다. 2007년 2월말 기준으로 보면 남성이 1,850만 명, 여성이 1,562만 명이며, 이는 남성의 80.7%, 여성의 68.9%에 해당된다. 이로써 여성 이용자는 남성보다 더 빠른 성장 추세를 보이지만 아직 동등한 수치에 접근해 있지 못함을 알 수 있다.

또한 여성들이 주 고객인 여성 사이트 운영자에 의해 제공되는 콘텐츠의 종류를 살펴보면 실생활에서의 전형적인 여성적 정보가 그대로 재현되고 있어 일반 여성 잡지의 내용과 구분되지 않는 것이 현 상황이다(김유정·조수선, 2000:260-298).

이러한 점들은 사이버 공간이 여성을 소비의 주체로 만들면서 더욱 편리해지고 현란해진 소비 방식의 위력에 매몰되게 할 수 있는 가능성도 또한 함축한다. 즉 여성의 컴퓨터 따라잡기가 과학기술의 사이비 주체화의 대상으로 되어서는 안 된다는 점을 경계해야 한다는 것이다.

이렇게 볼 때 사이버 공간이 또 하나의 실재적 공간으로서 현실세계의 물리 공간과 연속성 구조를 갖는다는 것이 극명해진다. 즉 사이버 공간은 인간 개인의 상상력으로만 끝나는 허구적 세계가 아니라 힘의 질서를 갖는 사회적 공간이다. 즉 정치적 무중력의 장이 아니기 때문에 성불평등의 기준으로 그 활동들이 하나하나 검토되어야 한다. 이 공간에서는 자연적 세계가 디지털의 세계로 전환된다는 문명적 전환뿐 아니라 인간의 기억, 아이디어가 물화되고, 디지털 기호로 대량 복제되고 유포됨으로써 정보 소유가 팽창될 수 있는 문화화가 일어난다. 그래서 이 공간의 성별적 소유 양식에 대한 윤리적 문제, 즉 여성이 실제적 거주권을 확보하고 있는가를 묻게 되는 맥락이 발생한다.

사이버 공간에 대한 진입과 이용이 힘의 질서에 의해 지배된다면 이것이 여성 힘 북돋우기(empowerment)에 어떻게 기여할 수 있는가? 현실세계에서도 여성은 아직 지구상 최후의 식민지성을 떨치지 못하고 있다. 사이버 공간이 정보 빈자로서의 여성을 주변부로 내몰게 된다면 억압구조의 중첩은 더 심각해진다. 물질적 자원의 빈곤에다 추가적으로 정보 자원의 빈곤을 덧씌우게 되기 때문이다.

2) 사이버 공간의 익명성은 성평등에 기여하는가?

사이버 공간의 익명성 조건이 의사소통 관계에서 약자의 위치에 있는 이에게 어떤 유리한 기회를 준다는 것이 일반적인 견해였다. 즉 신분 기호가 차단됨으로써 권위에 휘둘리지 않는 의사소통이 가능하다는 것이었다. 그리고 이는 의사 전달 체계의 경직성 완화라는 방향으로 긍정적으로 기능할 것이라는 전망이었다. 교수와 대학원생 간, 경영자급 상급자와 하위 직원 간, 남성과 여성 간의 의사소통에서 평등성이 증진된다는 연구 결과들은 이에 상응한다.

과연 익명성은 자유롭고 안정적인 소통을 보장하는 조건일까? 여성은 성별이 확인되지 않은 상황에서 심리적 안정감이 생겨 대화에 적극적으로 참여하는가? 몇 가지 사례를 통해서 이 점을 살펴보자. 다음은 킴벌리 영의 상담 자료에서 가져온 글이다.

"온라인에서 변태적인 성행위를 하거나 일탈 행동을 했을 때, 사이버 섹스 파트너나 친한 친구가 아주 멀리 떨어진 곳에 살고 있다면 안전에 대한 느낌은 더 커진다. 독일, 스웨덴, 영국 등지의 남자들과 짧은 밀회를 즐기고 난 다음, 리는 인터넷이 진정으로 범세계적인 공동체라는 점에 고마움을 느꼈다.

부끄러움이 많은 사람에게, 상대가 멀리 떨어져 있다는 것은 실제로 만날 기회가 없을 것이라는 안도감을 더해 준다. … 국제적인 사이버 대화는 그것이 지적인 것이건 에로틱한 것이건 간에 미스터리와 호기심이라는 재미를 더해 준다."(킴벌리 영, 2000:163)

이러한 이야기는 소극적 섹슈얼리티를 내면화한 그녀가 비대면 관계에서 솔직하게 자신의 성적 욕구를 발산하는 일이 좀 더 쉬운 조건이었음을 알려 준다. 자신의 신분을 다 노출한 채 얼굴을 대놓고는 차마 할 수 없는 것들을 아무런 위협 없이 진솔하게 털어놓을 수 있었던 것이다. 또한 자신의 세세한 취향 및 감성을 표현하는 일이 수치심이나 죄책감 없이 일어날 수 있고, 서로 상대방을 모른다는 스릴이 주는 거리화의 효과에 의해 더욱 재미있게 되는 것이다. 또한 자신의 체면이나 자신에게 요구되는 사회적 기대에 순응하는 언어적, 행동적 틀을 벗을 때 그 관계에서 주고받은 내밀한 이야기들 때문에 채팅에서 친구를 사귀는 것은 속도감이 무척 빠르다고 한다.

그렇지만 한편으로 익명성 조건 아래에서 대화자들끼리 상호 신뢰를 쌓으려는 노력을 무의미하게 만드는 허무한 공간이 양산될 수 있음도 목격하게 된다. 애당초 신뢰에 바탕하지 않고, 서로에게 진지성을 요구하지 않는 이런 관계에 대해 당사자들은 어떤 의미를 부여하고 있는가를 살펴보자. 십대들의 이야기다.

"서로 거짓말을 한다는 것을 알고 있으면서도 채팅 중에는 그 대화에 몰입하면서 즐거움을 느낀다. 물론 나중에는 속은 줄 알지만 자기도 부풀려 얘기하므로 상관없다. 가끔은 거짓된 자기의 모습으로 사람들을 대하기도 하는 것 또한 하나의 즐거움 …"(성영신 외, 2000:10)

"집에선 괜히 뜨끔하다는 느낌이 든다. 게임방은 각자 칸막이 속에서 숨어서 한다는 느낌 … 또 내 컴퓨터가 아닌 다른 컴퓨터를 이용할 때가 더 안정이 된다. 비밀스러운 얘기를 하고 있을 때 남이 보지 않았으면 한다."(성영신 외, 2000:20)

결국 이들은 현실 공간과 다른 종류의 기대를 가지고 사이버 공간의 대화 활동을 해내고 있으면서 두 공간을 분리하는 도덕 규칙을 적용하고 있는 것이다. 이들이 인터넷이라는 신매체에 의해 설정된 환경 속에서 만나는 사람들의 왜곡된 이미지와 왜곡된 삶의 내용에 대한 이미지를 보고 그에 반응한다면 그 귀결은 무엇인가? 자신에게 정직하지도, 남에게 정직하지도 않은 관계에서 어떤 질의 우정과 연대가 맺어지는 것일까? 실제로 우정을 쌓기 위해서는 정성과 시간과 노력이 필요하며 얼굴을 맞대고 접촉할 필요가 있다. 인터넷 소통이 얼굴 없는 피상적, 단편적 이합집산을 공동체로 오인하고, 이에 대한 의존으로 외로움이라는 현실의 문제를 잊어버리게 하는 전자 LSD가 되어도 좋은 것일까?

자신에게 솔직할 수 있는 자유가 상대방이 호감을 갖게끔 솔깃

하게 만드는 기만으로 둔갑할 우려는 더욱 증가한다. 서로를 이해한다는 것에서 오는 심리적 안정감이 언제 끊길지 모르는 관계에서 오는 불안정감으로 전이되는 것에도 시간이 오래 걸리지 않는다. 이 점에 비추어 볼 때 인터넷을 통한 채팅이나 게시판 활동 등의 다자간 소통에서 익명성 자체의 명목적 가치와 실질적 가치의 차이가 드러나기 시작하고 있다. 얼굴을 보지 않는다고 해서 대화 상대방의 인격을 존중하거나 동등한 관계의 언어적 교환이 자동적으로 이루어지는 것은 아니다.

더 근원적으로는 '얼굴'이라고 하는 상대방의 성을 확인할 수 있는 강한 단서가 없이도 몇 마디 말을 주고받는 과정에서 성별적 아비투스가 작동한다. 언어체, 글쓰기 방식, 이모티콘 사용 방식, 아바타 꾸미는 방식 등 소소한 코드들이 미시적 단서로 존재한다. 또한 처음부터 상대방의 성별을 확인하는 질문도 집요하게 들어올 뿐만 아니라, 관계가 지속적이면 지속적일수록 상대방의 성별적 정체성은 드러날 가능성이 충분하다는 것이다. 미시적 단서 중의 하나가 대화명이다.

채팅 아이디에서 나타나는 커뮤니케이션 심리에 대한 한 연구는 남학생의 경우에 여학생보다 성적 이미지와 공격적인 이미지의 대화명을 많이 사용하고, 반면 여학생은 귀엽고 순수하고 청순한 이미지의 대화명을 많이 사용하고 있음을 보고한다. 또한 남학생의 경우에 고급스러운 이미지를 많이 사용함으로써 자신의 경제적, 사회 계층적 유능감을 이성에게 표현하고자 하는 등 남녀 차이가 통계적으로 유의미했다는 것이다.[1]

---

1) 성영신 외(2000:20-21). 여기에서 분석한 이미지 범주에서 성적 이미지의 예로는 '은평구야녀', '영계킬러', '빨간 싸이트', '날꼬셔봐', '섹시

이처럼 아이디뿐만 아니라 사이버 공간의 의사소통, 언어 구사 방식에서도 성별적 차이가 두드러진다. 데일 스펜더(Spender, 1995:193)는 소위 정보고속도로에 대한 남성의 위협에 대해서 그들이 도로 규칙의 제정자로 행세하고자 하기 때문이라고 말한다. 실제 세계에서처럼 사이버 공간에서도 남성이 소통을 지배하는 경향이 두드러졌으며 이들은 더 많이, 더 자주 이야기하고, 중심 위치를 차지한다. 화제를 정의하고 그 자신의 견해가 정당하다고 간주하며 세계를 자기 용어 안에서 보지 않는 여성들을 압도한다. 혼성 대화에서 끼어들기와 다른 사람의 말을 교정하는 역할로 지배적 지위를 차지한다. "당신이 의미하는 바는 …" 식으로 자기 용어로 그녀가 의미하는 바를 재정의한다. 사이버 공간 속의 혼성 대화의 규칙을 기록한 자료들 속에서 여성의 주변화가 두드러짐을 발견하는 것이 드물지 않고, 심지어 여성주의 공동체에서조차 남성의 참여율이 더 높은 경우도 보고되었다.

또한 마초문화2)에 물든 남성들은 여성주의적 주제가 나와서 자신들이 주도하지 못하면, 즉 운전석에 앉지 못하면 위협적인 태도를 보이는 일이 흔하다. 대표적인 예로, 1999년 12월 23일 군가산점제에 대한 위헌 판결이 난 이후 통신과 인터넷을 통해 마련된 토론장에서 가해진 사이버테러로 여성들이 경험한 무력감과 공포는 엄청났다고 한다. 다음은 「군가산점 소동과 사이버테

걸', 'KISS' 등이 있다. 공격적 이미지의 예로는 '터프걸', '다덤벼', '반항하지마', '면상쌈박' 등이며, 귀여운/예쁜 이미지는 '*^^*', '딸기공주', '난애교10000점', '보라돌이' 등이며, 고급스러운 이미지는 'CHANEL', 'Burberry's', '에스쁘아3', '페라가모', 'PRADA' 등이 있다.

2) 가부장제적인 의식을 가진 남성들이 성별적으로 민감한 화제가 나왔을 때 보이는 폭력적이고 공격적인 언어, 행위 등을 총칭함.

러」(권김현영, 2000:133-145)에 소개된 내용이다.

> "다 정신대로 보내 버려! 전쟁 나면 너네들 목숨은 끝이야. XX
> 들아."

> "(욕설하면 신고한다고 한 여성 네티즌에게) 고발해 봐라, XX야.
> 하나도 안 무섭다. 내 아뒤도 아니니까."

> "(국가가 군대제도 개선을 해야 한다는 여성 네티즌에게) 시끄러,
> XX야. 너같이 아무것도 모르는 년들이 뭘 안다고 떠들어 떠들긴."

> "네 학교와 주소를 알고 있다. ○○동이지? 너 ○○대라며? 각오
> 해 둬. 나 시간 많다."

사이버 대화에서는 직접적인 물리적 학대 혹은 폭력의 위협이
없기 때문에 여성이 동등한 권리를 주장할 수 있으리라 기대할
수 있지만 이는 사실과 부합하지 않는다. 물리적 위험은 줄었으
나, 심리적 공격 혹은 협박의 요소는 증가하고 그 정도는 증폭되
는 것 같다. 비대면성을 발판으로 한 약화된 사회적 실재감을 이
용하여 노골적인 성폭력을 행하고 있는 것이다.

이렇게 볼 때 현실세계와는 달리 실제로 신체적 학대나 폭행을
당할 위험성이 더 적음에도 불구하고, 심리적인 공포 때문에 사
이버 공간에서 여성에 대한 대화 방해나 위협이 여전히 효력을
발휘한다. 우리는 새로운 정보기술의 강력한 잠재력을 인정하지
만 이 잠재력이 여성을 위해 완전히 실현되어야 함을 고통스럽게
자각하는 계기로 삼을 수밖에 없을 것이다. 사이버 테러 집단이

대면 상황보다 더 극악하고 잔인하고 강제적인 방식으로 행동할 수 있음을 목격한 이상 사이버 공간에 대한 소박한 기대는 유보해야 한다.

일반적 예상과 달리 익명의 공간은 그 자체로 여성에게 친화적인 유리한 소통 조건을 만들어 주는 것이 아니다. 단지 우리는 기게스의 반지3)를 낀 것뿐이다. 그 반지를 끼고 우리는 무엇을 할 것인가? 그 양치기처럼 몰래 왕궁으로 잠입하여 왕비를 겁탈하고 왕국을 사취할 수밖에 없는 것인가? '아무 짓이나 해도 된다'에서 '할 수 있지만 안 하는' 도덕적 의식의 고양은 어디에서 올 것인가? 어떻게 해야 투명인간의 꿈이 방종의 실현으로 종지부를 찍지 않고 사회에 유익한 놀이로 이어질 수 있을까?

우선 채팅과 같은 제한적 자유 공간 안에서의 즐거움(jouissance) 발산을 위한 방안을 찾아보면, 소극적인 방법으로서는 익명성 조건을 절대화하지 않으면서 서로 익명성 관계에 대한 협상이 필요하다고 생각한다. 즉 상호 기대에 대한 전제가 다를 때는 속임의 분노가 유발되어 심지어 젠더 스와핑을 한 상대를 '강간 혐의'로 고발하는 경우까지 있다. 또한 상대방이 언제라도 컴퓨터를 끔과 동시에 관계를 끝낼 수 있다는, 즉 상대방에 대한 지속적인 신뢰를 유보해야 한다. 그가 자기 신분을 속이고 있을 수 있으며 이는 이 공간이 놀이의 성질을 갖는 한 당연한 것이라고 보아야 한다. 그가 과장과 기만을 하고 있을 수 있지만 나도 그것을

---

3) 플라톤(1987:233-235). 투명인간으로 만들어 주는 금반지를 우연히 얻게 된 한 양치기가 그 힘을 이용하여 왕비와 간통하고, 왕을 모살하고 왕국을 장악했다는 이야기로서 정의에 대한 소크라테스와의 토론에서 글라우콘이 소개한 신화다.

즐기므로 괜찮다고 보아야 한다.

그러나 잠시 기분전환 삼아서 하는 익명의 놀이가 아니고 장기적으로 친구를 만들거나 공동체를 일구려고 하는 경우라면 또 적극적인 진실의 원칙이 필요할 것이다. 서로 속이는 것을 최소화해야 그 만남이 공소해지지 않으며 진실의 토대 위에서 신뢰를 쌓아 가야 한다. 여기에는 법이라는 물리적 강제보다 각 개인의 윤리적 자각과 결단이 더 힘을 발휘할 것이다. "일부의 사람들을 일시적으로 속일 수는 있지만 모든 사람들을 영원히 속일 수는 없다."는 격언처럼 진실이 최선의 방책이 되는 것이다.

또한 사이버 공간에서 증폭되는 마초문화의 집행자들로부터 악영향을 최소화하기 위한 여러 장치들도 모색되어야 한다. 폭력이나 스토킹 등에 의해 여성들이 사이버 공간에서 배제되어 자신들의 공동체를 꾸려 볼 기회를 상실하고, 자유롭고 풍부한 의사소통의 가능성조차 실현할 수 없다면 사이버 문화의 저급성과 빈곤은 계속될 것이기 때문이다.

3) 현실세계의 성별 아비투스가 사이버 공간으로 전이할 가능성에 대한 과소평가

인터넷을 사용한다는 것은 일종의 문화자본을 축적하는 것이다. 온라인상의 정보 수집과 소통 활동이 주는 정보화 효과는 그것을 하나의 자본이라고 부를 수 있을 만큼 막대하다. 어떤 의미에서 자본주의의 계급 재생산은 문화적 지식, 문화자본을 통한 분지화를 이루어 내고 있다고 할 수 있다. 과학기술의 이용력은 사람마다 다른 기회를 주는 것이다.

그렇지만 사이버 공간이 공간으로서의 새로움을 우리에게 선사한 반면, 그곳에서 생활하는 사람들의 행동 방식 또한 새로울 것이라는 것은 너무 낙관적이고 자동적인 해석이다. 즉 공간으로서는 새롭지만 공간 거주자의 행동이 새로울 것이라는 보장은 없다는 것이다. "집에서 새는 바가지, 들에서도 샌다."는 속담처럼 인간의 행동은 일정한 공간적 연속성을 지닌다. 새로운 공간에 거주하는 자의 의식과 행동이 현실로부터 그대로 '퍼 올려질' 수 있다.

　"섹슈얼리티와 권력을 잇는 관점에서, 남자에게 가장 심한 모욕은 여자로 변형되는 것"이라는 피에르 부르디외(2000:35)의 말처럼 사이버 공간에서도 남성들은 '남성다운' 의식을 포기하지 않고 '남성다운' 행동양식을 유지함으로써 젠더 정치학을 매 계기, 매 순간 실현하고 있다. 남성들의 언어와 시선은 현실 공간으로부터 쉽게 전이되어 확산된다. 우리가 데보라 태넌(1999:300)의 말을 빌려, 여성과 남성 대화자가 전혀 다른 언어 시스템, 즉 성 방언(genderlect)에 의해 움직이고 있다는 점을 포괄적으로 받아들인다면, 사이버 공간에서도 언어적 분할은 상당할 것으로 추정된다.

　킴벌리 영(2000:102)에 따르면 인터넷 사용의 성별 차이는 상당한 것으로 나타난다. 남성은 추상적인 차원에서는 주로 힘, 지위, 지배 등을 추구하는 것 같고, 구체적인 차원에서는 "끝없는 정보의 세계, 공격적인 인터랙티브 게임, 성적 채팅, 사이버 포르노그래피 같은 것에 끌린다."는 것이다. 반면 여성들은 주로 채팅방에 들어가 우정을 찾고 낭만을 추구하며 남편에 대한 불만을 털어놓으며 또한 온라인 세계에서 만나는 어느 누구도 실제의 자기 모습은 알 수 없다는 편안함을 즐긴다는 것이다.

사이버 공간에 대한 이러한 성별적 사용과 더불어 심각하게 제기되는 문제는 넷 공간이 여성을 대상화하는 점에서 남성 지배적이라는 것이나. 현실세계에서와 같이 여성을 부정적이고 고정형적 규범을 따라 묘사하는 아비투스4)를 벗지 못하고 젠더 편견을 노출한다는 것이다.

그런 점에서 볼 때 여성 넷 이용자의 비율이 점증함에도 불구하고, 가부장제 사회의 전통적이고 획일적인 여성관은 여성의 온라인 이미지와 현존에 계속 영향을 미치고, 여성에 대한 대상화 혹은 상품화의 관점을 재강화한다. 그러므로 사이버 공간이 초견상 이상적 공간, 잠재적 평등의 공간임에도 불구하고, 여성은 동질화 혹은 규범화된다. 이렇게 새로운 공간에서조차 대상화되고 주변화되는 여성에게 주어지는 과제는 여성으로 하여금 그들의 불평등한 위치를 보상하기 위한 길을 찾아 에너지를 결집하는 일일 것이다.

즉 여성들은 역으로 인터넷 공간의 젠더 편견과 고정형 이행에 대한 반역과 수정 작업의 필요성을 가지고 새로운 에토스를 창출할 수 있다. 구체적으로는 기크걸(geekgirl), 사이버걸(cybergrrl)5)의 창조자들처럼 여성에 대한 관점을 재창조하고 재서술하는 능력을 발휘하는 것이다. 이는 복수적 페르소나를 통합하고, 그들의 맥락을 이해하고 그들의 젠더화된 경험을 통합함에 의해 집단에

---

4) '아비투스(habitus)' 개념은 일정 방식의 행동과 인지, 감지와 판단의 성향체계로서 개인의 역사 속에서 개인들에 의해서 내면화되고 육화되며 일상적 실천들을 구조화하는 기제다. 부르디외는 이를 사회구조와 개인의 행위 사이를 매개하는 것으로 위치 짓는다. 윤혜린(1997:25) 참조.

5) C. C. Lewis-Qualls, "GRRLS and the Feminist Reclamation of Cyber-space", http://www7.twu.edu/~g_qualls/

토스를 발전시키는 것으로 귀결된다.

루이스 퀼스는 사이버걸(cybergrrl) 사이트에 대한 사례 연구를 통해, 이 공간이 여성에게 정보를 주고 영감을 불어넣고 경하하며 여성의 목소리를 포함한다고 표방하는 동시에, 이들은 모든 여성을 동질적이고 단일한 것으로 보지 않고 여성 안의 차이를 강조함으로써 웹 텍스트가 진정으로 "텍스트, 이미지, 그래픽, 디자인 요소를 통해 구성된 자아에 대한 표상"이라고 논증한다. 반면에 기크걸(geekgirl) 사이트는 기술사용 여성에 초점을 두어 좀 더 좁은 맥락의 사이버 여성주의를 강조한다고 한다.

여성이 사이버 공간의 주변부성을 보충하는 방법론을 개발하고 주체가 되고자 하는 측면에서 각양각색의 실험과 활동들이 전개되어야 할 것이다. 사이버 에토스 자체가 온라인상에서 복수적으로 전달될 때 현상 유지적 사고의 틀이 깨지는 계기가 된다. 여성이 현실의 제반 불리한 요소들을 보충하기 위해, 복수적 정체성을 휘날리는 것을 사이버 공간에서는 오히려 환영할 수 있다. 사이버 공간은 젠더의 복수성과 유동성을 껴안으며, 페르소나 바꾸기 같은 일도 부정적인 것 혹은 신뢰를 손상하는 것으로 보지 않는다. 그 대신에 상이한 독자와 상이한 맥락에서 다양한 정체성 기호를 표시하는 것으로 읽을 수 있기 때문이다.

3. 사이버 공간 안 여성의 몸과 마음, 그리고 다양한 실천들

사이버 공간에서는 탈육체화 조건을 기반으로 하여 정보 교류와 의사소통 등의 활동이 펼쳐진다는 일반적 전제에도 불구하고 사이버 공간이 주는 체험의 진정성 때문에 여성의 몸과 마음은 동시에 영향을 받는다. 이하에서는 사이버 공간을 대하는 여성 주체의 방식을 여러 각도에서 특성화하면서 그 부정성을 지양하는 출구를 모색함으로써 사이버 공간의 여성 억압성을 극복하는 계기로 삼고자 한다.

1) 꺼림에서 돌아서기

마거릿 모스는 여성이 소녀기부터 경험하는 컴퓨터 기술에 대한 이상한 저항을 기술하기 위해 '꺼리기(unwill)'라는 관념을 이론화한다(Morse, 1997:24-35). 원래의 'unwill'은 일종의 나태함이며, 이런저런 이데올로기에 의해 프로그램되기를 육체가 저항하는 것, 동기 상실 혹은 목적의식 상실을 의미한다고 한다. 논의의 현재적 맥락에서 '꺼리기'란 컴퓨터의 영역이 우선적으로 소년과 남자에 속한다는 것을 소녀가 배우는 학습과정의 부정적 결과물로 도입된 것이다. 즉 사이버 공간의 여성주의 혹은 젠더와 관련시켰을 때 '꺼리기'란 기술에 대한 공포에서 더 발전된 종류, 즉 문화적으로 이식된 차원의 것으로서, 문화적으로 히스테리아(육체의 성장에 대조되는 기술적 무능 상태)로 귀결된다는 점이 문제다.

우리 사회 맥락에서도 이와 유사하게 '기계치'를 여성과 연결시키는 아비투스가 작동한다. 여학생의 문과 선호 현상이나 이공계 학과에 여학생의 진출이 상대적으로 더 적은 것, 산업 현장의 과학기술 인력 구성에서 남성 편중 현상이 나타나는 것들은 일반적으로 알려진 사실들이다. 성장기 때 시계나 앰프, 라디오를 가지고 놀면서 분해, 조립 과정을 체험해 본 여학생이 거의 없다는 것, 컴퓨터가 고장 나도 프레임을 뜯고 안을 들여다보고 이것저 것 만져 보기보다 순간 무력감부터 느끼는 것, 자동차를 능숙하 게 운전할 수 있지만 그 차체 구조에는 익숙하지 않아 차가 말썽 을 피우면 정비소부터 찾게 되는 것들은 여성 아비투스의 재생산 을 보여준다. 기계에 대한 거부감이 기계적인 문화에 대한 생소 함으로 연결될 때 컴퓨터가 가능하게 한 사이버 문화적 콘텐츠에 서 멀어질 수 있다. 게다가 어렵게 도전해 본 컴퓨터 따라잡기를 통해서 경험하는 내용이 여성 친화적이기는커녕 익명적 폭력과 성적 대상화에 노출되어 있음을 뼈저리게 느끼는 계기가 된다면 '앗 뜨거운' 경험의 장이 되는 것, 그래서 그 공간에서의 철수를 생각하게 되는 것은 매우 개연적이다.

세리 터클(Turkle, 1988:41-42)은 '컴퓨터 회피(computer reticence)'라는 개념을 통해서 정보공간 속의 남성적 위협에 직면한 여성의 심리적 저항에 접근한다. 실제 세계에서와 마찬가지로 정 보고속도로에서도 남성이 소통을 지배할 뿐만 아니라 인터넷 환 경 자체가 폭력적일 때 여성은 기계 자체를 두려워하게 되고 도 망갈 수 있다. 인터넷 공간이 부담 없이 인격을 던져 버리고 놀아 볼 수 있는 곳, 환상적으로 폭력적인 게임의 장으로 맥락화되는 것이 아니기 때문에 여성은 거리두기를 행하는 것이다.

세리 터클은 컴퓨터가 내재적으로 젠더 편견을 갖고 있지는 않 다고 본다. 그러나 컴퓨터 문화는 성평등적으로 중립적이지 않다 는 것을 문제시한다. 경쟁, 스포츠, 폭력의 이미지들에 의해 전통 적으로 지배당한 컴퓨터 문화의 유산이 엄연히 존재한다. 죽이기, 유산하기 프로그램의 용어로 사용자와 소통하는 컴퓨터 운용체계 가 여전히 있다. 이는 컴퓨터 공포(공포와 공황 때문에 멀리 떨어져 있을 필요가 있는 것)가 아니라 컴퓨터 회피(컴퓨터가 여성이 아닌 바, 여성이 원하지 않는 바에 대한 개인적이고 문화적인 기호가 되기 때문에 멀리 떨어져 있기를 원하는 것)를 귀결시킨다.

정보화 사회의 여성 역시 컴퓨터에 대해, 정보기술에 대해 관심을 갖지만 이들에게 컴퓨터는 기계 이상의 의미론적 매체, 즉 강력한 의미의 지배를 지원하는 매체다. 흔히 '한갓 도구에 불과하다'고 말해지는 컴퓨터가 동반하는 삶의 방식이 있다. 컴퓨터가 그 전문가로서 해커적 이미지와 연루될 때, 컴퓨터광이 기계에 대한 몰입 속에서 탈진하고, 사람과의 관계 단절에도 무반응을 보이는 것에 대해 그러한 자기 주변의 문화를 여성이 긍정하기는 힘들다.

셰리 터클은 사람과의 관계는 항상 애매성, 성적 긴장, 친밀함과 의존성의 가능성에 의해 그 특징이 기술된다고 보고 이러한 관계 맺음이 자신에게 위협적인 것이 될 때 사물의 세계와 형식체계의 세계는 점점 유혹적이 된다고 진단한다. 공학에서, 체스에서, 수학에서, 과학에서는 사물들이 확실하고, 우리가 원하지 않는 한 변화하지 않는 형식체계를 제공하고, 예측적인 세계를 제공하기 때문에 완벽한 통제를 발휘할 수 있다는 인식을 줄 수 있기 때문이다. 셰리 터클이 면접한 여성 프로그래머인 리자는 컴퓨터에 빠져든 남자 친구에게 다음과 같이 말한다. "나는 언어가 무드(mood)를 가지고, 너를 사람들과 연결시키는 그런 세상에서 일하고 싶어."

리자는 자신의 경험을 통해 첫째, 형식체계가 사람을 함께 묶어 주지 못하고 오히려 여성이 세상을 보는 방식을 찢으며, 둘째로 형식체계는 어떤 일을 하는 오직 하나의 방법만을 허용하기 때문에 컴퓨터에서 돌아서게 되었다고 한다. 이러한 예에서 필자는 여성이 해커 식의 통제감 대신 '상호 연결되어 있음'을 중시하는 것을 어떤 식으로 컴퓨터 환경 속에서 구현해 내지 못한다면, 지금의 컴퓨터 회피가 과도기적 현상으로 그치기보다 여성 집단에 고착화될 수 있다고 생각한다.

이러한 점과 관련하여 조지혜(2000:34)는 기계, 전자 등의 이미지와 쉽게 친해질 수 없도록 길러진 여성들의 역사에 주목하면서 "컴퓨터를 다루는 데 익숙하지 않고, 사이버상의 익명의 폭력에 노출되는 데에 대한 위축감을 가지고 있는 여성들에게는 두 겹세 겹의 믿음과 자신감이 필요하다. 이 믿음이란 사이트를 통해 구축된 커뮤니티에 대한 믿음일 것이다."라고 전향적인 방향을 제시한다. 그 자신감을 매개하는 것은 구체적인 활동을 통해서 새로운 사람과 교류하는 기쁨을 느끼거나, 글 올리기에 대한 반응과 지원을 경험한다거나, 여론 형성의 중심에서 집단적으로 성과를 거두거나 하는 식으로 다양할 수 있다.

즉 온라인 공간에서의 현재적 체험이 우리 여성에게 진정 자유롭고 평등한 소통과 조우하는 데 방해가 되는 문화적 맥락이 있다 하더라도 이 공간의 가능성을 성평등 쪽으로 현실화하는 데서 주저할 수는 없다고 본다. 우리를 무력하게 하는 편견의 힘에 대해 소극적으로 대처해서도 안 되고, 포기각서를 제출해서도 안되고 적극적으로 맞닥뜨릴 필요가 있다는 것이다.

이를 위해 여성이 온라인상에서 자유 체험을 하는 증언들이 필요하고 그것이 어떤 해방구로 기능하는가에 대한 교류가 필요하다고 본다. 좋은 예로 고길섶(2000:328-347)은 (여성의) 채팅 문화에 대해 매우 긍정적인 전망을 보여준다. 그는 우리 시대의 현대적인 삶을 뜨개질하는 새로운 양상으로서 채팅은 "더 많은 시간을 욕망하면서도 노동으로 분절되는 시간에 대해서는 억압으로 표싱하기에, 그리하여 그 시간에의 노예화를 폭파시키고자 하는 동시에 다른 욕망의 흐름을 즐겁게 배치하는 전복의 시간"이라고 한다.

> "채팅 공간은 전자언어를 매개로 하는 인간의 새로운 영토다. 새로운 문화적 장르이면서 그것을 뛰어넘어 인간의 존재형질에까지 새로운 변형을 가하고 있다. 인간의 신체적 상상을 뒤엎는 새로운 영토에의 절단과 흐름이 생성된다. 채팅은 신토불이란 관념으로부터 과감히 튕겨져 나오고 신체와 영토가 새롭게 절합되는 새로운 신토 생성이다."(고길섶, 2000:330)

재미있는 것은 채팅을 통해 형성되는 언어 마당의 문턱이 매우 낮다는 것이다. 쉽게 단어를 칠 수 있는 식으로 언어가 진화함으로써, 즉 자판의 손쉬운 사용이 말의 질서보다 상위에 놓인다. 빨리 치기 위해 통용되는 극도의 준말을 보고서 혹자는 언어가 파괴된다고 우려하지만 이들은 오히려 정상성에 대한 해체라고 맞선다. 언어 놀이를 자유롭게 할 수 있다는 것은 더 나아가 의식 세계의 창의적 조형성을 전개하는 것과 등가적이다. 여성이 몸의 제약을 한 발 뒤로 물리면서 발랄하게 사이버 세계를 누비고 다니는 것은 환영할 만하다.

사실 우리의 몸은 기술 확산, 습득, 교육에 비하면 비교적 적응이 느리고, 취약하고, 사멸적인 것으로서 기계 환경의 형식적 완전성이란 관점에서는 궁극적인 방해물로 느껴질 수 있다. 그러나 몸은 사이버 공간의 디지털 기호로서만 흔적을 남기거나 궁극적으로 무화될 수 있는 바가 아니라 사이버 공간에 대한 우리의 체험의 장소이며 기억이 각인되는 곳으로서 기술에 의해 협상될 수 없는 대상이라는 것이 중요하다. 만일 사이버 공간 속의 사이버 활동들이 현실적 몸의 진정성을 박탈하고, 이 몸을 그림자 세계의 일부로 소멸시키는 역할을 한다면 사이버 공간은 몸에 대한 또 다른 훈육과 처벌의 권력을 드러내는 장소가 되는 것이다.

이러한 단서하에서 여성은 사이버 공간과 현실 공간 양쪽에서 체험을 축적해 가는 것이며 진정한 자유로움을 실현할 수 있다.

2) 공포에서 나와 즐거움을 누비는 공간으로

사이버 공간은 현실 공간과 이어진 연속적 공간이다. 사실 물리적인 스토킹과 전자적 스토킹이 우리의 심리에 미치는 충격의 차원에서 질적 차이는 없다. 스크린에 보기 싫은 것이 나오면 꺼버리면 된다고 말하는 것, 혹은 누군가 게임에 접속해서 당신을 비난할 때는 그냥 게임에서 나오면 된다고 말하는 것은 무책임한 일이다. 온라인 성희롱을 경험하면 그런 폭력과 위협 앞에서 심리적으로 방해받을 뿐 아니라 컴퓨터 전체를 사용하는 데 공포를 느끼고 컴퓨터 환경 전반이 자신에게 위해한 것으로서 각인된다. 이는 일종의 테러리스트 전략으로서 여성을 부와 권력의 중심으로부터 멀어지게 하기 위해 일부 남성에 의해 사용된다. 데일 스펜더는 다음의 사례를 소개한다.

"어떤 대학생은 자신이 얼마나 여성 급우를 유혹하고 강간하고

고문하기를 원하는지를 묘사하는 컴퓨터 메시지를 전송했다. 그는 고문은 유희, 강간은 로맨스, 살인 포르노그래피는 정점이라고 하였다."(Sponder, 1995.209)

사이버 공간 안의 이러한 폭력적 행동은 실제적 결과를 이끈다. 사이버 공간의 이러한 풍토병적 성희롱을 긴급하게 다루어야 하는 이유는 성희롱이 몇몇의 사내연한 남자들이 뽐내는 사소한 방식이 아니고, 새로운 세계의 절차가 되고 있기 때문이다. 정보 혁명이 가져온 마음에 대한 범죄에 대한 대책이 필요하다.

우리가 아무리 익명성 뒤에 숨어 젠더 스와핑(gender swaffing)을 하고, 현실에서 할 수 없는 여러 역할 모형을 실습해 본다 해도 이데올로기적으로 대치되었을 때는 불사르기(flaming)를 당할 수 있다. 사이버 공간 속에서 격의 없고 진솔한 대화를 지향하는 여성이 겪는 현실적 좌절을 들어 보자.

"나는 이상적인 의미에서 사이버 공간이 자율적 개인을 위한 장소이며 자아의 통합성이 사회적 위신의 결정적 요소라고 생각했다. 인쇄물의 제거와 이메일의 탈중심화의 성질로 인해 저자와 독자의 새로운 관계가 열린다고 생각했다. … 그럼에도 불구하고 사이버 공간은 지구상의 낙원이 아니다. 여성주의를 주장하고 활동하면 이교도로 불살라진다. 나의 비순응주의라는 질병은 청소 대상이었다. 지금의 실제 세계는 가부장제적 자본주의라는 종교가 지배적 사상이다. 그것에 반대하는 생각은 불살라진다. 사이버 공동체에서 내 글은 지워지고 나를 모임에 나오지 못하게 했다. 죽음의 필터(kill filter)를 이용해서 이메일 메시지를 스크린에서 사라지게 하는 기술이 동원되었다. 나의 여성주의 신념은 사회적 추방을 경험했다. 이 가부장제에 저항하는 여성은 집단적 기억으로부터 제거된다."(Neutopia, 1994)

따라서 사이버 공간에서 기대되는 평등과 자유의 공기를 가로막는 기제가 현실에서 이데올로기적으로 작동되고 있을 때는 이에 대한 대처가 필요하게 된다. 사이버 공간의 창이 음울한 디스토피아에서 유토피스틱스로 열리기 위한 신호는 어디에서 올 것인가? 우선 여성이 사이버 공간의 기술 환경에 제대로 대응하기 위한 노하우들을 서로 학습해야 한다. 예컨대 자신의 마음에 상처를 입히는 폭력을 당했을 때 그 내용을 갈무리해서 여론화하고, 시정을 촉구해야 한다. 이러한 공간에 대한 조절과 통제감을 확보한다는 것은 거주의 기본 조건이다.

3) 제2의 자아로 살아가는 공간 만들기

이용자마다 사이버 공간은 그 활용도와 의미부여 차원이 매우 다양하다. 하지만 사이버 공간의 활동은 은유적으로 혹은 엄연히 실제적으로 하나의 생활이라고 할 만큼 의식주, 여가 등 다양하고 필수적인 구성요소들을 갖추고 있다.6) 또한 정보 검색, 채팅, 교육, 동호회 활동, 커뮤니티 활동 등에서 우리는 자신에게 유용

---

6) 사이버 공간의 '생리적 욕구'란 생소한 표현이지만, 다음과 같은 행위들로써 오프라인과 병치시켜 본다.
식생활 : 정보를 섭취하고 자기 식으로 소화한다. 불필요한 정보들은 배출한다.
의생활 : 아바타에게 옷을 입힌다. 문구용품 패키지를 구입하여 자신의 글을 꾸민다.
주생활 : 홈(페이지)을 갖는다. 커뮤니티 생활을 한다. 단골 카페에 들른다.
여가 생활 : 잡담, 토론, 음악 듣기, 동영상 만들어 소통하기 등 취미 생활을 한다.

한 자료들을 발견해 내고 획득하는 일뿐 아니라 관계의 증진을 통한 자기 세계의 확장 및 자기 스스로 어떤 공동체에 헌신하고자 하는 욕구들도 충족시키고 있다. 더 나아가 사이버 공간은 어떤 이에겐 작업과 노동의 장이며, 또 어떤 이들에게는 정치 참여와 시민 사회 구성의 장이고, 또 다른 사람에게는 취미 생활의 장으로서 기능한다.

[표 1] 온라인상의 욕구표

욕구	오프라인	온라인
생리적 욕구	의식주 및 여가생활에 관한 기본 욕구	정보사회적 삶에 대한 일반적 욕구 및 웹 공동체에 참여해 자신의 정체성을 표현하고 싶은 욕구(아이디, 홈페이지 만들기, 블로그 만들기, 아바타 놀이, 채팅, UCC 제작 등)
안전과 안정을 지향하는 심리적 욕구	범죄와 전쟁에서 보호받고, 정의롭고 공정한 평화로운 사회에 살고 싶은 욕구	해킹과 인신공격, 사이버 성희롱, 성폭력, 음란물에의 노출 없이 다른 사람들과 동등한 기회를 안정적으로 부여받고 싶은 욕구
타인과의 교류 및 교감, 소통에 대한 사회적 욕구	타인과 소통하며 영향을 주고받으며 집단에 속하려는 욕구. 사회적 교류의 장	사이버 공동체에 소속되어 있으며, 그 공동체의 하위 그룹에도 참여하고 싶은 욕구, 새로운 인간관계 확장의 욕구(일반 동호회 활동 및 인맥 만들기)
자기실현의 욕구	자신의 능력을 개발하고 잠재력을 실현하려는 욕구	사이버 공간에서 자기만의 고유하고 전문적인 분야를 개척하고 헌신적으로 역할을 수행함으로써 능력을 개발하고 이를 통해 온라인, 오프라인 모두에서 새로운 기회를 얻고 싶은 욕구

[표 1]은 사이버 공간 활용의 의미 차원들을 정립하기 위해 필자가 20대 여성 18명을 대상으로 '사이버 공간에서의 욕구'를 서면 조사하여 만든 것이다. 자료 제공 집단은 2003년 가을학기에 개설된 한국의 E대학교 교양과목인 <지구화와 젠더> 교실의 학생들이다. 이하 본문 설명에서는 그 출전을 [자료 1]-[자료 18]로 명기하였다.

(1) 생리적 욕구

그리 오랜 기간은 아니지만 사이버 공간에 대한 사람들의 통과의례적 실천 행위들은 조금씩 변해 가고 있다. 처음엔 낯선 사람과 채팅을 하고, 멀리 있는 사람과 이메일을 주고받는다는 것이 컴퓨터를 이용하는 사람에 대한 상징이었다면, 그 다음엔 홈페이지를 만드는 것과 메신저 프로그램을 활용하여 지인들끼리 소통하는 것으로 이어지다가 요즘엔 블로그(1인 미디어로서 개인의 글, 영상 등을 자유롭게 올리는 공간)나 매체 제작 등을 통해 사회와 소통하며 개성을 드러내는 일이 추세적 대표성을 갖는다. 이런 행위들은 사이버 공간에 내가 당당히 거주하기 시작했음을 알리는 작업의 일환이며 이러한 생활공간을 확보하지 못한 사람은 (홈리스가 아닌) '홈페이지 리스'라는 또 하나의 '집 없는 사람'이 된다.

생리적 욕구 면에서 특기할 만한 사항은 여성 네티즌들이 자신의 개성을 드러내기 위해서 투자하는 에너지다. 아이디 하나를 만들 때도 고심하고, 아바타를 자신의 이미지로 만들어 보고자 시간을 투자하고, 홈페이지에 답글을 달기 위해 애쓰는 이들의 모습들 속에서 삶의 진정성이 드러난다.

(2) 안전과 안정을 지향하는 심리적 욕구

이메일을 해킹당해서 저장해 놓았던 메일들이 모두 사라져 버린 경우, "정말 소중한 보물을 도둑맞은 것처럼 불안하고 억울했다."([자료 1])는 이야기에서부터, 새로운 사이트에 접속을 할 때마다 개인 신상정보를 등록할 때의 불안감은 "나에게는 온라인을 활용한다는 측면이, 나의 안전과 안정을 해치는 것이 되는 것은 아닐까 조금은 불안한 측면이 있으며"([자료 8]) "사이버가 비물질적이고 한계를 모르는 공간이라고 했을 때, 그것은 만족과 정보사회의 혜택만 주는 것이 아니라 내게 사방으로 얽히고 퍼지는 공포와 질병의 형태로 몸 안에 들어와 있다."([자료 9])는 진술까지 나오게 된다.

때로는 황당하게 주장을 펼치는 사람들에 대해 반론하고 싶은 욕구를 느끼면서도, "공공연히 해킹으로, 악성 메일들로 피해가 간다."([자료 10])는 점을 인식하거나 안전을 위해 "온라인 활동을 활발히 하지 않는 방법을 택하는 그리고 … 익명 게시판의 경우 글을 올리는 경우가 꽤 있지만, 이 역시 나중에 삭제해 버리는 소심함"([자료 16])을 보인다.

사이버 공간에서의 불안감은 해킹이나 정보 사취, 개인정보 유출 등의 직접적 폭력에 노출되는 경우와 자신에 대한 모욕성 답글이나 시위나 협박성 글 등 간접적, 심리적 폭력에 노출되는 경우로 편의상 나눌 수는 있겠지만 그 기준이 그리 명확한 것은 아니다. 단지 여성에게 여하한 심리적 위축이나 공포감, 상처를 줄 수 있는 한, 자유롭고 편안한 환경에서 통신을 이용할 권리를 침해한 경우로 보고(권김현영, 2001) 해결해야 할 문제다. 더 넓게 사이버 공간의 불안정성은 여성 네티즌이 음란물에 무차별적으로 노출되거나, 성적 대상으로서 호출되거나, 남성과 다른 의견을 갖는 적대적 그룹으로 공격받는 수많은 사례를 통해 드러난다. 따라서 필자는 "사이버 성폭력은 여성과 남성의 구조적인 힘의 불균형에서 나타나는 여성에 대한 적대적 언설과 남성 중심적 담화, 여성에 대한 명예훼손 등이 포함되는 개념으로 확대될 필요가 있다."(권김현영, 2001)는 주장에 동의한다.

(3) 타인과의 교류 및 교감에 대한 사회적 욕구

익명성과 비대면성을 조건으로 하는 채팅을 통한 인간관계 형성에서는 개인마다 서로 다른 방식의 협상 전략을 갖고 있다. 자신에 대한 정확하고 완전한 정보를 서로 속이면서 어떤 차원에 관해서만 대화를 열어 놓고 있을 때 상대방과의 관계 맺음이 성공하는 경우가 있다.

"다른 사람에게는 말하기 어려웠던 마음속의 고민들, 그리고 나만의 비밀까지도 … 이런 것이 가능한 이유는, 모순인 것처럼 들리겠지만, 서로가 상대방을 신뢰하기 않기 때문이다. 저 사람이 말한 이름과 나이가 사실인지도 잘 믿지 않고, 나 스스로도 상대방에게 솔직하게 나를 밝히지 않았다는 것을 알고 있기 때문에 그러한 속 깊은 대화가 가능할 수 있다는 것이다." [자료 7]

혹은 서로에 대한 불신을 딛고 자신이 가진 귀중한 자원들을 서로 공유하는 동호회 활동을 통해서 온라인 관계의 이상을 실현하는 때도 있다. 이는 가상공간에서 만들어진 공동체가 오프라인상의 신뢰 관계와 같은 강한 결속력을 구성원들 간에 형성하는 바람직한 경우다.

> "인터넷에서 같은 관심을 가진 사람들을 만나고, 서로 정보를 공
> 유하고, 자료도 나누어 보는 활동을 통해서 오프라인으로는 불가능
> 한 모임이라는 생각을 많이 하게 되었다. 미국에서 방영되는 드라
> 마를 동영상으로 제작해서 다운받을 수 있게 하고 … 자막까지 제
> 작하는 드라마 동호회들은 인터넷 세계에 대한 나의 불신을 많이
> 감소시키는 계기가 되었다." [자료 11]

일반적으로는 사이버 공간에서 참다운 공동체적 의미가 실현되
려면 결국 오프라인상의 유대와 서로에 대한 확인 위에서의 인간
관계가 어느 정도 바탕이 되어야 한다는 생각을 하며([자료 4]),
실제로 네티즌들은 정기모임 등 오프라인의 모임을 여러 방식으
로 조직한다. 또한 무차별적 채팅보다는 지인 관계에 있는 소그
룹을 조직하여 메신저 프로그램을 통해 대화하는 식으로 관계 맺
음의 방식을 안정화시키고 있다. 사이버 공간에서 새로운 만남을
가지기보다는 현재의 만남을 잘 지속하기 위한 방편으로 인터넷
을 사용하는 다수의 경우들이 이에 해당한다.

일반적으로 공동체는 성원 간의 협동에 기초해서 운영되는데,
이 점에서 온라인 공동체도 예외는 아니다. 로버트 악셀로드는 「협
동의 진화(Evolution of Cooperation)」라는 글에서 협동이 가능하
기 위해 요구되는 몇 가지 조건을 제시한 바 있다(Kollock, 1997:
18에서 재인용). 첫째, 두 개인이 미래에 다시 만날 개연성이 있
어야만 한다는 것, 둘째, 개개인이 서로를 확인할 수 있어야 할
것, 셋째, 개인들이 다른 사람이 과거에 어떻게 행동했는지에 대

한 정보를 가지고 있어야 할 것 등이다. 사실 정체성이 알려져 있지 않거나 불안정할 경우, 그리고 예전의 상호작용에 대한 기억이나 기록이 존재하지 않을 경우 개개인은 자신의 행동에 대해 책임질 필요가 없을 것이기 때문에 그 공간의 질서를 교란하거나 이기적으로 행동하도록 동기화될 수도 있을 것이다.

하지만 그 자체의 지속성이 일정 정도 유지되는 커뮤니티 활동은 사이버상에서의 인간관계 역시 지속적이고 예측 가능한 측면을 보유하고 있다. 그리고 아이디로 확인되는 그 사람에 대한 정보 역시 일관성을 보이고 있다. 그리고 문서 기록은 중요한 정보가 된다. 따라서 공동체 안에서의 동질감과 소속감 확보의 면에서 볼 때 사이버 공간 안에서 조우하고 상호작용하는 사람들끼리 의식의 공감대 조건 속에서는 협력 모드가 된다. 그리고 공동체가 추구하는 목표 역시 인간관계 형성과 따로 분리되어 달성되는 것이 아니다.

> "사람들과 지속적으로 만나다 보면 본연의 활동보다는 인간관계에 치중한 만남이 더 많아짐을 발견하게 된다. 동호회의 경우 영화 관련 모임이지만 회원들과 함께 영화를 본 지 3개월이 넘었다. 그러나 그 사이 술자리는 10번 정도 있었던 것으로 알고 있다. … 아무리 인터넷이 일반화되고 많은 사람들이 컴퓨터 앞에서 보내는 시간이 많다고 해도 **그 사람들 역시 컴퓨터로 사람을 찾고 있기 때문이다.**"(강조는 필자) [자료 13]

(4) 자기실현의 욕구

자기실현의 내용은 개인의 삶의 목표에 따라 다양할 수 있겠지만, 이를 사이버 공간 안에서 추적해 본다면 사이버 공동체에서 어떤 헌신적 역할을 수행함으로써 능력을 개발하고 이를 통해 새로운 기회를 얻고 싶은 욕구의 발현이라고 본다.

여성이 자신의 사회적 공간을 '더 나은 세계'로 만들어 가려는 의지가 관철되는 가능성들의 공간으로서 사이버 커뮤니티를 일종의 담론 공동체로 볼 수 있다면, 특히 글쓰기를 통한 자기표현과 자기주장, 자기의식의 단련은 개인을 주체적 행위자로 형성하는 하나의 주요 통로가 된다. 필자는 자신의 개성과 독자적 관점이 드러나면서 삶의 경험과 유리되지 않은 체화된 글쓰기의 효과는 매우 크다고 생각한다. 개인 내부적으로는 삶에 대한 성찰의 계기가 되고, 외부적으로는 사회적 여론 형성의 기능을 할 수 있다.

또한 한 커뮤니티 안에서 글쓰기를 통한 수평적인 교류가 행해진다면 이는 하나의 문화 형성의 힘으로 전화함으로써 공동체의 정체성을 만들어 내는 동력이 된다. 그리고 앞에서 말한 바대로 지구/지역 공간에서 유통되는 정보의 흐름 속에서 여성주의 역시 하나의 지구적 정보 콘텐츠로서 자리매김될 수 있기 때문에 이 글쓰기의 성과는 더 넓은 독자층에게 전달될 수 있다.

이렇듯 다양한 차원에서 이루어지는 여성 네티즌의 활동을 통해서 사이버 공간은 급속하게 현실세계화하고 있다. 개인의 관심과 의식에 따라 현실 공간과 다르게 자신을 위치 지을 수 있는 가능성 측면에서 보면 개인 행위자의 의식과 사고, 실천 행위에서 매우 유연하고 탄력적인 공간들이 생산된다. 즉 현실에서의 자신의 모습에서 과감하게 탈피해 보기도 하고, 다중화된 자아를 유연하게 통제해 가면서 공간마다 이런저런 색깔로 거주해 가는 산포 혹은 다종화가 이루어지는 것이다.

이러한 자유로운 개인들의 연합이 하나의 공동체로 발전하고 지속적으로 유지되기 위해서는 일차적으로 적극적인 활동가의 등장이 요구된다. 소속감보다 정보가 더 중요한 다수의 성원이 있을 때, "나는 그 커뮤니티에서는 게시판에 글도 남기지 않고, 내가 어떤 정보를 필요로 할 때만 커뮤니티에 들른다. 쉽게 말하면 내가 아쉬울 때만 찾고, 단물만 빼먹는 셈이다."([자료 7])라는 고백을 하는 사람이 많이 생길 때 새로운 공동체의 창출은 유보된다.

개인 홈페이지 하나 유지하는 데도 계속되는 콘텐츠 업데이트와 친절한 답글, 풍부한 정보 연결 등의 노력이 필요한데, 하물며 하나의 사이버 공동체를 꾸려 가기 위해서 그 회원수나 사이트의 규모에 따라 요구되는 에너지 총량은 기하급수적으로 늘어난다. 이는 공동체 유지와 발전이 단지 기술적 지원과 장비로 충분한 것이 아니라, 성원들의 자발성들을 어떤 방식으로 조직하고 활성화시켜 좋은 효과들을 생산해 내는가에 달려 있기 때문이다.

더 나아가서 여성주의자인 경우 사이버 공간은 비슷한 문제의식을 갖는 사람들을 찾아내고 소통하려는 욕구를 충족시키면서 이것을 공동체 활동으로 발전하기 위한 첫 발걸음으로 의미화하는 계기가 된다는 점이 소중하다. 다음의 자료는 이러한 시도의 배경을 보여주고 있다.

"여성주의에 대해 처음으로 관심을 갖기 시작했을 때, 내 주위에는 안타깝게도 나와 함께 같은 고민을 이야기할 수 있는 친구가 한 명도 없었다. 그래서 나는 자연스럽게 여성주의 사이트를 찾게 되었다. 맨 처음으로 여성주의자들과의 모임을 가질 수 있었던 것도 온라인상의 여성주의 사이트 덕분이었다." [자료 12]

이러한 경로를 통해 여성주의자 개개인들이 모여서 꾸리는 새로운 모듬살이가 사이버 공간에서 생성되고 있다. 물론 사이버 공간의 성별화나 여성에 대한 폭력과 상처 주기의 일상화는 사이버 공간이 여성 억압적인 현실 사회와 닮은꼴을 보이고 있다는 증거이지만, 이들은 그럼에도 불구하고 현실세계와 완전한 동형구조(일란성 쌍둥이)가 아닐 수 있게끔 틈새를 벌이는 일을 행하고 있다. 사이버 공간에서 활동하는 여성주의자들은 바로 그 점을 자양분 삼아 활동하고 있으며 이들이 여성주의의 대중화를 위한 좋은 창구가 됨으로써 사이버 공간 안의 실험들이 의미 있게 되고, 거기에서 만들었던 여성들의 자원들이 현실 사회 또한 성평등적인 문화로 바꾸는 데 전용될 수 있다.

4) 운동 현장으로서의 여성주의 사이트

'언니네'(www.unninet.co.kr)는 스스로 '여성주의'를 표방하는 최대의 사이버 여성주의 공동체다.[7] 이 사이트는 2002년 서울

---

7) 이에 대한 필자의 연구는 2002-2003년 사이에 주로 행해진 것이고 그 이후 어떤 성장과 발전을 이루고 어떤 문제 지대를 관통하고 있는지에 대한 연구는 후속 작업으로 남아 있음을 밝혀 둔다. 장기적이고 역사적인 연구조사를 통해 온라인 여성사가 서술된다면 이 연구는 초기 단계의 작업에 대한 참조점이 될 것이다.
한편 이 사이트의 초기 운영자 중 한 사람은 '언니네'가 만들어지고 공간으로서 성장해 가는 배경을 다음과 같이 회고하였다. "인터넷을 적극적으로 이용해 먹겠다는 여성주의자들이 한편에 있었고, 그 다음에 여성주의적인 것과는 아주 거리가 먼 인터넷이 있었고, 그 두 공간, 두 조건들이 결합을 하면서, 꿈을 꿨어요, 저희가. 처음에 저희도 웹진으로 시작을 했잖아요, 글 올리고. 그러다가 그때부터 목표는 커뮤니티가 됐으면 좋겠다, 저 포탈늘 막 나오고 있었던 땐네, 저런 포틸 사이트 같은

YWCA가 선정한 좋은 여성 사이트에 선정되고, 2005년 제3회 고정희상 및 정보트러스트 어워드를 수상하기도 하였다. '여성주의로 숨쉬는 마을' 안에 다시 특정 주제와 목적에 따라 작은 커뮤니티들이 260여 개가 있고, '자기만의 방'(회원의 신청에 따라 개설되는 글쓰기 공간으로서 주로 자신의 체험들을 위주로 하는 칼럼들이 총집결되어 있고, '언니네'의 가장 크고 주요한 공간적 실천으로 자리매김함)이라는 공간은 1,500개 이상이며 많은 양의 글쓰기와 소통이 이루어지고 있다.

'언니네'는 여성주의자들에게 하나의 홈그라운드를 제공하기 때문에 마초들의 폭력적인 언어 행위 등에 노출되어 있지만, 그럼에도 불구하고 그 공간을 지켜 내려는 여성주의자들의 수많은 노력을 통해 여성주의에서 새로운 역사를 만들어 내고 있다. '언니네'를 접하면서 그 공간에 발을 들여놓게 된 여성들이 공유하는 경험들과 소통의 역사는 하나의 사이버 여성주의 공간이면서 현실 공간과의 상호 침투를 이루어 내는 일과 궤를 같이하고 있다.

한편 엄밀한 의미에서 '언니네'와 같은 여성주의 공동체는 아니지만, 여성들끼리 모여 안전하게 자신들의 속내와 고민거리들을 털어 내면서 서로 힘을 북돋아 주는 크고 작은 사이버 공간들 역시 내용적으로는 반(反)가부장제적인 주체 형성을 하고 있다는 점에서 함께 주목할 필요가 있다고 생각한다. 따라서 이하에서 '언니네' 관계자들과 함께 이들의 활동과 경험을 알아보고, 이들이 이루어 내고 있는 일들을 성격에 따라 일정하게 구분하여 살

여성 포탈 사이트를 만들면 얼마나 좋을까 막 이런 꿈을 꾸고 있었는데 … 조금씩 그래서 현실화시키기 시작했어요." [사례 8]

퍼보려고 한다. (필자는 이 연구를 위해 온라인 공동체 활동을 하고 있는 12가지 사례를 심층 면접하였다. 여기에는 '언니네' 사이트 활동가들을 중심으로 하여, 서울 및 지역의 여성주의 웹진 활동가, 사이버 멘토링 운영자, 작은 규모의 커뮤니티 시삽 등이 포함되었다. [표 2] 참조)

(1) 여성주의자로서 정체성 형성 공간

우리 사회에서 여성주의를 무엇으로 규정할 수 있을지 자체가 하나의 논점이지만, 기초적으로는 성불평등에 대한 인식과 함께 가부장제에 대한 대안으로서 반(反)위계질서의 평등한 문화, 성별 분업을 제도화하거나 관행으로 삼는 사회구조에 대한 비판, 그리고 가부장제를 극복할 수 있는 주체들을 상호 소통과 상호 배려의 감수성을 통해서 생산, 확립해 가려는 매우 실천적인 범주라고 할 수 있을 것이다.

사이버 공간에서도 현실 사회의 성 고정 관념 및 성별 분업을 고스란히 재현하고 있는 많은 '여성 사이트'들과 대조적으로 '언니네'는 "그 콘텐츠가 남성 중심적 사회에 대한 비판적인 내용을 담고 있고, 새로운 여성의 모습을 모색한다는 면에서, 그리고 회원들 사이에서 활발한 의사소통과 경험의 교류가 이루어진다는 점에서 여성주의 사이트로의 정의가 가능하다."(송난희, 2002:23)고 보는 생각에 필자는 동의한다.

'언니네' 사이트 자체는 초기부터 스스로 여성주의적 의식이 있었던 사람들이 주도해서 만든 공간이지만(송난희, 2002:32), 차츰 이 공간을 통해서 여성주의자가 되어 가는 사람들을 생산해내고 있다. 즉 여성주의 언어로 자기 경험을 말하고, 다른 사람들과 소통하고, 감수성들을 공유해 가는 회원들의 모습들이 이 사이버 공동체 공간에서 확산되기 시작한 것이다. 사이버 공간은 경계 없이 다수에게 열려 있고 누구라도 쉽게 접근할 수 있는 속성이 있기 때문에, 이 공간이 기존 정체성의 변화, 발전을 위한 장으로서 기능할 수 있는 기회 역시 많이 생기고 있음을 다음 경우에서 알 수 있다.

"전혀 베이스 없는 한 친구가 있는데, 그 친구는 뭐 여성주의자로서 자기를 정체화하지도 않았던 상태였고 … 어느 날 우연히 언니네에서 놀다 보니까 점점 그렇게 되어 가는 나를 봤다, 그런 얘기 들으면 좋죠. … 변화의 공간이구나, 이런 생각이 들고." [사례 2]

사실 제도권 교육 체계 안에서 학생들에게 성평등적 교육 내용이 제공되거나 여성주의적 지향성에 따른 교육 과정 및 학습이 전면적으로 실현되지 않은 현실에서 볼 때, 여성학의 대중화를 위한 터전은 오히려 사이버 공간 안에서 더욱 적극적으로 마련되고 있다고 볼 수 있다. 특히 사이버 공간을 통해서 여성주의에 입문하게 되는 사람들은, 하나의 이론 체계로서의 여성학보다는 자기 경험을 통한, 자신의 구체적인 삶의 궤적들을 통한 이야기들, 여성으로서 자신의 몸과 마음이 겪어 온 이 사회 현실에 대한 총체적 경험을 증언한다. 따라서 이들에게 학문으로서의 여성학을 접하느냐 아니냐라는 이론적 계기보다는 평등한 삶을 지향하는 감수성으로서의 여성주의가 더욱 내재적으로 발전할 수 있다.

여성주의자로서 자신을 정체화한다는 것은, 성차별에 대한 인식과 더불어 모든 종류의 차별과 폭력, 억압에 대한 감수성을 몸으로 증거하는 일([사례 9])이기도 하다. 여성 개인에게 일어나는 그리고 작은 폭력들, 언어적으로 영상적으로 여성에게 위협적인 매체 환경들, 여성의 자기 존중감을 지원하지 않는 사회적 관행들에 포위되어도 그것을 사사로운 개인의 문제로 생각했던 사람들이 연결되면서 구조적 인식에 눈뜨게 됨을 의미한다.

또한 사이버 공간에서 만난 여성들끼리의 억압된 삶에 대한 경험의 교류는 서로 자신을 단단히 다잡고 가부장제적 현실 압력에 맞서기 위한 역량들을 강화하는 일에 매진하게 한다. 이들의 활동은 사이버 공간에서 머무르지 않고 오프라인의 정기 모임과 온라인의 의견 교환들을 병행하면서 자신의 구체적인 현실과 다시 대면하려고 한다. 이들이 자신의 상황에 대해 여성주의적으로 의식화되면서 지금과 다른 삶을 향해서, 더 나은 세상을 향해서 가는 실천은 생활세계에 다시 뿌리내려야 한다는 현실감을 놓치지 않는다.

(2) 글쓰기를 통한 상처 치유 혹은 개성적 글쓰기 훈련

글을 쓴다는 것은 자신의 경험을 주체적으로 언표하는 행위다. 여기에는 일반적으로 사람들과 의사소통할 수 있는 말하기 능력에서와 마찬가지로 자기 성찰 과정이 매개되지만, 또 다른 측면에서는 어떤 경험에 대한 자기 해석 속에서 그 경험의 의미를 거듭 소화해 가는 지적인 노동의 의미도 갖는다. 특히나 여성의 글쓰기는 매우 사적이고 사사로운 개인의 경험을 소재로 할 수 있지만, 일기와 다르게 이것이 사이버 공간 안에서 소통될 때는 또 다른 효과를 낳는다. 사적 공간이 공적 공간으로 상승하면서 개인들의 심리를 연결시켜 주는 끈이 작동되기 때문이다. 여성주의

에서 "개인적인 것이 정치적이다."라는 명제를 개인의 경험이 사회구조 안에서 구성되는 측면으로 받아들인다면, 여성의 글쓰기는 자신이 개인으로서 겪는 고통과 상처의 경험을 공동체 성원에게 나누어 줌으로써 이를 공공화시키는 결과가 된다.

그동안 많은 남성들이 여성에 대해 잘 알고 있는 것처럼 말해 왔지만 그 내용이 젠더적 편견이나 왜곡을 담고, 여성에 대한 훈수와 교훈을 주려고 하는 역할을 자임했던 것을 이제 여성들은 거부하고 있다. 내 삶에 대해 내 스스로의 언어를 갖겠다는 것이다. 타자로 표상되고 이미지화되고 대변되는 여성이 아니라, 여성 스스로 자신을 인식하는 주체로서 자기를 선포하는 것이다.

자신의 이야기를 쓴다는 것은 매우 큰 용기를 필요로 하는 일이면서, 과거의 자신의 경험들과 다시 대면해야 하는, 그것을 다시 복기해야 하는 에너지를 필요로 한다. 상처들을 헤집고, 어떤 고통의 재생산을 하는 장이 될 수도 있는 대목이다. 그럼에도 불구하고, 자신의 경험들을 돌아보면서 이제 거리를 취하면서 정리해 보는 의미의 글쓰기는 자신의 심리적 블랙박스들을 투명하게 정리해서 완결시키는 역할을 할 수 있다. 치유는 어디까지나 과거의 고통들을 스스로 직면해서 그 과정들을 스스로에게 설명할 수 있는 힘을 가질 때 행해질 수 있다고 본다면 결국 자기 치유적 의미가 본질적이다. 이에 덧붙여 그러한 고통스러운 글들을 의심하지 않고 읽어 주는 사람들로부터 오는 따뜻한 지지와 격려라고 하는 여성주의적 자원들이 흘러넘치는 주요 통로가 마련될 때 그 효과가 크다고 본다.

"(내가) 온라인상에서 성폭력 경험을 이제 굉장히 구체적인 글로써서 올렸는데, 그러고 난 다음에 받는 격려의 메시지부터 도움을 요청하는 거까지 그런 관계들이 도움이 된 거 같고, … 어떤 십대 여자아이가 자기 피해 경험을 썼던 게 있어요. … 많이 격려도 하고, 그 글이 정말, 충격적이었거든요. … (여성단체에서) 언니네를 많이 알려준대요." [사례 2]

여성 집단 가운데서도 사회로부터 소외되고 타자화된 집단들이 자신의 글쓰기를 통해서 자기 자존감을 회복해 가고 자신들의 힘을 북돋는 일은 그 집단 내부의 변화로 그치지 않는다. 우리 사회 안의 다양한 정체성 집단들을 사회적으로 인정하고 서로 공존할 수 있는 사회적 의식 변화를 촉구함으로써 전체로서 문화적 성숙성을 끌어올린다.

이러한 글쓰기의 효과는 개인 행위자 내부적으로는 의식의 단련이나 반성의 기제를 강화하는 일로 이어지면서, 또 다른 한편으로는 자기 고유의 글쓰기 스타일들을 만들어 가는 기능으로도 연결될 수 있다. 다 같은 스승에게서 배웠더라도, 제자가 그 가르침을 표현하고 체화하는 방식은 자기 고유의 색깔, 무늬, 스타일을 갖추듯이, 다 같은 여성주의의 세례를 받은 제자 여성들의 글쓰기는 다양하고 찬란한 개성들의 전시장일 수 있다. 만일 단 하나의 표준적인 글쓰기를 제정할 수 있다면 그것 자체가 여성주의의 생명력을 고갈시키는 일일 것이다. 여성의 삶의 방식이 다채로워질수록 글쓰기에서 개성화([사례 6]에서 강조됨)가 더욱 진전될 것이고 이러한 표현물들의 가치는 그 다원성에서 평가될 수 있을 것이다.

현실 사회에서 저작권을 갖고 있는 사람은 매우 소수이며, 매우 전문적인 훈련을 통과해야만 독자를 확보할 수 있는 반면에, 사이버 공간에서 글쓰기는 상대적으로 낮은 진입 장벽의 조건에다 다중의 독자층이 참조 집단으로 기능할 수 있기 때문에 글쓰기의 대중성과 위력성은 고단위로 증폭될 수 있다.

(3) 다른 여성에게 필요한 정보와 힘 주기

여성주의적 소통이 이루어지는 사이버 공간의 필수적인 매력은 바로 자신이 절실하게 필요로 하는 정보들을 심리적 위협감 없이 편안하게 받을 수 있다는 것이다. 여성들은 자신이 처한 곤란한 상황들을 어떻게 헤쳐 나가야 할지, 고민들을 어떻게 해결해야 할지에 대해서 단지 객관적인 정보만을 요구하는 게 아니다. 자신들이 고민하는 지점들을 성차별적 편견 없이 그대로 받아주면서 주체적 당당함을 북돋아 주는 그런 지원과 격려들을 소중하게 생각한다. 특히나 젊은 여성들에게 성적 경험에 대한 고민들은 주변의 친한 사람들에게도 쉽게 터놓고 상담할 수 없는 부분들인데, 사이버 공간에서 자신을 노출하지 않고, 자신의 본성이 오해되지 않는 환경에서 이루어지는 상호 교감과 지지는 큰 위로가 되고 있다.

또한 전 사회적으로 볼 때 여성들의 성취에 대한 욕구는 매우 팽창되어 있음에도 불구하고, 여성들끼리 서로 맺는 네트워킹은 상대적으로 미약한 상태에서 최근에 시도되고 있는 사이버 멘토링은 매우 잠재력이 큰 프로젝트라고 볼 수 있다. 멘티들에게는 자신의 역할 모델을 가까운 곳에서 접할 수 있고, 자신들의 고민에 대한 심리적인 지지를 얻으면서 자신감을 얻게 되는 효과가 있으며, 멘토들에게는 자기 효능감을 발휘할 수 있는 쌍방향 교류가 되고 있다. 다음에서 사이버 멘토링 프로그램을 1년 동안 모니터링하고 운영해 본 경험을 들어 보자.[8]

> "(말씀 중에 멘티의 성장이 눈에 두드러졌던 경우가 있다, 참 뿌듯했다고 그러셨는데 … 생각나는 대목 있어요?) 고등학교를 졸업하고 직장생활을 한 5년 정도 하신 분인데요. 열등감이 많구요 … 글 자체가 굉장히 약간 회색빛이라고 해야 되나, 그랬는데 그게 너무 밝아지고 그랬어요. … 사는 것도 너무 신경질 나고 그랬는데 이것 하면서 자신감이 많이 생겨가지고 …" [사례 7]

주로 어떤 직업 분야의 선배이자 연장자인 멘토와 후배면서 연하인 멘티의 관계는 사이버 공간이라는 조건이 더욱 그 교류를 풍부하게 해주는 속성이 있다. 현실에서 시간과 돈, 에너지를 투자해야 하는 상황이라면 이루어질 수 없는 만남들이 사이버 멘토링 매칭 과정에서 생기게 되고, 특히 지방 등 자신의 역할 모델과의 접근성이 떨어지는 경우에 매우 효과적임을 확인하게 된다.

특기할 만한 사항은 멘티 경험을 한 경우 자신도 나중에 꼭 멘토를 해보고 싶어 하는데, 내가 멘토한테서 받은 것을 다른 멘티에게 해줌으로써 이렇게 셋이, 혹은 또 연속적으로 연대의 끈이 생기는 것을 기대한다는 점이다.

(4) 경력 개발

사이버 공동체를 하나 만들어서 이를 성공적으로 운영한다는

---

8) 여성부는 2002년 사이버 멘토링을 도입하여, 107쌍의 멘토-멘티 매칭을 통해 멘토링 프로그램을 진행시켰다. 이 프로그램은 2009년 현재까지 발전적으로 이어지고 있다.

일은 생각보다 훨씬 많은 도전에 직면하고, 예측하지 못한 경우의 수들에 수없이 대처하는 엄청난 일감에 맞닥뜨리는 지난한 길이다. 회원들이 게시판의 글을 얼마나 관심 있게 읽는지, 답글을 어떻게 다는지, 소위 '삘소리'로 표현되는, 즉 여성주의적 공간 질서를 교란하는 행위들에 대해서 어떻게 적절하게 대처해야 하는지, 자꾸 버그가 나는 서버는 어떻게 관리해야 하는지 등의 문제들이 연속적으로 발생한다. 하지만 이런 과정을 겪으면서 공동체가 성장 발전한 경우라면, 그 회원뿐만 아니라 그 안에서 주도적으로 활동한 사람들의 역량은 검증이 되는 셈이다. 이들에게 사이버 공간은 새로운 능력 개발의 계기가 되기도 하는 것이다.

"저는 지금 H에 있으면서 웹 쪽 일을 하고 있거든요. 그런 면에서 제 커리어로 연결될 수 있는 중요한 계기가 되었죠. … 다른 사람도 그렇고 언니네를 하면서 자기 경력을 인정받아서 다른 쪽으로 갔거든요. … 초기 멤버들 … 기자가 된 친구도 있고, … 출판사에 간 친구도 있고, 되게 다양하게 갔는데 언니네에 썼던 글쓰기라든지 온라인 쪽의 경력 … 그리고 프로그래머가 된 사람도 있고 …"
[사례 1]

여성에게 경력 개발은 평면적으로 어떤 직업에 접근하기 위한 객관적 정보들의 수집 및 기능 숙련을 통해서 이루어지는 것만은 아니다. 자신의 현장에서 인간관계를 어떻게 맺어야 하고, 문제점들은 어떻게 해결해야 하는지, 어떤 내용의 지도력을 갖추어야 하는지를 전수받는 일, 즉 일종의 문화적 자본들을 갖추어야 한다. 그리고 무엇보다도 활동의 주체로서의 자신감과 당당함이라는 심리적 자원들을 가져야 하는 일이 중요하다고 볼 때, 온라인 공동체 활동을 통한 사기 개발이 매우 중요한 통로들이 될 수 있다고 본다.

(5) 남성과 연대하는 경험

우리 사회에서 여성주의자에 대해 '공격성' 운운하는 스테레오 타입화된 이미지 때문에 수많은 여성들이 자신을 여성주의자로 정체화하는 데서 방어벽을 치는 일종의 증후군도 있는 것이 사실이다. 또한 여성주의를 성평등 질서의 주장이 아닌 여성들의 우위 주장으로 곡해하는 정서 또한 존재하는 것이 사실이다.

이러한 현실에서, 남성 여성주의자들을 지지층으로 확보하는 일은 여성주의의 기반을 두텁게 하는 데서 중요한 역할을 한다. 사이버 공간에서 마초들9)의 전횡을 차단하고 여성이 자유롭게 소통할 수 있는 기반을 마련하는 데서 여성주의로 의식화된 남성 여성주의자의 협력과 지원이 동원된다. 이들은 같은 생물학적 의미의 남성이지만 성별 쟁점에 대해 나름대로의 올바른 정치적 입장을 제시함으로써 가부장제 의식에 물든 남성 집단의 획일적 관점에 균열을 내는 것이다. 이들 스스로에게는 반대로 자신이 철저한 여성주의자가 되기 위해서 어떤 노력들이 요청되는지를 성찰할 수 있는 계기가 주어진다.

---

9) "남자들을 마초라고 부르는 것이 아니고, 몰려다니면서 욕설을 퍼부으면서, 욕설을 통해서 자기의 무력시위를 하는 거 이런 것을 자기 무기로 가지면서 떼거지로 몰려다니는 남자애들, 인터넷 공간에서. 이런 애들을 마초라고 부르는데" [사례 8]

"남성들 페미니스트의 모임을 좀 만들어 봐야겠다고 생각을 했던 거는 처음에 이 여성운동 하는 공간에 남자들이 조금씩은 있어야 … 다른 한편으로는 자기를 설명할 수 없는 그런 한계들을 가지고 있었던 게 있었고 … (그래서) 앞으로도 그게 자신의 삶이 될 것이라면 니가 왜 남자로서 여기 있는지에 대해서 너를 설명할 언어들을 가져라라는 말을 해주고 싶어요." [사례 8]

(6) 공간 지키기

사이버 공간과 현실 공간이 중첩되는 속성상 가부장제적 불평등 질서가 재현될 수 있으며 사실 재현되고 있다. 물리학에서 공간을 힘의 장소라고 부르듯이(나카노 하지무, 1999:18), 사이버 공간 안에서도 성별 정치학(gender politics)의 의미에서 여성주의의 힘과 남성중심주의의 힘이 충돌하고 있는 것이다. 이러한 상황에서 여성주의 공동체를 지켜 내는 일은 가상적인 사태가 아니라 신체 에너지를 총동원하는 현실적인 사태다. 사이버 공간이 엄연히 실재하는 하나의 사회적 공간인 이상 그 안의 질서를 여성주의적으로 확립하는 일은 엄청난 노동이다.

특히나 사이버 공간의 윤리적 기준들이 아직 미비한 상태에서 게시판 글 삭제나 아이디 삭제, 당사자끼리의 사과 권고 등 사안별로 규제의 범위와 내용을 만들어 가는 일은 수시로 형평성과 기준의 문제를 내포하고 있기 마련이다. 결국 비슷한 사례에 준거하여 사건을 맥락적으로 이해하고 평가하는 데 중지를 모으는 방식으로 일종의 배심원 제도인 '언니네 지기' 제도를 만든 '언니네' 사이트의 경우처럼 적극적으로 공간의 질서를 유지하려고 하는 노력들이 필요하다.

다음은 '언니네' 활동을 하고 있는 한 회원이 '언니네 지기'를 하면서 경험한 내용이다.

"원래 '지기'의 의미는 … 여러 가지 이벤트도 하면서 같이 꾸려 나가고 회원의 의사를 반영해 나가고 그런 것이었는데, 그 당시에 (사이버 테러 등) 한참 그런 일들이 많아지고 지키는 것으로 바뀐 것 같아요. (여기는) 일단 보호도 좀 받을 수 있어야 하고, 마음 도 터놓을 수 있는 … 공간이어야 하고 …" [사례 9]

우리 사회에서 사이버 공동체를 지켜 내는 일은 여성주의자들 이 수시로 폭력적 언사나 개인 공격에 시달리는 상황에서 회원들 로 하여금 공간에서의 퇴각이나 철수가 아닌 적극적인 활동을 유 지하게끔 해주는 중요한 기능이다.

(7) 마초 반격 전략 형성
성평등적 발언을 하는 여성에 대해 상식 이하의 욕설을 하고 패거리로 몰려와 공격해 대는 특성을 보이는 집단인 사이버 마초 들의 행위는 피해 여성 개인에게만 상처를 주는 것이 아니고, 그 공간의 잠재적인 여성 이용자 다수에게 겁을 주고 거기에 진입하 지 못하게 하는 효과가 있다. 또한 이들이 보이는 과잉 남성성은 하나의 문화적 퇴행 현상이라고 진단(변형석, 2003)되는 후진적 현상이지만 마초들의 무력적 시위는 무수한 예비군 마초들에게는 그러한 비윤리적인 행위들을 격려하는 일이 되어 마초 재생산이 이루어지게 하는 통로라는 점에서 앞으로도 대책 마련이 시급한 문제다.

사이버 공간에 대한 통과의례를 '논쟁'에서 시작했다는 한 여성은 마초들과 수없이 맞닥뜨린 경험을 통해서 나름대로 마초들을 이 공간에서 퇴각시키는 전술을 개발하였다. 마초들의 특성상 상대방이 여성이라는 것이 확인될 때, 사회적 약자로서의 여성에 대한 남성의 힘의 의지를 발동하게 되는 기제를 역이용하여 남성적 언어를 구사하는 것이다. 사실 사이버 공간에서 '성별은 없다'(성별을 모른다, 혹은 성별은 중요하지 않다)고 많은 사람들이 생각하지만, 여성이 자신의 성별에 대한 단서들을 백퍼센트 숨길 수는 없는 정황에서 볼 때, 여성의 글쓰기가 아닐 것 같은 방식으로 가장하여 언어폭력이나 인신공격에 대응하는 방식([사례 6])도 목격된다. 동시에 여성이 커뮤니티나 어떤 사이트의 시삽이나 웹마스터라는 공인된 권위를 갖고 있는 경우에 공동체의 질서에 대한 자체 기준을 가지고 글을 삭제하거나 아이디를 삭제하는, 혹은 회원 강제 탈퇴를 명할 수 있는 조건이기 때문에 그런 힘을 갖는 것도 중요하다.

　보통 마초들의 막무가내 식 공격은 주로 집단적으로 이루어지고, 때로는 메인 화면을 완전히 무력화시켜 버리는 물리적 공습을 띠거나, 개인에 대한 추적, 사이버 스토킹 등 심리적인 공포를 유발하는 식으로 끈질기고 오랜 시간 지속하는 양상을 보이기도 한다. 이때 여성 개개인으로 이에 대응하거나 지쳐서 포기하거나 했던 경험들을 딛고 여성들이 집단적으로 상호 격려, 지원, 공동 행동 등을 모색하여 실천한 경우들에서 적극적으로 그 공간을 지켜 낼 수 있었던 사례가 축적이 될 수 있다.

(8) 또 다른 공간 생산을 위한 시도

사이버 공간을 자기 나름의 방식대로 경험한 역사가 쌓이면서 여성주의 네티즌들은 미래 지향적인 공간 설계에 들어간다. '언니네'를 운영하는 곳에서는 회원들이 좀 더 업그레이드된 물리적 환경 속에서 의미 있는 문화적 활동들을 잘 꾸려 갈 수 있도록 뒷받침해 주는 일, 개인의 표현력들을 제고할 수 있는 환경을 만들어 주는 일들이 모색되고 있다. 또한 사이버 공간의 매력과 가능성들을 경험한 사람들에게는 자신이 주도적으로 만들어 가는 사회적 실천의 장으로서 또 다른 사이버 공간들을 꿈꿔 가는 일들이 진행되고 있다.

예를 들면, 여성판 오마이뉴스 같은 것을 만들어 자기가 기사를 써서 올리고, 이것들이 보도가 되고 어떤 여론들을 형성해 가고 사회적인 파장을 만들어 가는 그런 형태도 희망하며([사례 8]), 온라인 학부모회 같은 것을 조직해서 자녀의 학교 교육에 대한 학부모와 교사의 협력 체제를 도모하고 싶다거나([사례 7]), 여성주의 사이버 정당의 건설이라든지, 새로운 종류의 여성주의 웹진이라든지 하는 모습들을 꿈꾼다.

사이버 공간은 자신이 죽어서야 끝나는 1차 공동체의 멤버십이 아니라, 언제라도 새롭게 다양한 멤버십을 계속 창출할 수 있는, 다중의 멤버십을 가능하게 한다. 그렇기에 혹자가 어떤 종류의 사이버 공간에서 의도대로 잘 활동할 수 없어서 실패를 경험한 후에도, 새로운 공간 건설에 대한 욕구가 계속 생성, 발전될 수 있게 한다. 여성들은 이러한 새로운 공간 구상과 실천으로 다양한 공간 섭렵 속에서 자신의 개성적 공간을 발견하는 일을 앞으로도 멈추지 않을 것이다. 궁극적으로 현실세계를 여성주의적인 사회 공간으로 변화시킬 때까지 이 사이버 공간의 실험은 연속적으로, 다수적으로 진행될 것으로 생각한다.

"기본적으로 사람들이 만들어 가는 공간인데 … 그런 장소를 잘 제공하고, 많은 걸 이용할 수 있도록 사이트를 잘 제공하는 것이 굉장히 중요한 일이겠지만, 그래서 예를 들면 기본적으로 품앗이 개념이라고 생각해요. 유료화든 후원을 받든지 간에 이것들을 모두가 자기가 얻어가는 것만큼 공유하는 것이 사실은 합리적인 것이 아니냐, 이런 생각들을 했었고 …" [사례 2]

온라인 공동체가 경제적으로 유지되기 위해서 많은 창의적 아이디어들이 모색되어야 하겠지만, 그 공간을 자신의 공동체로 인식하고, 그 안에서의 활동들에 가치 부여를 하는 회원들이 늘어갈수록 공간 유지 비용에 대한 적극적 분담 시스템을 도입해 볼 수 있을 것이다. 특히 회비제 이후 회원들이 느끼는 안정감은 상당히 변화하였는데, 마초들이 전횡하는 일이 없어졌고, 자신이 생산하는 글의 유통 범위에서 통제력이 강화되어 내부적 친밀성이 강화된 것에서 연유한다고 보인다.

또한 '언니네'는 영문 웹사이트를 운영할 계획을 가지고 2004년부터 아시아의 NGO 단위의 젊은 활동가들과 접촉하여 아시아 각 지역의 여성주의 쟁점들을 콘텐츠로 서로 제공, 공유함으로써 서구 중심적 여성주의가 아닌 아시아 지역의 담론 공동체를 지향하고 있다([사례 12]).[10] 이는 정보적 지구화 조건 안에서 한국의

---

10) 실제로 언니네는 최근 아시아 여성주의자를 위한 영문 블로그, Femisia (www.femisia.net)를 개발하였다. 이는 아시아 여성 활동가들의 연대의 장이자 경험과 지혜의 소통을 위한 사이버 거점이 될 것으로 전망된다.

여성주의 공동체가 비로소 타지역들과 적극적으로 소통하기 시작하는 신호된이다. 일부 사람들을 예외로 하면 주로 언어 문제 때문에 지구촌 곳곳에 친구를 만드는 일이 그리 쉬운 일이 아니다. 한두 번 용감하게 채팅을 해보다가도 표현력의 한계를 절감하면서 마감하는 일이 다반사다. 이런 현실 상황에서 영문 웹사이트를 통해 다른 지역 여성의 삶과 목소리를 만나는 새로운 경험들이 동서남북으로 펼쳐진다면 지구/지역적 여성주의의 보편성과 다양성을 체험할 수 있는 기회들이 될 것으로 보인다.

4. 새로운 공간에 대한 협상력

가상세계는 현대 인터넷 정보망 위에 걸린 사이버스페이스가 그 실체를 명확하게 드러내 주었을 뿐 그 이전부터 존재해 왔다. 문자 텍스트, 영상 텍스트를 막론하고 스테디셀러나 베스트셀러들은 매일매일 수천만의 사람들을 끌어들여 우리가 살아가고 싶은 새로운 공간에 진입하게 한다. 이는 가상세계의 핵심인 '합의에 의한 환상'11)이 우리의 전통적인 문화적 체험 속에 깃들여 있다는 것을 의미한다.

이러한 가상성과 현실성의 상호 침투라는 큰 문화사적 맥락에서, 오프라인의 관계를 온라인으로 복사하는 일과 온라인에서의

언니네트워크(2008) 참조.

11) 마거릿 버트하임의 용어로서 사이버 공간에서 인간들의 의식적 활동이 집결될 수 있는 근원으로서 작용한다. '환상'이란 표현이 그 실재성을 오도할 수 있는 가능성이 있지만, 이를 '합의에 의한 상상의 공동체'로 번역해서 수용할 수 있을 것이다. 마거릿 버트하임(2002) 참조.

교류를 오프라인으로 연장시키는 일들이 빈번하게 일어나고 있음은 우리의 주목을 요한다. 가상공간과 현실 공간을 오가면서 살고 있는 사람들에게 단일하고, 확고한, 균질적 정체성 대신에 다양한, 임시적인, 변화 가능한 정체성에 대한 실험이 매력을 갖는다. 그러나 이는 자아의 해체라기보다는 상이한 공간마다에서 자유도 높은 자신을 구현하고자 하는 정서를 배경으로 삼고 있는 것이므로 자아의 확장을 위한 노력이 될 수 있다.

특히 가상공간들 안에서 행해지는 자아의 유영은 현실 생활을 '또 다른 윈도'로 보고 그 구속력과 강제력의 작용에서 한 발 물러나게 할 수 있다. 사이버 공간의 가치는 우리가 다양한 자아를 가질 수 있게, 자아가 고착되지 않게 해줄 뿐 아니라 현실 공간 안에서 자기 자신과의 관계를 좀 더 유동적이고 포용력 있게 바라보도록 이끌어 준다는 데 있다. 마거릿 버트하임의 말로 하자면, "자아는 우리의 주위로 항상 유출되어, 우리를 다른 유출된 자아들과의 관계의 거대한 대양 혹은 망으로 끌어들이는 유동체가 된다."(마거릿 버트하임, 2002)

전통적 교육과 지식 체계가 시간 축을 중심으로 개인의 내면에 하나하나 쌓이는 의식을 완성시키는 데 기반을 두었다면 변화의 세기에 선 우리는 다양한 공간들의 역학 속에서 자아를 정립하고, 정체성을 훈련시키며, 이질적인 경험들을 하나로 갈무리해야 하는 식의 목표를 요구받고 있다.

정보적 생활양식 안에서 우리의 삶은 상상 가능한 것이 가상적으로 실현되고 현실의 공간에서 복사되는 수많은 접점들을 구성해 낸다. 이때 가상공간과 현실 공간이 인식적으로는 충돌하는 모순을 갖지만 그 모순 관계는 한쪽 항의 절멸 혹은 폐기가 아니라 상관적 상승 관계 혹은 중복적, 중층적 연결 관계를 갖기 때문에 그 저대성은 하해되면서 무화된다. 한 예로서, 여성 네티즌은 가상성과 현실성을 넘나들면서 활동하고 있다. 컴퓨터 앞에 앉아서 새로운 사람과 친밀한 주제로 이야기를 나누어 보고 교류의 기회를 넓히는 것은 현실 공간의 모습을 그대로 드러내는 사회적 활동인 반면, 가상적 정체성 놀이를 한다든지, 대안적 삶에 대한 회구를 글쓰기로 표현한다든지, 자신의 하위 정체성(세컨드 아이디)을 통해 또 다른 변신을 시도한다든지, 사이버 가족을 형성하여 혈연중심주의의 폐해를 극복하고자 하는 실천적 모습들은 변혁의 잠재력을 갖는 활동으로 파악된다.

인터넷상에서 우리는 과거의 관성적 아비투스와 새로움이 주는 즐거움과 공포의 착종된 경험 사이에, 창조적인 혼란의 순간에 서 있다. 물질적인 현존 경험을 가지는 아바타를 만드는 사이버 세계의 환경에서 시간을 보내는 사람들은, 그들의 육체가 사이버와 현실이라는 두 세계 모두에 있는 것으로 경험한다. 아바타를 통해 의미 있는 관계를 가지는 사람들은 새롭고 복잡한 방식으로 자기동일성을 경험한다. 새로운 공간도 우리를 길들이지만 우리 또한 새로운 공간을 길들여 가면서 거기에서 만나는 사람들과 협상하면서 살게 될 것이다. 사이버 공간의 실현으로 인한 공간 배가에 대한 대처 양식을 모색하는 과정이 필요한 이유다.

하나의 은유적 표현으로 인간이 '정보적 양서류'가 된 것이라면 현실 공간과 사이버 공간이 밀접하게 접촉하는 것만이 정보사회의 새로운 생존조건이 될 것임을 미루어 짐작할 수 있다. 우리는 블랙홀 같은 사이버 세계로 빨려 들지 않겠지만, 그렇다고 앞으로 선적으로 현실세계에서만 살아갈 것도 아니다. 우리는 두 세계 사이에서 살아가는 방법을 배울 것이다.

사이버 세계에서 만난 사람들은 현실세계에서도 만나기를 바란다. 사이버 공간에서 시작한 공동체는 현실 공간에서도 주소를 갖고 성장하기 시작한다. 또한 오프라인 상태에서 친구 사이인 사람들은 점차 온라인 사회화 과정을 경험하고 있다. 정보기술이 발전하면서 우리가 서로 소통하고자 하는 욕구를 실현할 수 있는 공간은 어디에나 있는 무소부재성(ubiquity)의 특징을 갖게 된다. 더 나아가 무선 인터넷 세상에서는 온라인/오프라인이라는 기존의 구분도 수정이 불가피하게 될 것이다.

따라서 가상공간과 현실 공간 중 어느 쪽이 주도권을 가지고 세계를 운용할 것인가에 대한 논의보다는 양자가 타원형 운동체의 두 초점이 되어 강한 인력과 척력을 어떻게 구사하는가가 새로운 관심사가 된다. 현실세계와 사이버 세계 간의 상호 침투는 점점 깊이를 더해 가고, 현실세계의 종점과 사이버 세계의 기점 간의 경계도 점점 모호해지고 있다. 이는 일종의 카오스를 견뎌 내면서 기쁨의 자원을 배가하는 식으로 마음의 중심점을 잘 설정할 수 있는 협상력이 요구되는 상황이다.

우리가 현실 공간의 제약으로부터 완전히 이탈해서도 안 되고, 사이버 공간에서의 해방과 자유의 연습을 게을리해서도 안 되는 지점에 와 있다면 두 공간을 종합적으로 성찰하고 삶의 균형을 잡기 위한 훈련은 무엇일까? 일차적으로는 경계 없이 사고하는 능력과 이러한 세계 변화를 감당할 수 있는 새로운 감수성이 필요하다.

온라인 여성주의 공동체처럼 비전통적이면서 새로운 작은 집단적 실험 속에 행위자로서의 개성적 주체가 자라나고, 다른 성원들과 관계를 확장하고 소통해 가는 과정은 새로운 공간 구속성의 등장을 보여준다. 즉 공동체 내부/외부로 나누어 경계를 열어 주고 닫아 주는 기능의 사례가 되고 있다. 이는 가부장제에 의해 포위되고 고립된 공간이 아니라 그것에 균열을 내고 여성주의적 가치를 침투시키기 위한 전술, 전략의 공간으로서 의미를 구현하기 위해서다. 그러면서 동시에 공동체 내적으로는 스스로 고유하고 선명한 가부장제 사회의 변화 지향성을 드러내기 위한 공간 생성의 실천을 요구받는다.

따라서 오프라인의 성불평등 구조를 온라인에서 그대로 성희롱, 성폭력의 내용으로 재현하는 사태들에 대해 철수론을 얘기하지 말고, 집단 유지의 노하우를 개발하고 전파하는 적극적 대응이 모색되어야 한다. 이로써 새로운 인지적, 감성적, 의지적 경험의 공간이 될 수 있게 해야 한다. 생명력 있고 생산적인 공동체는 산적한 문제들에 둘러싸여 있다. 결핍과 위험에 대한 도전은 일상세계의 불가피한 부분이다.

또한 공동체 성원 간의 조화와 협력 못지않게 다양한 이해와 관점 간의 갈등이 조직 변화를 위해 반드시 필요하다. 표면적인 질서만을 강조하면 사이비 공동체가 된다. 앞으로 여성주의 공동체 안에서 세대 차이나 경험의 차이, 혹은 문화적 감수성에 따른 차이들이 생산될수록, 그리고 한 여성주의 공동체 바깥에 분산적으로 다양한 여성주의 공동체들이 생겨서 서로 경쟁하고 연대할수록 공간에 대한 여성주의적 확산은 탄력을 받을 수 있다. 집단이 추구하는 공동의 선, 이해, 가치는 고정된 값을 갖는 것이 아니라 지속적으로 변화되고 변형된다는 사실 자체를 수용할 때 사회적 영향력을 확대할 수 있을 것이다.

5. 맺는 말

지금까지 과학기술의 힘으로 인위적으로 창출한 사이버 공간에서 행해지는 각종 활동들을 여성 체험이라는 틀로써 분석하고 점검함으로써 사이버 공간이 여성에게 어떤 의미화 구조를 갖는지를 논의하였다. 디지털화된 정보기술은 상호 연결된 네트워크의 확산을 가능케 하여 사람들 간의 교류가 확장되고, 이는 궁극적으로 경계 없이 넘나드는 정보의 흐름 속에서 각 개인이 사회문화적 규제 장치로부터 자유로워지는 계기를 주고 있다. 따라서 여성은 전통사회에서 국가, 사회경제적 지위 등과 함께 우리의 삶의 양식을 고정시키고 제한한 성별 고리들로부터 벗어나 개성을 추구하고 표현력을 극대화하는 삶을 살 수 있는 주체로 부각된다.

물론 사이버 공간 거주의 역사가 일천한 현재 시점에서 사이버 공간은 현실 공간으로부터의 입력이 차단되기보다는 중첩적 연속성을 갖기 때문에 성평등의 새로운 행동양식을 소박하게 기대하기에는 넘어야 할 장벽들이 많음을 발견한다. 현실 공간의 성별 아비투스를 그대로 전이시킴으로써 넷 공간도 여성을 대상화하거나 익명성 뒤에서 마초 문화적 폭력성을 발현하고 있다.

그렇지만 사이버 공간이 현실 공간의 성별 편견과 성불평등적 행위양식을 그대로 재현하도록 방치하는 것이 아니라 사이버 공간 안의 자유롭고 즐거운 체험들을 축적함으로써 현실 변혁의 물꼬를 트게 되는 것이 바람직하다. 온라인과 오프라인의 공간 이동적 경험은 그것을 가능하게 하는 하나의 길이 될 것이다. 요약컨대 여성은 사이버 공간이 부여하는 자유로운 소통과 놀이의 가능성을 실험해 보고, 자기 표현력을 극대화하는 새로운 감수성을 창출하는 일 속에서 공간적 행위자(agency) 능력을 드러내야 하는 길을 앞두고 있다.

사이버 공간은 당대에 창발하여 사람들의 거주 경험과 급속도로 조우하는 새로운 공간이기 때문에, 이를 정확히 관찰하고 그 경험의 두께들을 잘 해석한다는 것이 쉬운 일은 아니다. 거기에 덧붙여 그 공간 안에서 이루어지는 사람들의 행위는 매우 다종다양하고, 불투명하고, 역동적이다. 초견적으로는 이 연구에서 원용하고 있는 사이버 활동가들의 경험에 의해서, 그 실천적 사용에 의해서 사이버 공간의 이론 자체가 수정, 재구성될 부분도 생겨난다.

혼자서 꾸는 꿈은 유토피아로 연결될 수 없다. 사이버 공간에서 함께 꾸는 꿈은 현실세계로 유출되어 실현 가능성을 담보한 이상주의의 공간이 된다. 이는 종말론적 세계 구원도 아니고, 한갓 불가능한 공상의 배출구도 아니다. 현실에서 실현 가능한 진보를 이루어 내는 힘으로 전이될 수 있는 잠재태라는 것이다.

일반적으로 여행자들은 "돌아오기 위해 떠난다."고 한다. 사이버 공간의 활동이 현실 공간으로 되돌아올 때 그 피드백 속에서 이상주의는 구체적으로 이 땅, 이 현실 역사 속에서 실현의 계기를 맞을 수 있다. 두 공간은 서로에게 거울 역할을 해주면서 또 하나의 인간적이고 문화적인 공간으로 종합될 수 있을 것이다. 마치 세계 곳곳을 돌아다니는 여행자가 각 지방의 문화를 비교 체험하는 것처럼 사이버 공간의 문화적 차이와 다양성을 통해 현실 공간의 생활양식에 변화가 초래된다. 그리고 이는 다시 사이버 공간에서의 새로운 실험들로서 형체화될 것이다.

[표 2] 심층 면접 대상자의 일반적 특성

	사이버 공간에서 주요 활동	나이 (세)	성별	인터넷 사용 기간(년)
사례 1	언니네 운영자	29	여	5
사례 2	언니네 운영자	28	여	8
사례 3	하이텔 동호회 a 부시삽	25	여	6
사례 4	나우누리 미즈 여성학동호회 활동	27	여	7
사례 5	동호회 활동	27	여	4
사례 6	여성주의 웹진 b 웹 마스터	28	여	6
사례 7	여성부 위민넷 사이트 사이버멘토링 운영자	34	여	5
사례 8	언니네 운영자	33	남	11
사례 9	언니네 지기. 언니네 안 '자기만의 방' 개설. 하위 커뮤니티 시삽	25	여	5
사례 10	홈페이지 운영	27	여	7
사례 11	지역 여성주의 웹진 c 활동가	?	여	?
사례 12	언니네 운영자	29	여	11

[면접 대상자 자료]

면접 일시 : 2002년 10월 24일-2003년 11월 5일

면접 방식 : 대면 면접 및 녹취. [사례 11]은 이메일 교환, [사례 12]는 대면 면접 및 필기

면접 시간 : 1시간-1시간 50분. 필요한 경우 2차 면접 진행함

[참고문헌]

고길섶(2000), 「채팅, 사유의 새로운 영토」, 고길섶 외, 『문화읽기: 삐라에서 사이버 문화까지』, 현실문화연구.

권오남(2001), 「컴퓨터와 수학에 대한 태도에 있어서의 성별 차이」, 학술진흥재단 1999년도 중점연구소지원 프로젝트 보고서(미간행).

권김현영(2000), 「군가산점 소동과 사이버테러」, 『여성과 사회』 제11호, 창작과비평사.

_____(2001), 「사이버스페이스, 여성운동의 새로운 도전」, 여성사 연구모임 길밖세상, 『20세기 여성사건사』, 여성신문사.

김유정 · 조수선(2000), 「여성 사이트에서 여성 찾기」, 『사이버 문화와 여성』, 한나래.

나카노 하지무(1999), 『공간과 인간』, 최재석 옮김, 도서출판국제.

니콜라스 네그로폰테(1995), 『디지털이다』, 백욱인 옮김, 박영률출판사.

데보라 태넌(1999), 『남자의 말, 여자의 말』, 정명진 옮김, 한 · 언.

돈 탭스콧(1999), 『N세대의 무서운 아이들』, 허운나 외 옮김, 도서출판 물푸레.

뤼스 이리가레이(1997), 『성적 차이와 페미니즘』, 권현정 옮김, 도서출판 공감.

마거릿 버트하임(2002), 『공간의 역사: 단테에서 사이버스페이스까지 그 심원한 공간의 문화사』, 박인찬 옮김, 생각의 나무.

마크 스미스 외(2001), 『사이버 공간과 공동체』, 조동기 옮김, 나남출판사.

베른하르트 폰 무티우스(2001), 『미래와의 대화』, 염정용 옮김, 태동출판사.

변형석(2003), 「마초이즘: 인터넷의 과잉 남성성」, <제13회 이원학술제 자료집>, 이화여자대학교 대학원 학생회.

성영신 외(2000), 「Digital Networking: N세대의 커뮤티케이션 심리」, 『한국심리학회지: 소비자·광고』, 한국심리학회.

송난희(2002), 「여성의 자기고백적 글쓰기를 통한 상처받은 경험의 의미화와 치유에 관한 연구: 여성주의 사이트 <언니네>의 '자기만의 방'을 중심으로」, 한양대학교 대학원 석사학위논문.

언니네트워크(2008), 「아시아에 '갇힌' 영페미니스트」, 이화여자대학교 한국여성연구원 <제4회 아시아여성학 특강 자료집>.

윌리엄 미첼(1999), 『비트의 도시』, 이희재 옮김, 김영사.

유종선(1995), 『미국사 100장면』, 가람기획.

윤선희 외 편저(2000), 『사이버문화와 여성』, 한나래.

윤정로(2000), 『과학기술과 한국사회』, 문학과지성사.

윤혜린(1997), 『사회의 마음: 그 실재성과 지향성』, 이화여자대학교 대학원 박사학위논문.

_____(1999), 「몸에 대한 문화철학적 담론」, 『여성과 철학』, 철학과현실사.

이매뉴얼 월러스틴(1999), 『유토피스틱스』, 백영경 옮김, 창작과비평사.

이진경(2002), 『노마디즘: 천의 고원을 넘나드는 유쾌한 철학적 유목』, 휴머니스트.

조지혜(2000), 「그래서 사이버스페이스로 간 그 여자아이는 어떻게 되었나?」, 연세대학교 여성연구소, 『연세여성연구』 제6호, 평민사.

조한혜정(2000), 「내가 만들고 싶은 사이버 공화국」, 연세대학교 여성연구소, 『연세여성연구』 제6호, 평민사.

존 브록만(1999), 『디제라티: 디지털 시대의 파워 엘리트』, 김원희 외 옮김, 황금가지.

킴벌리 영(2000), 『인터넷 중독증』, 김현수 옮김, 나눔의 집.

플라톤(1987), 『국가』, 박종현 편저, 서울대학교 출판부.

피에르 부르디외(2000), 『남성지배』, 김용숙 외 옮김, 동문선.

피터 콜록 외(2001), 「사이버공간의 공동체」, 마크 스미스 외 편, 『사이버공간과 공동체』, 조동기 옮김, 나남출판사.

한국전산원(2001), 『한국인터넷백서』,

한국인터넷진흥원(2007), 『한국인터넷백서』.

함인희(2000), 「정보화와 가족생활의 변화」, 『여성연구논총』 제15집, 서울여자대학교 여성연구소.

홍성욱(1999a), 「몸과 기술: 도구에서 사이버네틱스까지」, 이거룡 외, 『몸 또는 욕망의 사다리』, 한길사.

_____(1999b), 『생산력과 문화로서의 과학 기술』, 문학과지성사.

황상민(2000), 『사이버공간에 또 다른 내가 있다』, 김영사.

Adam, A. & Green, E.(1998), "Gender, Agency, Location and the New Information Society", B. D. Loader ed., *Cyberspace Divide: Agency, and Policy in the Information Society*, Routledge.

Balsamo, A.(1996), *Technologies of the Gendered Body*, Duke University Press.

Kollock, P.(1997), 「온라인 공동체 설계의 원칙들: 사이버공동체의 발전방안」, <1997년도 한국사회학회 추계 특별 심포지엄 자료집>.

Lewis-Qualls, C. C., "GRRLS and the Feminist Reclamation of Cyberspace", http://www7.twu.edu/~g_qualls/

Morse, M.(1997), "Virtually Female: Body and Code", J. Terry ed., *Processed Lives*, Routledge.

Plant, S.(1997), *Zeros + Ones: Digital Women + the New Technoculture*, Doubleday.

Rheingold, H.(1993), *The Virtual Community: Homesteading on the Electronic Frontier*, N.Y., Addison-Wesley.

Spender, D.(1995), *Nattering on the Net: Women, Power and Cyberspace*, Spinifex.

Turkle, S.(1988), *Technology and Women's Voices*, Chcris Kramarae ed., Routledge & Kegan Paul.

Yang, C.(1999), http://www.businessweek.com:/1999/99_39/b3648054.htm?scriptFramed

Neutopia, D.(1994), "The Feminization of Cyberspace", http://eng.hss.cmu.edu/feminism/feminization-of-cyberspace.txt.

제 3 장

현대 과학기술문명에 대한 여성학적 반성

1. 들어가는 말

현대 문명은 우리를 참 낯선 곳으로 데려가고 있다. 인공 생명 (artificial life)을 컴퓨터로 모의하는가 하면, 맞춤 아기의 생산 체계를 구상하기도 한다. 그런가 하면 지구에서 벌어지는 각종 사건들이 예사롭지 않다. 수많은 생명 종들이 해마다 사라져 가고 있다. 유독한 환경은 국경을 넘어 파급되고 있다. 현대에 독특하게 나타나는 생물학적 파탄들(에이즈 바이러스, 유전적 돌연변이)이 창궐하고 있다. "여성주의 운동의 결과로 여성들이 이제 겨우 맛보기 시작한 파이 한 조각마저도 부패되어 발암성을 유발하고 있다."(이네스트라 킹, 1996:169)는 쓸쓸한 진술도 나타난다. 여성들의 사회적 평등권, 즉 시민권의 주장이 얻어 낸 과실에 대한

---

* 이 장은 「현대 과학기술 문명에 대한 여성학적 반성」(『성과 철학』, 철학과현실사, 2003에 수록)을 수정 · 보완한 것이다.

근본적인 회의 상황이 전개된다.

많은 사람들은 과학기술문명에 혐의를 던진다. '우리 인간'의 '과학기술' 때문에 인간과 자연의 대립이 초래되었고, 인간이 자연과 적대관계를 맺어 그 복수가 시작되고 있다고 한다. 홍수나 온난화, 계절의 실종은 자연재해가 아니라 인재라는 의식들도 생기고 있다. 실험실의 초파리들은 그렇게 엑스레이(X-ray)를 쏘아대는데도 씨가 마르기는커녕 더 억센 놈을 많이 생산하고 있다. 그 독한 DDT를 뿌려 대도 곤충이 박멸되기는커녕 살충제 냄새를 맡으면 얼른 코를 막는 똑똑한 곤충들의 등장(이블린 폭스 켈러, 2001:331)을 자연의 자기방어와 균형 기능으로 말하기도 한다. 이러한 사태들이 가이아의 복수인지 아니면 정당방위인지 살펴보는 것보다 더 시급한 일이 있다. 이 '우리 인간'의 실체가 무엇인지, 그리고 문제가 '과학기술'이라면 '우리 인간'의 책임 부분과 '과학기술'의 책임 부분이 나누어질 수 있는지, 그 연관은 또 어떤 구조로 되어 있는지를 밝혀야 하는 것이다. 원인 제공자와 사태 진전의 내용을 밝혀야 사건의 연쇄 고리를 추적할 수 있기 때문이다.

먼저 '우리 인간'은 사실 허구적 개념으로서 주체 없는 주어다. 가공할 자연 침탈에 대해 누가 주도권을 쥐고 있는지, 그 결과 누가 이득을 얻는지, 누구의 생명을 이용하는지를 은폐하면서 책임 소재를 전체로 분산시키는 논리에 이용되는 수사다. 지구 환경에 관한 한 인류가 운명 공동체일 수밖에 없는 조건을 공동 책임론으로 손쉽게 둔갑시키고 있다. 어떻게 이런 일이 작동되는가? 필자는 현금의 지배자 체제(dominator system)[1]가 매우 강고하고 내밀하게 스스로의 지배 논리를 자연화시켰다고 생각한다. 가부장제로서 대표되는 지배자 체제는 여성 억압을 실현한 데에 그치지 않고, 위계적 구조 일반에 대한 정당화를 재생산해 왔다. 물이 위에서 아래로 흐르듯이 힘 있는 자의 아닌 자(성별 지배, 계급 지배, 인종 지배, 생물 지배 등)에 대한 지배는 당연시되었으며, 지배자 체제에 속하는 사람들은 주체가 되고 나머지는 지배 대상화, 비가시적 타자화되는 경로를 밟았다. 이를 '체제'라고 이야기하면 그 안에서 이 지배를 구체적으로 기획하고, 집행하고, 혹은 이에 함께 동조한 인간들에게 면죄부를 주는, 그럼으로써 '우리 인간'만큼이나 허구적인 개념이 아닌가라는 생각을 할 수 있다. 그러나 이 체제는 맥락에 따라 구체적인 행위자로 나타나는 구조라고 볼 수 있다.

한 예로, 첨단 무기의 실연장으로서 전쟁을 일으키고 사회적 약자들의 생명을 죽임으로써 이득을 챙기는 군산복합체는 지배자 체제다. 환경보호를 이슈화하여 3세계 국가에게 환경파괴 책임을 함께 지자고 하면서 첨단 친환경 기술을 수출하고 세계의 자본을 장악하려는 1세계 국가는 지구적 지배자 체제다. 여성의 난자가 주로 3세계 여성으로부터 채취된다는 사실도 여성들 안에서 소득에 따른 지배자 체제가 작동함을 보여준다. 우리 사회에서 여성

---

1) 필자가 이 글에서 사용하는 '지배자 체제'는 여성에 대한 권력으로서 남성 지배와 사회적 피지배층에 대한 계급 지배, 자연에 대한 지배자 종으로서 인류 지배를 셋 다 포함하는 리언 아이슬러의 개념을 가져와서 확장시킨 것이다. 필자는 가부장제적 위계질서가 대표적인 지배자 체제라고 해석하는데, 왜냐하면 가부장제는 단지 남성 지배의 코드일 뿐만 아니라 여성−자본주의하의 피지배 계층−인간이 아닌 모든 생물종에 대한 억압의 연속성을 보유하는 것으로 보기 때문이다(리언 아이슬러, 1996:56-63 참조)

의 몸이 얼마나 고통받고 있는지에 대한 관심은 없는 채, 과배란 유도제를 주사하는 불임 치료 전문가 집단은 환자에게 지배자 체제다. 우리 사회에서 효 이데올로기가 은연중에 딸아이의 부모에 대한 장기 기증을 장려하는 경우 지배자 체제다. 인간 집단이 지구 환경에 대해서는 지배자 체제다.

지배자 체제(dominator system)가 유지되고 있다는 사실은 인간 문화사의 후진성의 핵심이다. 이를 대치할 수 있는 동반자 체제(partnership system)를 아직 제대로 실현해 내지 못하고 있다. 동반자적(partnership) 사회의 기본 원리는 아이슬러에게서 볼 수 있는데, 인류 종 안의 가장 대표적인 젠더화된 차이, 즉 여성성, 남성성의 차이로 시작되는 인간관계를 조직하는 하나의 새로운 방법으로서 그 차이가 사회적 위계가 아니라 문화적 성숙을 가져오는 그런 사회다. 여기에서 필자는 "다르다는 것은 열등하거나 우월하다는 것과 같지 않다."는 평범한 진실을 차이성들의 공존이라는 새로운 가치 질서로 도입하고자 한다. 이 공존 혹은 동반자의 질서는 권력의 주변부 혹은 소수자이기 때문에 여러 층위로 나누어져 있는 수많은 타자들을 함께 주체화하는 사회의 밑그림이다.

지배자 체제의 강고함은 지배 권력을 위해 과학기술을 이용하고 있는 것에서 온다. 과학기술문명의 힘은 그 자체의 논리에 의해 증가되어 온 것이 아니다. 인간의 필요와 목적에 따라 창안되고 개발되어 온 것이다. 따라서 지구의 위기에 대해 '과학기술'에 책임을 분산시킬 수 없다고 본다. 지배자 체제와 과학기술은 동등한 주어일 수 없다. 과학기술을 지배의 수단화해 온 지배자 체제에 온전히 그 책임을 묻지 않으면 인과적 과잉이 되어 버린다.

과학기술의 문제는 이 진리 탐구의 결과가 다른 목적을 위한 수단으로도 이용될 수 있다는 데 있다. "아는 것이 힘이다."라는 말은 진리가 경쟁과 지배를 위한 도구가 될 수도 있음을 함축하고 있다. 순수한 과학적 탐구정신을 개념적으로 분리하고, 응용적 정신과 분리할 수는 있으나 현실적으로 구체적인 상황에서는 그런 분리가 어렵다. 역사적으로 산업혁명기의 여성, 아이 노동자들, 빈곤 남성들에 대한 저임금 착취, 비인간화된 조립 작업은 기계의 발견이 아니라 자본주의 체제에 기술이 사용되었기 때문이다. 마찬가지로 효과적이고 값비싼 무기의 제조에 최첨단 기술이 사용된 것은 현대 기술이 내재적으로 요구한 것이 아니다. 제국주의적인 군산복합체가 생명을 유지시키고, 기르고 돌보고 향상시키는 것이 아니라, 파괴와 지배를 위한 기술들을 요구하는 방향으로 가고 있기 때문이다. 게다가 지금 기술은 급속도로 진전되고 지구적으로 파급되고 있으며 상품 가치를 창출한다. 지배자 사회에서는 '남성성'이 지배와 정복과 동일시되어, 모든 새로운 기술적 발견이 근본적으로 더욱 효과적인 지배와 억압의 도구로 여겨진다. 핵개발이나 인간복제와 같은 문제 영역이 단순히 과학적 진리 탐구에서 그치지 않고 현실화, 임상화될 수밖에 없을 것이라는 우울한 전망은 이 때문이다.

기술의 힘이 어느 방향으로 팽창하는지에 대해 여성이 무관심하거나 그 결과를 낙관해서는 안 된다. 더욱 근본적으로 여성주의의 상상력에서는 지배자 체제의 수단으로 기여하는 과학기술을 어떤 방식으로 동반자 사회를 위해 끌어들일 것인지의 여성 행위력(agency) 문제를 모색하는 일을 현실 과제로 삼아야 한다. 파괴를 위한 기술만큼이나 평화를 위한 기술, 지배를 위한 과학문명만큼이나 공존을 위한 과학문화를 만들어 낼 수 있지만, 이는 주체 없이 자동적으로 이루어지는 것이 아니다.

여성주의자에게는 과학기술 자체가 비판의 분수령이기보다 더욱 총체적인 우리 사회의 억압구조인 가부장제가 탐구와 실천의 주제로 들어온다. 즉 젠더 관점의 분석틀2)을 통해 기술을 보면, 문제는 과학기술 안팎에 편재해 있다. 가부장제 권력의 물리력으로서 과학기술의 고리를 해체하면 동일한 기술적 기반에서도 서로 다른 유형의 도구가 산출될 수 있음을 희망할 수 있지만, 이는 과학기술의 구성 내부에 언어화되어 있는 대상에 대한 지배와 통제, 정복의 코드를 해체하는 일 없이는 진행되기 어렵다. 과학기술은 다중으로 성별화되어 있다.

하딩은 가부장제의 젠더화된 구조의 세 차원을 개인적 젠더, 젠더에 따른 노동 분업, 상징적 젠더로 간명하게 구분한 바 있는데(샌드라 하딩, 2002), 필자는 이와 상통하는 맥락에서 기술이 여성의 몸과 맺는 관련성, 사회적 성별 분업 구조와 맺는 관련성, 젠더 상징주의와 맺는 관련성의 세 차원을 검토하는 일부터 시작하려고 한다(2절). 그리고 기술을 창안하고 창출하는 지식 생산 체계로서 과학이 어떠한 정신을 통해 지식들을 만들어 내는지, 그 일이 여성 과학자들이 하는 지식 생산과 어떻게 차별적인지를 감수성의 매개라는 맥락에서 살펴보고(3절), 마지막으로 과학 논

---

2) 젠더는 하나의 인식적인 분석틀로서, 남녀 구별을 하기 위한 개념화에서 비롯된다(리사 터틀, 1999:183). 젠더는 기본적으로 성차에 근거한 사회적 관계들과 문화들을 구성하는 양성 간의 인지된 차이를 말하는 것이다. 여기에는 가부장제 문화의 상징들, '여성답게, 남성답게'를 가르는 규범들, 성별 분업을 강제하는 사회구조적 힘(politics)에 대한 이해와 함께 개인 행위자의 주관적 정체성이라고 하는 상호 결합적인 요소들이 포함된다.

리의 창으로 보는 세계와 여성주의적 감수성의 창으로 보는 세계의 설명이 통합될 수 있는 밑그림을 제안해 보고자 한다(1절).

2. 기술과 젠더 관점

필자의 논의를 기술에서부터 시작하고자 하는 뜻은, 기술이 과학적 사실이나 발견에 대한 구체적인 공학적 실현물로서 우리의 삶에 깊이 들어와 있고 가시적이기 때문이다. 또한 인류사 이래 시공간적으로 파급된 수많은 노하우들을 또 하나의 과학적 지식으로 통합시켜 이해하려고 하는 관점에서 여성 선조들의 족적이 전수되고 있다고 인식하기 때문이다. 이는 '과학'과 '기술'이 거의 분리되지 않고 함께 쓰이면서 응용화되는 현대적 상황에 대한 무시는 아니다. 과학과 기술 사이에 위계를 두려고 하는 것도 아니다.

기술의 창의력은 인간 조건의 총체적 산물이다. 인류 문명사의 토대에 기술의 발전이 자리 잡고 있다. 기술은 물질적인 도구를 만드는 것뿐만 아니라 우리의 가장 중요하고 독특한 비물질적인 도구를 만드는 데 도움을 준다. 언어, 상상력, 말, 상징, 그림, 영상들의 정신적 도구가 그것이다. 발전된 기술은 환경과 인간 자신을 변화시키기 위해 우리의 손과 두뇌의 능력 및 인간의 기능을 확대시킨 것이며, 감각을 연장시키고 합리적 통제의 영역을 확장시킨 것이다. 사실상 기술은 사회구조 안에서 인류가 자신의 잠재력을 확대시키기 위해 노력하는 과정에서 얻어지는 진보적 추진력의 일부다.

멈포드에 의하면, 기술(기술적 모드)은 수로 삶의 외적인 조건들에 대처하여 이를 정복해야 하고, 자연의 힘을 조정하고, 인간 스스로가 지닌 자연적 기관들의 기계적인 능률성과 힘을 실용적이고 조작적인 측면에서 확장해야 할 필요성으로부터 발전된다. 우리 주변의 기계들, 우주탐사선과 같은 인공물들이 천체의 운행과 마찬가지로 정확하게 시간표에 따라 움직여 간다는 사실에는 무엇인가 비상한 장점이 있다는 것이다(루이스 멈포드, 1999:43). 획일성, 정규성, 기계적인 정확성과 확실성은 기술을 문명의 힘으로서 보게 하는 측면이다.

특히 현대로 올수록 과학기술문명은 어떤 과학적 발견이 기술화되는 시간이 점점 단축되는 특성을 보인다. 이는 기술의 누적적 진보(progressiveness)라는 특성이다. 즉 기술은 제자리걸음을 하거나 퇴보하는 법이 없으며, 기술은 발전 속도에서 차이는 있을지언정 선형적으로 발달하게 되어 있다. 이 기술 발전의 속도가 매우 빨라지는 경향은, 예컨대 사진술이 발견되어 사진기가 제작되기까지 112년이 걸렸고, 전화기는 56년, 라디오는 35년, 텔레비전은 12년, 핵폭탄은 6년, 개인용 컴퓨터는 1년이 채 안 걸린 것 등에서 입증된다. 또한 기술은 확산성(pervasiveness)을 갖기 때문에, 특히 지구화로 기술은 국경 없이 퍼져 나가 세계인의 삶에 깊은 영향을 미친다. 시공간 압축을 가져온 정보기술이 대표적이다. 게다가 기술은 상품 가치를 몰고 다닌다. 이는 가치 부수성(value-ladenness)의 측면으로서, 기술에는 싸거나 비싸거나 그 값이 매겨진다. 여객기의 출현은 공항 건설, 보험, 여행업, 조종사 교육 등 고용 창출의 측면을 갖는다. 한 가지 기술이 개발되면 사회의 갖가지 하부구조에 영향을 미치고 가치 체제에도 변화를 준다. 기술이 가치를 재창조하며 가치를 몰고 다닌다(이장규,

1997:146-149).

　이러한 기술의 효능은 인간사회 안에 뿌리박고, 우리의 삶의 방식을 구성하는 생산력의 일부가 된다. 그렇지만 앞에서 필자가 이야기한 바대로 지배자 체제가 기술을 통한 사회적 권력을 공고히 하는 측면3)을 주요한 문제점으로 받아들인다면, 이러한 기술의 발전이 자동적으로 여성에게 도움이 될 것이라고 생각하는 것은 기술에 대한 확인되지 않은 순진한 믿음일 것이다. 기술은 인간이라는 유기체의 구성적인 측면을 대변한다고 보는 것, 기술은 '생각할 수 있는 것'을 현실화하는 것, 즉 환경을 조정하는 기술의 축적이 테크놀로지의 양식(the Technological Mode)이라고만 (슐라미스 파이어스톤, 1983:176-180 참조) 보는 것은 매우 단선적인 서술이다. 추상적 인간이 아닌 구체적 여성의 삶에 미치는 기술의 복합적 효과, 더 나아가 여성 행위자와 기술의 협상적 상호작용에 착안하여 기술의 문제를 살펴보자.

　우선, 기술은 여성의 몸에 어떻게 개입하고, 어떻게 연관을 맺고 있는가? 파이어스톤은 30여 년 전에 『성의 변증법』에서 인공생식으로 대표되는 신기술이 여성주의 혁명의 선조건이라고 말했다. 생식 조절 수단의 점유가 여성들에게는 자신의 신체에 대한 소유권을 완전히 되돌려주는 일인 동시에 생물학에 토대를 둔 성차별을 종식시키는 문화적 혁명이 되리라는 것이었다. 이는 사회의 계급적 재생산에도 영향을 미쳐 피지배계급으로서의 여성의

---

3) '지배자 체제론'은 '기술의 사회적 구성론'과 유기적으로 연결되어 있다. 후자는 기술의 발전이 경제적, 기술적 효용의 증대와 같은 기술 내적인 논리만이 아니라 기술을 둘러싼 다양한 사회적, 문화적 요소가 작용하는 결과이므로, 기술 발전이 사회와 무관하지도 않고, 전적으로 기술자에 의해 이루어지는 것도 아니라고 본다. 홍성욱(1999:266) 참조.

해방, 노동 자체의 제거, 기계에 의한 노동의 대치 구상과 맞물리면서 사이버네틱 사회주의라는 유토피아를 설계하는 창이 되었다.

파이어스톤의 시대적 맥락에서는 여성 행위자는 주관적이고, 내성적이고, 탐내는 듯하고, 꿈꾸는 듯하고 또는 환상적이고, 잠재의식과 관련되고, 감정적이고, 그리고 성마른 것으로 표상되었으며 이것들은 객관적이고, 논리적이고, 외향적이고, 현실적이고, 의식과 관련되고, 합리적이고, 기계적이고, 실용적이고, 세속적이고, 안정되어 있다는 남성의 속성과 대립적으로 이해되었다(슐라미스 파이어스톤, 1983:179-180 참조).

파이어스톤은 이러한 성별적 자연화가 갖는 억압성을 극복하기 위해서 자연화 대신에 사회화를, 생물학적 본질론 대신에 문화론을 전개하려고 한 것이고, 그 계기를 과학기술에서 차용하려고 하였다. 일이 자동화되면 사람들이 일에서 해방되므로 기술은 진보적이고 자유 추진적인 것으로 이해되었다. 노동 분업은 노동 자체의 제거(cybernation)로 종식될 것으로 보였다. 여기에서 파이어스톤에게서 추출되는 핵심은 '양성성'이다. 여성적인 것과 남성적인 것, 이 둘 다를 무화시키는 과학기술의 양성성 효과는 즉각적으로 여성적인 것의 소멸이다. 이 주장은 여성들이 타자의 지위를 극복하기 위해서 자연과의 연결점들을 초월해야 한다는 보부아르의 주장과 연속적이다. 여성의 육체는 근본적으로 소외적이라고 보는 것이다.

사실 가부장제는 여성의 몸의 조건을 사회적 차별의 원인으로, 즉 생물학적 차이를 남녀 간 사회적 위계의 원인으로 인식하게 하는 이데올로기를 채택하였기 때문에 파이어스톤이 여성의 생물학적 주요 고리인 생식력으로부터 여성의 해방을 매우 전망적인 것으로 생각하였던 것도 이해하지 못할 부분은 아니다. 그러나 그는 생식 기술의 기계화가 여성의 몸에 대한 권리를 원래의 여성에게 돌려주는 것이 아니라 여성의 몸을 가부장제적으로 더욱 철저하게 지배하게 되는 연쇄 반응을 통찰하지는 못했다. 그 당시만 해도 인공생식 기술이 현실화되지 않았던 탓도 있겠지만, 더 근본적으로는 가부장제가 여성의 몸에 대한 부정일 뿐 아니라 여성이 하는 모든 일들, 즉 '여성의 경험, 여성의 목소리, 여성의 세계 인식'에 대한 총체적 저평가 방식임을 보지 못했던 것이다. (기술이 '여성성'의 소멸을 가져오는 일이 여성 발전인지에 대한 논의는 '여성성'의 규정과 가치에 대한 문화적 여성주의의 논의와 쟁점으로 이어진다.)

지금처럼 의료 기술의 비약적 발전이 이루어지는 시대에도 여성의 몸과 남성의 몸은 차별대우를 받는다. 피임 기술에서 여성의 몸을 통한 해결이 더 일반적임은 누구나 다 알고 있는 사실이며, 불임 치료 기술의 경우 의료 기술은 여성의 몸을 통한 해결을 선택했다. 시험관 수정이나 배이식 기술이 비대칭적으로 발달한 것이다(홍성욱, 1999:277 참조). 생명공학 기술에서 여성의 건강한 난자와 자궁 없이 복제인간은 당분간 불가능한데도 여성의 인권이 침해되는지 아닌지에 관심을 두지 않는다(이은경, 2001: 136). 또한 의학 내 가장 낙후한 분야가 산부인과라는 사실은 의료 기술 프로젝트에서 여성의 몸에 대한 부차적 관심을 반증한다. 이는 또한 의료직이 대다수 남성 의사의 전문 직종인 것과 무관하지 않다.

여성의 가장 크고 일반적인 몸의 경험으로서 임신과 분만이 의료화될 때 의학적 지배자 체제가 작동한다. "출산 과정이 병리화되면서 여성들은 이상적인 환자로 전락되고 … 여성의 몸은 수리되어야 하는 기계로서 취급되고 … 의료화는 의료 기술의 발달로 자연스럽게 일어나는 중립적인 과정이기보다는 의료 전문인들로 하여금 사회적 위세와 금전적 이득을 얻도록 하여 전문직으로서 인정받도록 하는 과정"(조영미, 2002:131)이라는 비판이 나오는 것이다.

다음으로, 기술은 여성의 사회적 성별 분업 체계와 어떤 연관을 맺고 있는가? 많은 사람들이, 기술이 여성의 가사노동 부담을 줄여 사회 진출의 기회를 보장하는 역할을 할 것이라고 예측했지만, 여성은 발전된 가전제품을 이용하여 오히려 늘어난 각종 가사노동을 혼자의 힘으로 처리해야 하는 역할을 맡았다. 소위 '전기압력밥솥'이나 '전자동세탁기', '진공청소기'가 취사, 세탁, 청소에 필요한 단위 노동시간을 줄여 주었다 해도, 현명한 주부 이데올로기나 위생 관념에 대한 요구 증가 등으로 전체 가사노동의 시간을 줄이지는 못했다는 연구 결과가 있다(홍성욱, 1999:272-274 참조). 물론 여성은 과학기술이 만들어 낸 제품의 수동적 소비자가 아니다. 합리적인 가사노동을 통해 가족의 건강과 위생을 책임지는 역할에서 자신에게 적절한 가사노동 보조 기술 제품(각종 전자제품들)을 구매하는 일은 특정 기술 발전들을 추동하기도 하기 때문에 비생산적인 존재가 아니라(홍성욱, 1999:267 참조) 기술에 대해 매우 적극적인 협상력을 발휘하는 존재다. 하지만 전통적 성역할 분리 이데올로기가 없어지지 않는 한, 기술의 발전이 여성의 삶에 직접적인 도움이 된다고는 볼 수 없다.

이와 관련하여, 정보통신기술 분야 등 소위 '부드러운' 기술 직종의 등장이 여성의 사회 진출에 좋은 영향을 줄 것이라는 예상도 그리 정확하지 않았음이 드러난다. 실제 정보통신 분야로 접근하는 여성들이 수치상으로 증가하고 있지만, 이들은 주로 소프트웨어 부문에 편중되어 있어, 오히려 '남성은 하드웨어, 여성은 소프트웨어'라는 성별 분리 구조하에 놓여 있으며, 이 분야의 장시간 노동 체제로 인해 '체력'이 남성과 여성을 구분 짓는 상징적 자원으로 작용하는 분위기에서 여성의 소외감은 커간다는 것이다(이정희, 2002).

셋째로, 가부장제의 젠더 상징주의는 여성의 기술과의 무관성을 전제한다. 기술은 남성의 영역, 남성 문화라는 것이다. '엔지니어(기술자)'라는 용어는 '큰 엔진을 돌리는 사람'이라는 어원에서 나왔으며, 기계기술이 중심이었던 산업혁명기 이래 남성 기술자, 여성 기계치의 이미지가 재생산되었다. 그러나 무엇을 '기술'로 정의하느냐에서 남성 중심성이 선제되어 있다. 여성의 재생산 노동과 관련된 역사적 숙련 기술들은 배제되었다. 인류사의 초기 아프리카 여성일 것으로 추정되는 경작 기술자는 역사 서술에서 비가시적이다. 기술사를 누가 어떻게 쓰는가에 따라 여성의 기술 창안과 사용, 디자인의 경험이 포함되기도 하고,4) 배제되기도 하

---

4) 주디 와츠맨은 여성주의자들의 기술사 서술 작업이 기술 발전에 기여했음에도 불구하고 역사로부터 감춰진 여성들을 발굴하는 일이었다고 하면서, 산업혁명 기간 여성이 조면기, 재봉틀, 소형 전자 모터, 수확기 등을 발명한 일을 예로 든다(주디 와츠맨, 2001:47 참조). 또한 오팀 스탠리 역시 기술사 연구의 주제를 기존의 전통적인 주제에 한정하지 않을 때 식품 저장, 농작물 재배 기술, 의료 기술 등 여성 영역뿐만 아니라 기존 기술 영역에서도 무궁한 창조력을 보였음을 제시하였다(홍성욱, 1999:269 참조).

는 것이다.

따라서 기술과 여성의 막연한 대립관계를 논의할 것이 아니라, 기술이 젠더 정치에 미치는 효과와 여성의 기술적 경험과 기술과의 협상력을 검토해야 한다. 기술의 목적, 응용 결과에 대한 행위 주체로서 여성을 부각시켜야 한다. 누구의 경험을 통한 필요에 의해서, 누구의 이해관계를 반영하면서 기술이 실제로 만들어지고 채택되고 사라지는지를 여성의 관점에서 볼 필요가 있다.

한 예로 여성의 몸에 대한 기술의 개입에 대해, 여성들이 이른바 '불임 치료'를 받으면서 과배란 유도제로 고통스럽게 난자를 과잉 생산하고, 자궁을 내주고, 조산의 위험으로 제왕절개를 하지만 단지 '신기술로 출산의 권리를 획득할 수혜자'로서의 여성만 부각되어 있음(하정옥, 2000:191-198)을 비판하면서, 여성의 고통에 대한 경험을 비가시권에서 가시권으로 끌어내고 시정하는 일이 중요하다.

또 하나 기술이 젠더화된 성별 분업을 강요하는 가부장제의 물리력을 생산해 주는 역할을 변화시켜 여성의 노동 현장에 맞닿는 변화가 필요하다. 여성의 날마다의 수고를 진정으로 덜어 주는 기술적 발명의 예로서 '스스로 청소하는 집'5)은 가사노동의 지겨움을 몸으로 느껴 본 여성이 아니고서는 연구되기 어려운 사례를 보여준다(주디 와츠맨, 2001:270).

마지막으로 기술과 여성의 대립이라는 젠더 상징주의의 구도 자체를 수정하려면 여기에는 자연히 남성적인 것으로 표상되는 도구적, 위압적 기술 체계의 철폐와 함께 여성의 욕구가 여성 친

---

5) 미국 여성 발명가인 게이브가 27년간 연구한 고안품으로서, 미세한 물 안개가 사람의 도움 없이 스스로 청소를 담당한다.

화적 기술 발전을 추동하게 하고, 여성적 가치가 포함된 기술들[6]이 창안되게끔 여성이 행위 주체화해야 할 것이다. 이를 통해 기술이 남성 문화 또는 남성중심주의의 물리적 헤게모니의 보루로 더 이상 기능할 수 없게 되어야 한다.

필자는 기술 발전의 이면에 가부장제가 담론적으로 힘을 보태고 있을 때 기술의 젠더화는 여전히 계속될 것이므로 젠더 상징주의와 기술의 관련성이 핵심 고리라고 생각한다. 기술 변화에 대한 사고가 일종의 유토피스틱스(Utopistics), 즉 새로운 젠더 체계와 문화 구조를 관념적 유토피아 안에서가 아니라 현실 안에서 지향한다면 여성주의는 정의상 정치학에 관한 것이다. 성별 정치학을 한다는 것은 사회 안에서 능동적으로 환경과 자신을 재구조화하는 행위력을 전제한다. 이는 사물을 변화시킬 수 있는 힘에 대한 믿음이다. 즉 정치적 행위자로서 인간을 기본으로 전제하는 것이며, 여성주의 선조들 안에서 기본적으로 공유되었던 신념 체계였다.

3. 여성 과학자들의 과학적 지식 생산 그리고 감수성

소위 근대의 '과학혁명기'를 거치면서 과학 정신의 요체는 개방성, 객관성, 합리성으로 정리되었다. 과학이 진리 탐구의 보루임을 자처할 수 있게 해주었던 이 세 요소는 독단과 주관성, 감성

---

6) 셰리 터클은 최근 컴퓨터 과학 문화 안에서 컴퓨터 언어나 환경 등이 여성 친화적이지 않고 남성 중심적이어서 여성들이 컴퓨터에서 소외되는 일을 보고하고 있다(셰리 터클, 2003:75-96 참조). 여성 프로그래머인 리지의 실례가 제2장 73쪽에 서술되어 있다.

이라는 의식의 감옥으로부터 인간을 계몽시켜 주는 것으로 간주
되었다. 개방성은 과학적 진리 탐구에서 권위주의, 독단론에 근거
한 확실성을 받아들이지 않고 가설적 지위를 인정하는 것, 그럼
으로써 더 좋은 가설 혹은 새로운 가설에 대한 개방성으로 열려
있는 정신이다. 객관성은 모든 검증과 증거가 객관적 사실에 의
존해야 한다는 것이다. 합리성은 과학적 비판, 분석, 결정이 합리
적 방법에 의존한다는 것이다. 이러한 과학 정신은 그 자체로서
문화적 힘으로 인식되었을 뿐 아니라, 과학적 진리 탐구의 결과
로서 사회 안에서 기술로 응용될 때 매우 강력한 문명의 힘이 축
적될 수 있게 해주었다.

　문제는 과학 정신의 개방성, 객관성, 합리성에 대한 승인 역시
역사화될 수 있다는 것에 있다. 쿤의 패러다임 이론은 그 스스로
의 의도와 관계없이 여성주의 이론과 과학의 사회적 연구를 조우
시켰다. 켈러는 쿤의 이론에서 패러다임의 전환은 단순히 그 이
론 속에 내재된 논리(경험에 의한 입증과 이론적 필연성)에 의해
결정되는 것이 아니라, 지역사회가 최상의 이론을 선택하는 일에
끼어든다고 해석함으로써, "지식을 다양하게 조직하고 세계를 다
양하게 해석하는 일이 소위 과학에 의해 가능한 일"(이블린 폭스
켈러, 1996:12-14)이라고 연결시켰다.

　절대적 개방성, 절대적 객관성, 절대적 합리성은 실제 과학 탐
구에서 실질적으로 가능한가? 우선 과학 정신의 개방성에 대해서
검토해 보자. 표준적 패러다임에 따라 연구 공동체가 탐구의 문
제를 설정하고, 연구를 진행하면서 그 결과를 검증하는 데서 갖
는 폐쇄성은 예외가 아니라 상례임을 과학사의 사례들이 입증한
다. 특히 여성 과학자의 경우, 기존의 해석과 다른 새로운 가설을

제출하는 경우, 그것이 "너무나 새로운 것이어서"(린 마굴리스), 혹은 "그 말을 알아들을 수 있는 사람이 없어서"(바버라 매클린 톡), "오랫동안의 정설을 흔드는 과학적 소동으로"(제인 구달) 간 주되었다.

구체적으로 살펴보면 마굴리스의 '공생 이론'은 신다원론의 진화 설명 이론에 도전함으로써 얻어진 이론이다. 그녀는 신다원주의가 진화를 설명할 때 돌연변이에서 기인한다고 하나, 선택이 작용할 수 있는 유용한 변이가 어디에서 생기는지를 탐구하였다. 그녀의 공생유전(symbiogenesis: 미생물 발생계가 협동해서 동식물 세포의 원조가 된다는 뜻) 이론에서 새로운 발생계는 미생물과 동물 세포의 결합 또는 미생물과 식물 세포의 결합으로서, 이 결합이 새롭고 복잡한 존재를 낳는 것이다. 그리하여 새로운 종이 무작위 돌연변이에서 생겨난다는 기존 패러다임을 의문시하였다. 공생은 유기체 간의 물리적 결합이며, 다른 유기체 종들이 같은 장소와 같은 시간대에 모여 사는 것을 말한다.

과거 전통 학습은 유전자가 핵 속에 들어 있고, 핵은 세포를 중앙 통제한다는 것이었다. 그러나 그녀는 이와 다른 유전 패턴의 존재에 주목하여 핵 속에 들어 있지 않은 무례한 유전자가 있음을 밝혔다. 특히 '킬러'라는 원생생물인 파라메시움 오렐리아는 특정한 유전법칙을 따른다. 이 킬러 유전자는 박테리아 속에서 박테리아와 공생한다. 살아 있는 작은 세포가 더 큰 세포 속에 서식하고 있다. 이는 닮지 않은 유기체들이 단순히 모여 사는 것이 아니고 공생유전이 진행된다는 것이고, 진화의 주요 출처로서 공생유전의 중요성을 밝힌 것이다. 1966년 「진핵세포의 기원」이란 그녀의 논문은 너무 새로워서 아무도 그것을 제대로 평가하지 못한 채 15개의 저널에서 퇴짜를 받았다. (기존 과학자들이 5왕국 중 동물의 왕국에만 배타적인 관심을 쏟으면서 박테리아, 원생동물, 균류, 식물의 왕국을 탐구하지 않아서 공생 이론을 받아들이기 어려웠을 것이다.)[7]

매클린톡의 '유전자 전위(transposition) 이론'은 DNA 중앙 통제 이론의 패러다임으로서는 생각할 수 없는 유전자의 자리바꿈 현상으로서, DNA 쪽에서 비롯된 정보는 결코 변경됨 없이, 단백질로 일방적으로 흐르는 것이 아니라 반대로도 흐른다고 해야 설명이 가능하다(이블린 폭스 켈러, 2001:218-250). 이 유전자의 자리바꿈 현상은 두 가지 과정으로 나누어 설명할 수 있다. 하나는 원래 있던 자리에서 염색체의 어떤 인자가 빠져나오는 과정이고, 다음은 그렇게 빠져나온 유전인자가 적당한 자리를 찾아 끼어드는 과정이다. 이는 결국 생명체가 스스로를 조절하는 방식의 하나를 밝힌 것이며, 중앙 통제 이론의 일방향적 정보 전달이라는 무리한 해석에 대한 대안이 되었다. 동시에 유전인자가 제어와 조절의 시스템으로 작동하며 스스로를 재배치한다고 주장함으로써 고정되고 불변하는 단위로 여겨지던 유전자의 기본 개념을 흔들고 유전적 변이형의 출현이 절대 우연이라는 진화론의 기존 전제를 거슬렀기에 기존 개념 체계를 고수하려는 사람들과 소통할

---

7) 마굴리스의 공생이론에 대해서는 존 브로크맨의 편저인 『제3의 문화』, 제7장에서 마굴리스 본인의 언급을 통해 잘 설명된다. 특히 흥미로운 것은 데닛이나 도킨스 등이 마굴리스의 공생이론 자체가 아니라 그녀가 러브록과의 가이아 가설을 논의하는 대목을 비판하는 식으로 논점을 치환하고, "자연계를 경쟁이 아닌 협동의 체계로 오해하는 것 같다", 혹은 "지나치게 요지부동이다"는 식의 인격적 공격을 하는 후기 대목이다(존 브로크맨, 1996:147-170 참조).

수 없었다.

구달의 침팬지 연구는 '도구를 만드는 유일한 종'으로서의 인간 이해에 도전하여 침팬지의 행동을 해석하는 것이었기 때문에, "우리는 이제 인간을 재정의하든지 도구를 재정의하든지 해야 한다. 그렇지 않으면 침팬지를 인간으로 받아들여야 한다."는 반발을 불러일으켰다. 몇몇 과학자들은 구달이 침팬지에게 흰개미 낚는 방법을 가르쳤음이 분명하다고까지 음해하였다. 그녀는 침팬지에게도 인간과 비슷한 마음, 성품, 행동 패턴들이 있으며, 이들에 대해 알게 될수록 그들이 인간과 비슷하다고 하였다. 그들이 논리적으로 생각할 수 있으며, 바로 앞일을 위해 계획을 세울 수 있고(제인 구달, 2000:111), 때로는 인간이 자연에 대해 느끼는 경외감 비슷한 것을 느낄 수 있음을 이야기한다(240-241). 그들은 인간 언어의 추상화 능력을 통해 존재하지 않는 것에 대해 이야기하고 먼 미래를 계획하고 생각을 교환함으로써 전체 집단의 축적된 지혜를 공유할 수 있는 길을 발달시키지 못했지만, 일정 정도의 마음과 사고, 논리적 해결을 해내는 문화적 동물임을 보여준 것이다. 이는 만물의 영장으로서 인간만이 언어, 성품, 도덕, 도구 사용 등의 문화와 문명을 갖는다는 과학자 집단의 통설을 재검토하게 하는 계기를 제공해 주었다.

이러한 사례들은 과학적 탐구가 개념적 공백 상태에서 이루어지는 것이 아니라 기존 패러다임의 문제의식과 문제 해결 방법을 이어받음으로써 이루어지는 경향이 있고, 그에 따르지 않을 때는 '무슨 주장을 하는지 모르겠다'는 학계의 반응을 불러일으킨다는 것, 하딩의 용어법대로 과학을 하는 일은 결국 하나의 '사회현상'임을 보여준다. 결국 과학 정신의 원론적 개방성이 아니라 현실적 폐쇄성에 대한 우리의 반응은 지식 생산에서 지식 사회의 포함과 배제의 정치학에 눈뜨는 것이다.

두 번째로, 과학 정신의 객관성을 검토해 보자. 객관적으로 확인할 수 있는 사실은 수량화된 사실, 수학적 언어로 서술된 사실이어야 한다.[8] 과학은 객관화된 대상 세계의 진리를 탐구하는 것이지 주관적 세계 이해나 공감적 해석, 감정이입의 의미 부여와는 결별해야 하기 때문에 객관적 관찰, 측정이 가능한 것만 연구 대상이 된다. 이로써 실증주의적 과학만이 객관적, 가치중립적일 수 있다는 것이다. 그러나 여성주의 경험론자들은 실제 많은 과학적 연구들이 각종 편견에 의해 추동되고 있음을 비판한다. (과학자의 편견은 젠더 차원뿐 아니라, 인종, 계급, 성 정체성, 인간 아닌 생물 종 등 많은 문제 영역에 중첩되어 있다.)

이들은 실증주의적 과학의 인식론적 전제를 기초로 하는 연구들에서 나타나는 편견들을 비판하는 것에서 시작한다. 자연과학이나 사회과학 연구 안에서 발견되는 성차별주의와 남성중심주의가 연구 과정 안에 개입된 사회적 편견과 자료 수집상의 불균형 및 자료에 대한 잘못된 해석에 근거하고 있기 때문에 실증주의 과학 연구의 방법론적 규범들을 더욱 엄격히 지킴으로써 '좋은' 과학을 만들 수 있다는 것이다. 정치학과 성별에 의해 영향을 받은 과학은 나쁜 과학이 되기 때문에 이를 여성주의가 돌려줄 몫이 있다는 것이다. 기존 학문 안에서 은연중에 혹은 노골적으로 포함되어 있는 남성중심주의의 문제를 고려했을 때, 여성적 관점

---

8) 뉴턴이 몇 개의 운동법칙을 서술하는 수학적인 공식을 만들어 지구를 포함한 천체들의 운동을 정확히 기술한 이래, 이 방법은 과학 분야 문제 해결의 전범이 되었다. 김영식(1984:173-174) 참조.

의 도입은 연구와 지식의 객관성을 담보해 주는 순기능을 하게 된다. 젠더 편견이 없는 과학적 발견이 이들의 모토다. 즉 여성주의는 하나의 지적 압력 장치가 되어 각종 과학적 연구들은 연구 과정에 대한 세심한 주의를 환기시킬 것을 요구받기도 하고, 연구 영역을 확대하기도 하고, 남성 중심적 인간 이해 안에 여성을 포함시킴으로써 지금까지 결여되어 온 부분을 채우는 역할을 하기도 하였다.

한 예로, 롱기노와 도엘은 기존 연구(남자-수렵인-이론)에서 남성들은 사회적, 문화적으로 정향되어 있고, 여성들은 몸과 결부된 재생산 기능으로 인해 생물학적, 자연적으로 정향되어 있기 때문에 인간의 진화는 남자들 덕이라고 보는 해석을 문제 삼는다(샌드라 하딩, 2002:126-129). 그들의 증거는 각종 돌연장들이지만, 인간 화석 근처에서 발견되는 다듬은 돌들은 사냥을 위한 도구였을 수도 있고 채집을 위한 도구였을 수도 있으며, "여성들은 (남성 수렵인보다) 더 일찍 나뭇가지와 갈대와 같은 유기체 물질들로 이루어진"(127) 채집 도구들을 발명했다고 주장한다. 즉 증거와 가설 간에 언제나 해석의 간격이 가로막고 있으며 문화적 선입견에 매개된 고고학적, 화석상의 증거가 사실을 말해 주는 정당화 방법일 수 없다는 것이다.

이 예는 모든 편견으로부터 자유로운 사심 없는 연구자로서 과학자의 상이 허상이라는 점을 말한다. 성차별주의의 폐지와 같은 정치적으로 올바른 관심과 문제의식에서 출발하여 현상을 분석할 때 더욱 좋은 과학이 될 수 있다는 것이다. 이 점에서 여성주의 경험론은 기본적으로 실증주의의 전제를 수용하는 동시에 여성주의를 인식론적 기반으로 삼기 때문에 내적 불일치가 있다(과학이 젠더화되어 성차별적 편견에 의해 물들어 있는 부분을 시정하기 위해서 편견 없는 여성의 과학적 발견에 호소하는 일은 자신들의 인식론적 전제를 토대에서 깎아 내리는 것이 아닌가 하는 것). 아예 여성주의 입장론의 주장처럼 편견 없는 절대적 객관성이 아니라 여성의 관점과 경험, 가치 등에 의해 매개된 지식 생산의 가능성을 생각해 보는 일이 더 정합적이라고 생각한다.

과학 정신의 객관성 주장에 대한 대안은 입장적 객관성이다. 이는 자신의 입장 자체를 성찰하는 강한 객관성으로써, 지식 생산의 주체는 역사적으로 맥락적으로 위치된 믿음 체계 속에 있는 구체적 개인이며, 이 안에서 주체 또한 지식의 대상의 일부로 간주하는 것이다. 이 객관성이 "연구자와 대상 사이의 차이를 강조하는 객관성이 아니라 연구자와 대상 사이의 상호작용과 상호의존을 강조하는 동적인 객관성"(조주현, 1998:129)이라면 과학 정신의 세 번째 요소인 합리성 주장에 대한 성찰의 계기를 마련해 준다.

과학 정신의 합리성 주장을 보자. 여기에서는 합리적 기준, 합리적 절차, 합리적 결론을 따르는 정신을 필요로 하지만 합리성의 기준 자체를 결정하는 것이 문제가 될 수 있다. 과학적 진리 발견이 합리적 절차에 의해서만 진행되지 않는다. 주객 분리라는 권장되는 과학적 방법론이 아니라, '생명적 감수성'을 가지고 대상을 직관적으로 이해하는 일들이 생긴다. 이는 특히 대상을 통제하기 위한 방식이 아닐 때의 방법론으로서, 어떤 전체적인 이해와 통찰 순간, 대상과의 감정이입의 순간에 문제가 해결된다. 몇 가지 사례를 통해 살펴보자.

"생물 연구를 할 때 컴퓨터를 만지고 책을 읽는 게 주된 활동이어서는 유기체 집단에 대해 깊은 통찰력을 가질 수 있으리라고는 생각하기 어렵다. 능히 생물학자는 어디까지나 자신의 연구 대상인 살아 있는 생명체와의 직접적이고 감각적인 교감이 필요하다."(린 마굴리스, 1996:151)

"내가 그 일에 빠져들수록 점점 더 염색체가 커진다는 사실을 알게 되었어요 … 그리고 정말로 거기에 몰두했을 때 나는 염색체 바깥에 있지 않았어요. 그 안에 있었어요. 그들의 시스템 속에서 그들과 함께 움직였지요. 내가 그 속에 들어가 있으니 모든 게 다 크게 보일 수밖에 없죠. 염색체 속이 어떻게 생겼는지도 훤히 보였어요. 정말로 모든 게 거기 있었어요. 거기에는 더 이상 내가 없어요. 나라는 자의식이 없어져요."(이블린 폭스 켈러, 2001:202-203)

과학에서는 주체와 객체의 확연한 분리를 통해 지식을 구하는 것을 전범으로 하는데, 매클린톡은 이렇게 엄격한 분리가 아니라 온전한 합체를 통해 더욱 진정한 지식이 가능하다고 생각하였다. 그녀 스스로 "과학을 통해 훈련받은 합리적인 설명으로는 한계가 명확해서 이 직관력을 설명할 수 없으며, 어떤 문제에 직면할 때 문득 그 답을 아는 일은 옥수수라는 생명과 소통하는 자신의 감각을 깊이 신뢰할 때"였음을 증언한다. 특히 매클린톡에게는 이 직관적 이해가 앞서고, 그것을 후에 현미경으로 확인한다든지, 관찰한다든지 하여 과학적 사실 발견으로 '사회적으로 인정'받았던 점이 흥미롭다.

일반적으로 과학자들은 연구하는 대상과 감정적으로 일정한 거리를 유지하는 엄격한 절차를 강조한다. 그것을 위해 제인 구달의 경우 침팬지에 번호가 아닌 이름을 부여했다고 해서 비난받았다. 합리적 절차가 아니라는 것이다. 그러나 과학에서도 정말로 핵심을 관통하는 지식은 주체와 객체의 엄격한 분리가 아니라 오히려 일체를 통해, 그러니까 수동적 대상인 객체가 능동적 존재인 주체 안으로 온전히 흡수되는 과정에서 얻어지는 경우가 많은 것이다.

위의 예들은 섹스나 젠더가 주요 변수가 되는 인간, 영장류 등에 대한 연구(인류학, 사회학, 심리학, 동물행동학, 영장류학 등) 분야뿐만 아니라 섹스가 현저한 변수가 아닌 생명체 연구(매클린톡의 옥수수 연구, 마굴리스의 세포진화 연구 등) 분야와 비생명 주체들과 명시적으로 섹스나 젠더를 관련 변수로 통합시키지 않은 연구(DNA 중앙 통제 이론에서 우주론까지) 분야들에까지 폭넓게 젠더가 영향을 미치고 있다는 것, 즉 젠더는 일반적으로 수용되는 이론을 동기 부여하는 역할에서 보일 수 있다는 생각을 도입하게끔 한다. 사실 이러한 여성주의적 과학 기획은 쉽지 않다. 과학의 실행을 재생산해 내고 있는 성별화된 학문으로서의 과학 언어 안에 이 여성 과학자들이 말하는 감수성이 어떻게 통합되고 있는지를 밝혀내고, 이를 여성주의적 방법론으로 개척해야 하기 때문이다.

단지 여성주의가 과학 정신의 개방성, 객관성, 합리성을 보충하는 일에 자원을 공급하려면 여성주의 과학철학자, 여성주의 과학자들이 기존 방법론의 개념적 공간에 사로잡히지 않고, 패러다임의 경계들을 넘어 지식 생산에 더욱더 힘을 쏟을 수 있게 되어야 한다고 본다. 자신들의 문제의식 안에는 (과학자일 뿐만 아니라 사회적 약자로서의 여성인) 자신의 시선과 경험, 감수성 등의 자원이 인식론적으로 풍부하게 사회문화화되어 있음을 성찰하면서, 과학 현상을 설명하고 동시에 이해하는 것을 포함한다.9) 이 일이 충분히 가능하고 현실성이 있음은 최근 20-30년간 여성주의 문제 의식에 의해 추동되어 과학적 성과들을 내고 있는 많은 탐구들이 보여준다. 과학을 하는 여성들이 많아지고, 어느 정도 '임계질량' 에 도달하는 참여의 몫을 확보하게 되면, 여성 과학자들이 하는 일이 여성주의적 과학 생산으로 질적 비약을 할 수 있을 것이다.

당대에 일어나는 이러한 패러다임 변화를 받아들이지 않고 기존의 과학 정신을 절대화했을 때, 어떤 결과가 발생하는가? 스윔은 "정규 과학적 훈련 과정의 전두엽 절제 수술은 사람들의 의식에서 마지막으로 작동하는 한 가지 기능만을 남긴다. 그것은 조종, 분리, 계산, 지배에 완벽하도록 잘 다듬어진 기능이다."(브라이언 스윔, 1996:45)라고 한다. 제인 구달 역시 "운 좋게도 대학에 다니지 않아서 그런 것들을 알지 못했기에"(제인 구달, 2000: 109) 1960년대 초반의 동물행동학의 지침(침팬지에게 객관적인

---

9) 셰리 터클(2003)은 현대의 전산과학 안에서도 보편타당한 프로그래밍 방법론이 있을 수 없음을 보여주는 사례를 소개한다. top-down 방법론 대 bottom-up 방법론의 대비는 다음과 같다. 소위 구조화된 프로그래밍 은 순차적 프로그래밍으로서, 먼저 짜고자 하는 프로그램이 할 일에 대한 전체적인 밑그림을 그린다. 이어 일을 작은 요소 단위로 쪼갠 뒤 그 각각을 맡을 부분 프로그램을 결정한다. 마지막으로 프로그램들 간의 처리 순서를 확정한다. 실제 작업에서는 부분 프로그램들을 완성하여 그 기능에 맞게 이름을 부여한 뒤 '블랙박스 만들기'라고 부르는 순서 조합 과정을 거쳐 전체 프로그램을 구성하게 된다. 그러나 이러한 1970 년대의 프로그래밍의 정석 대신 소프트 스타일, 즉 아래서부터 위로 가는 프로그래밍도 그 이후에 도입되고 있다. 단위 프로그램들과 비트 코드 덩어리들을 땜장이 식으로 이리저리 뜯어 맞춰 프로그램을 만들어 내는 것이다. 이는 유일한 방법론이 없음을 보여준다.

숫자를 붙여야 하고, 침팬지에게 성품이 없다고 가정해야 하고 등등)을 수행하지 않을 수 있었다고 후술한다. 과학이 한 사회의 선진적 문화를 구성하는 힘이라면 스스로의 용어와 논리, 방법론 등을 성찰함으로써 쇄신을 해나가야 하는 책임 또한 가짐을 상기할 필요가 있을 것이다.

4. 새로운 생명문화를 위한 감수성 언어

앞에서 살펴본 여성 과학자들의 경험과 생태주의는 두 가지 축에서 만난다. 과학적 사실 발견과 의미 이해를 통합적 관점에서 본다는 것과 지배자 체제의 주변인으로서 문제의식을 공유한다는 것이다. (후자가 "여성성에 대한 생물학적 본질주의에 경도되어 있는 부분을 탈색할 수 있다면"이란 조건에서다.10)11)) 이러한 교

10) 생태여성주의 안에도 지배자 체제의 외연을 둘러싼 상이한 입장 차이들이 있다. 예컨대 쉬바는 사회주의 생태여성주의자로서 가부장제, 식민지, 과학 문제 등을 분석하면서도 카스트 문제를 짚지 않았다(이영숙, 2002:52 참조). 그렇지만 생태여성주의자들이 대부분 여성의 감수성, 직관력, 감정이입 등 인지적 자원들이 생명을 낳고 기르는 보살핌 노동을 통한 배려라는 여성의 생물학적 조건에서 나온다고 생각하는 점에서, 필자는 본질주의를 탈색할 것을 주문하는 것이다. 자신보다 힘센 상대에 끊임없이 신경 쓰고, 말조심하고, 의식하는 정치적 약자의 입장이 여성의 자원들을 재생산해 냈다고 본다. 이 논점에 대해서는 캐롤 타브리스(1999) 참조.

11) 스타호크를 보라. 우주의 기원은 "끝에서부터 부풀어 나오고, 그 부푼 데서 알이 나온다. 그 알에서부터 불이 나오고 불에서부터 별이 나왔다." 폭탄이 아니고, 폭발이 아니고, 증오도 아닌 것. 오히려 있는 그대로의 것, 즉 출산의 순간, 그 위대한 탄생의 사건. 소립자가 10^{12}의 열에서 급격히 분열하여서 그렇다, 그리하여 별들이 되었다. 그리고 이 모든 것이 만물의 사실들 뒤에 숨어 있는 근원적 실체인 알이 부푼 것이

차점에서 지구적 과학기술문명에 대한 개입과 새로운 생명문화의 직조라는 새 판이 짜일 수 있다. 또한 각 지역에서 창발되어 온 생명에 대한 감수성들이 조각보처럼 새 문화를 만드는 동력이 될 수 있다. 이 글의 출발점이었던 생명의 위기라는 시대 진단에서 볼 때 생명 학살의 광기는 합리성과 연속되어 있다. "지구 파멸을 '진보'라고 찬양하는 문화의 모순 속에 사는 것은 정신이 광기를 일으키는 모험이며"(브라이언 스윔, 1996:44), 지배자 체제의 합리적 광기의 결과다. 이에 대한 여성주의의 대치 국면은 여성의 자연스러운 평화 애호 정서12)나 생명 지킴이로서의 본성에서 말미암는 감수성을 동력으로 하는 것이라기보다는 피억압자의 경험에서 오는 세계에 대한 통찰적 안목에서 구성될 것이다.

스윔은 천문학자로서 여성주의적 언어를 습득하였다. 그는 과학이 우리 앞에 무엇이 놓여 있는가를, 즉 세계의 실재를 탐구하는 것인데, 이 과학적 사실들은 단편적으로만 포착할 뿐이며 과학적 사실은 가부장적인 틀 속에서 오염된 사고에 의해 뒷받침되어 왜곡되어 있다고 한다.

"분석과 통계, 범주화를 강조하는 것은 우리를 전체적인 현실에

고, 신비한 발생인 것이다. 우주와 노래와 잔치, 찬가와 의례 등의 모든 양식의 예술 행위가 필요하고, 우리는 우주와 진실하고도 피부로 느껴지는 관계를 이룩할 수 있다는(브라이언 스윔, 1996:49에서 재인용) 식으로 생물학적 여성성을 전제하고 있다.

12) 여성 본성론에 대한 필자의 비판은 정현백(2003:301)의 글에서 여성은 평화, 남성은 전쟁광 식의 도식을 거부하면서, "중요한 것은 남성보다도 여성들이 더 많이 아이를 기르고 돌보고 하는, 생활상이나 노동 환경에서 훨씬 생명을 돌보고 배려하는 것에 가깝기 때문에 여성이 더 평화운동에 친화를 갖고 있다."고 주장하는 입장과 연속적이다.

눈멀게 한다. 우리는 풍성한 밥상 앞에 앉아 있으면서도 이 잔치가 우리가 참여하도록 차려진 것임을 알아차리기는커녕 배가 고파 죽을 지경에 이르도록 계속해서 식기들의 숫자만 세고 있다. … 나는 생태여성주의 속에 살아 있는 총체적인 시적 안목 안에서 부분적 과학 사고가 제공하는 재료들을 해석하는 방법을 배우도록 제안한다. 이 총체적인 안목은 원주민과 여성들에게서 명확하게 발견되는 관점, 인식, 그리고 의례들이다. 과학적 사실을 올바로 이해하기 위해서는 생태주의자들이 찬양하는 인식을 의미하는 지혜, 즉 완전한 지혜를 필요로 한다."(브라이언 스윔, 1996:52)

그가 보기에 여성들은 지구와 새로운 인간 존재를 직조하는 것이 무엇인지를 내재적으로 알아내는 존재들이다. 생태여성주의자들은 "몸과 정신 속에 끓어오르는 경험과 합당한 감각력을 타고난 사람들로서"(브라이언 스윔, 1996:52) 과학자들로부터 숨겨져 있는 과학적 사실들에 의미를 부여한다는 것이다. 그리하여 여성들은 빅뱅에서 대파괴로가 아니라, 우주의 출산에서 우주의 완성으로 가는 경로라는 여성적 감수성 언어를 가지고 있다는 것이다. 스윔 스스로 과학적 탐구의 가상 거시적인 규모의 탐구 영역인 우주의 차원에서 일어나는 과학적 사실에 대해 우주, 인간, 생명 세계의 진화를 하나의 아름다운 사건으로 의미 부여한다. 이는 과학기술문명의 힘과 우리의 문화적 미성숙으로 말미암아(가부장제에 의해 전두엽 제거 수술이 되어) 생명 파괴로 치닫는 방향을 틀려고 한다는 점에서 생명에 대한 감수성을 보여주는 대목으로 일면의 긍정성을 갖는다. 하지만 우주의 이야기가 자연사일 뿐 아니라 아름다움을 표현해 가는[13] 문화사라는 자신의 해석과 일

13) 그는 우주의 팽창에 대한 스티븐 호킹의 해석 즉 "팽창 비율이 조금씩

관적이려면 여성의 감수성을 자연화해서는 안 될 것이다. (그는 한편으로 우주의 기원에 대한 통설인 대폭발론(빅뱅이론)의 폭력적 의미론을 비판한다. '빅뱅' 명명은 대부분의 물리학자들이 무기 제조 분야에서 연구하는 것과 무관하지 않으며, 우리는 이 용어를 통해 유산탄이나 폭탄이 폭발하는 모습을 연상하게 된다고 한다. 그는 빅뱅이 아닌 '원시의 불 너울(primordial flaring forth)'을 제안한다.)

필자는 생물학적 여성 집단이 아닌 사회적 약자로서 갖는 생명에 대한 감수성이 생명문화라고 하는 새로운 과학문화를 견인해 가는 동력이 될 수 있는 가능성을 모색하기 위해서, 지배자 체제 내부의 언어가 아닌, 그 경계 밖에 선 목소리들을 직조하고자 한다. 지배자 체제에 의해 타자화된 사회적 존재들이 내적 생명력이 전유되어 버리거나 박탈당하지 않고, 이 언어가 어떻게 보유되고 있었는지를 밝히는 것은 추후의 작업으로 미루기로 하고, 일단 그 감수성의 맥들을 이어 보려고 하는 취지에서 나름대로의 해석을 시도해 본다.[14]

만 달라졌더라도 잇따라 생겨난 우주는 엄청나게 달라졌을 것이다. 만일 우주의 최초의 팽창이 최소한 1% 정도만 느렸더라면 우주는 별과 같은 어떤 것을 다시 산출하지 못하고 혼란 속으로 무너져 버렸을 것이다. 또 만일 팽창이 약간이라도 빨랐더라면 미립자들이 급격히 사라져 버려서 은하계나 생명체 같은 것들이 없었을 것이다."라는 것을 우주의 우아함, 아름다움으로 승화시킨다. Swimm & Berry(1992) 참조.

14) 필자는 감수성이 어떤 종류의 인식적 힘도 아니고 환경에 대한 반응일 뿐이라고 보는 소위 감성의 '벙어리 관점'은 문제적이라고 본다. 감수성이 맥락적 지식을 만들어 내는 자원이라고 보기 때문이다. 하지만 이 감수성이 인지적으로 학습될 수 있는지, 논리화될 수 있는지, 또 기존 이성의 논리와 어떤 연관이 있는지(대치관계인지 병렬관계인지) 등으로 감수성을 구조화하지는 못했다. 이는 앞으로의 과제로 남겨 두고자 한다.

(1) 생명 감수성은 몸으로 체화되어 나타나는 언어다. 마치 우리의 호흡 작용에 대해 전혀 의식하지 않고도, 혹은 의식하지 않을수록 순탄한 호흡이 이루어지듯이, 생명의 총체적 연관 고리에 대한 감수성은 자연스럽다. 역으로 호흡에 대해 의식하면 할수록 호흡이 어색해지는 것처럼, 생명들을 쪼개어 분석하고 대상화하는 순간 흐름이 흩어진다. 어린 생명들에 대한 애착, 다른 생명 종에 대한 친연적 감수성 등은 자연스럽다. 숲을 지키려는 인도 여성들의 나무 껴안기(칩코) 운동은 인간과 식물의 유비적(analogical) 감수성에 따른 것이다. 자연계의 다른 종들과 인간이 친족을 이루는, 즉 종은 다르지만 한 뿌리에서 나온 친족들이 겪는 고통에 대한 공감의 감수성이다.

(2) 생명 감수성은 다양성과 복수성의 언어다. 지역마다, 문화권마다 다양한 기질과 정서의 언어가 있다. 열대의 정서가 있고, 북극의 정서가 있다. 시대마다, 공간마다 특수한 감수성을 생산한다. 도회지의 정서가 있고 시골길의 정서가 있다. 이러한 다수의 감수성들이 인간 문화의 다양성의 자원이자 보고다. 현대인의 삶을 하나로 획일화하고 동질화시키는 과학문명의 경향성에 대해 저항할 수 있는 길은 이러한 풍부한 감수성을 구현하는 일이다. 각 지역의 여신 축제들을 통해 문화적, 예술적 감수성을 교류하는 것은 현장 실천의(practical) 감수성이다. 이 대목에서 생명문화를 위한 한국 여성주의자들의 이야기가 요구되는데, 한국의 감수성 언어로서 생명여성주의 언어를 시도하는 작업들을 환영한다.15)

---

15) "생명적 감수성은 자기의 생명, 그리고 다른 생명의 욕구와 필요, 고통을 느끼고, 생명이 가진 자생력을 펼치도록 판을 벌여 주고, 지켜 주고,

(3) 생명 감수성은 질적 무드를 갖는다. 여성주의적 공간들은 새로운 상징어들을 필요로 한다. 개념의 공간은 의미의 공간이다, 개념 하나하나는 특정한 어떤 의미의 차이들을 갖는다. '빅뱅'과 '원시의 불 너울'의 내포적 차이는 그 개념을 사용하는 사람들의 공간에 대한 가치 체계를 담고 있다. 건축 언어, 공간 언어가 무드를 갖는다면, 지구 공간 곳곳을 '평화로운 공간', '포용과 공존의 공간', '보살핌과 배려의 공간'으로 의미화할 수 있다. 마치 프랙탈 현상처럼 소대규모 공간에서 비슷한 패턴을 가지고 여성주의적인 상징으로(symbolic) 구현되는 감수성이 가능하다.

(4) 생명 감수성은 언어의 차이를 넘어서 대화하게 해준다. 감수성이 다르면 대화가 안 된다고 하지만, 이 역시 대화를 상호 부정 과정으로 볼 때 생기는 일이다. 감수성의 차이들을 언어화하는 일과 그것들 간의 공감대를 구성해 가는 일이 함께 이루어진다면 서로 다른 언어들 간에 소통이 이루어질 수 있다. 인간의 공감각은 음악 언어와 시 언어, 무용 언어의 호환, 몸짓 언어와 문자 언어의 번역을 가능하게 하는 토대다. 장르의 특수성에 따른 고유 언어라 할지라도, 장르 간 대화가 이루어질 수 있다. 그뿐만 아니라 생태주의와 여성주의가 대화함으로써 생태여성주의 언어

도와주기 위해 성찰적으로, 그리고 연민을 가지고 사물과 관계를 맺는 심리적 조건을 의미한다. 이 감수성은 감각적인 것에 국한되는 것이 아니고, 사유적, 행동적인 것을 포함하여 거의 인성의 차원에 해당한다고 할 수 있다. 여성주의의 윤리다. 배려, 보살핌의 성격을 포함하기 때문이다. 그러나 생명적 감수성의 지평이 논리적으로 여성적 원리보다 훨씬 더 넓다. 생명적 감수성은 중성적으로 양성에 모두 쓰일 수 있는 보편성을 가진 용어로서 본질주의에서 벗어나게 한다."(이영숙, 2002:33-56)

가 생길 수 있었다는 사실 또한 이 두 언어 안의 감수성들이 변증법적(dialectic) 통일을 이루어 서로 대화할 수 있게 해주는 것이다. 여성주의적 감수성은 차이가 곧 차별의 근거가 될 수 없고 위계질서의 정당화로 이용될 수 없음을 체득한다. 소통을 통해 상호 평등한 공존이 가능하다고 보는 것이다.

(5) 생명 감수성은 생활세계나 지식 생산의 세계 곳곳에 분포해 있다. 혼자 놀고 있는 어린아이를 뒤에 두고 아이에게 일어날 수 있는 일들에 신경을 바짝 세우면서 집안일을 동시에 해내는 여성의 혼성 지각 능력이나, 현미경으로 염색체 배열을 관찰하면서 자신은 그 미시 세계 안에 혼연일체가 되어 하나가 되는 경험들, 혹은 대상관계에서의 통합성을 지향하는 평화 감수성, 인간 아닌 생물체 등에 대한 애도의 감수성 등 여러 사례들은 감수성이 여러 차원에 분포되어(distributively inductive) 있음을 뜻한다. 여성의 관계 지향성은 자아와 타자를 구분 짓지 않고 경계 안팎을 끊임없이 넘나드는 이 경험들로부터 오는 자기 이야기들이다.

(6) 생명 감수성의 언어를 이성의 언어가 부정하면 우리의 가치 세계가 분열된다. 감수성은 무엇에 관심을 두면서 응답하는가의 문제이지, 그 느낌이 참인지 거짓인지를 묻지 않는다. '아름다움에 대한 감수성'이라고 이야기할 수는 있지만 '진리에 대한 감수성'이라고 이야기하지는 않는다. 한편 이성은 감수성을 동반하지 않을수록, 그에 초연할수록, 혹은 그것을 배척할수록 진리 주장을 독점할 수 있는 위치에 있다고 주장된다. 이 연역적(deductive) 틀에서는 감수성과 이성이 서로 진리를 경합한다면, 어느 한쪽이 참이면 어느 한쪽은 거짓이어야 하는 부담이 생긴다. 과학적 정신이 추구하는 진리가 진리의 전부임을 주장하는 시대에

서 피카소는 "예술이란 우리가 진실을 보도록 돕는 거짓말이다 (Art is a lie that helps us see the truth)."라고 할 수밖에 없었을 것이다. 이러한 자기모순적 용어의 병치는 아름다움의 차원과 진리의 차원이 원리적으로 대립하지 않음에도 불구하고, 논리의 고정화가 초래한 결과다.16)

5. 맺는 말

우리 세계의 근본적인 문제는 인간 대 자연의 대립 또는 과학기술 대 자연의 대립이 아니다. 필자는 생명계가 인간에 대해 전쟁을 시작한 것이 아니라 지배자 체제가 사회적 약자들과 온생명의 일부인 지구 자연을 향해 전쟁을 선포했다고 생각한다. 그렇다면 여성주의는 어떻게 각 층위에서 작동하는 지배자 체제들을 해체하고 동반자적 사회로 나갈 수 있을지에 대한 지식을 생산하고, 실천을 조직하고, 내일에 대한 전망을 그리는 데로 논의의 초점을 맞추어야 한다.

이 일에서 여성이 행위자의 주도성을 발휘해야 하는 것은 지금까지 여성이 받아 온 혜택에 대한 반대급부(권리 있는 곳에 의무

---

16) 과학철학자 소흥렬은 「이성의 논리와 정서의 논리」(2003, 미발표)라는 글에서, 이라크 전쟁의 합리적 광기(문명적 야만)에 대한 반대 목소리의 보편적 정서를 말한 바 있다. 그리고 이 정서를 논리화하는 제안으로서, 장조와 단조의 정서 논리가 귀납적 이성에, 운율과 곡조의 정서 논리가 귀추적 이성에, 사랑과 증오의 정서 논리가 실천적 이성에, 공명과 공감의 정서 논리가 유비적 이성에, 극과 극의 정서 논리가 연역적 이성에, 질과 양의 정서 논리가 변증적 이성에 대응한다고 한다. 필자가 감수성의 몇 가지 측면들을 위에서 해설해 본 것은 이 글에서 착안하였음을 밝힌다.

있다는 법적 기본 정의)는 아니다. 또한 여성이 자연에 더 가까운 생명적 감수성을 갖기 때문에 그 절박성을 더 느끼기 때문도 아니다. 권리 중심의 사고로는 해결할 수 없는 책임과 배려 중심의 사고를 여성주의가 대변하면서, 새로운 생명의 과학문화를 위해 애써야 하는 이유는 여성주의가 지배보다는 공존의 가치에 대한 체화된 감수성을 사회적으로, 역사적으로, 문화적으로 구성해 왔기 때문일 것이다.

그렇다고 인간이 자연과 평화롭게 살던 시절이 있었고(그때는 여성적 지배 원리가 평화를 가져왔고), 지금은 인간과 자연, 남성과 여성, 이성과 감수성의 적대성만이 남아 있다는 것은 사실이 아니다. 태곳적의 자연 상태에서도 인간은 땅심을 파괴하고 숲을 훼손하고, 인간들 사이에 폭력들이 난무했다. "자연으로 돌아가자."는 우리의 향수를 자극할 수는 있지만 그 길은 이미 닫힌 길이다. 돌아가는 것이 바람직하지도 않고, 돌아갈 수도 없다. 인류의 과학문명이 제1의 자연 개념을 이미 실종시켰고 기껏 우리는 문명화된 지구 환경 안에서 살고 있다.

그렇지만 필자는 인간이 진화해 온 동안 우리의 마음이나 도덕 또한 진화해 왔을 것으로 본다. 많은 폭력과 광기와 학살이 일어나는 와중에도 점점 더 많은 사람들이 예전의 어느 때보다 무엇이 잘못되고 있는지를 직관하고 있으며 어떤 변화가 일어나야 할 것인지에 대해 새롭게 인식하고 있다. 문명적 발달을 감탄하고 찬탄하기보다, 문화적 미성숙에 대해 한탄하고 있다. 이를 위한 하나의 정서적, 지적 자원이 여성주의다. '여성성'이 생물학적 경로를 밟고 있다면, '여성주의'는 우리 시대 문화적 진화의 코드다. 여성주의가 과학적 인식을 보충하는 한편, 그 감수성을 통해 우리의 과학문화와 과학문명이 공진화할 수 있게끔 힘을 보태는 일이 미래의 전망에서 매우 중요하다고 본다.

"지금까지 여성들은 강가에서 급류로 떠내려온 사람들을 구하고 있다가, 그 수가 도통 줄어들 기미를 보이지 않자 그 일을 그만두고 상류로 올라가 도대체 누가 수영도 못하는 사람들을 강물에 던지는지 보고자 하는 것, 즉 위기의 순간에 다급한 증상만을 보고 미봉책을 세우는 게 아니라 근본적인 문제를 해결하려 한다."(브라이네스, 2003:144)

[참고문헌]

김근배(2002), 「한국의 초기 여성과학기술자」, <한국역사 속의 여성과학자 발굴>, 이화여자대학교 기초과학연구소 등 주최 학술대회 자료집.

김영식(1984), 『과학혁명』, 민음사.

김영희(1999), 「페미니즘과 학문의 객관성」, 『여성과 사회』 제10호, 창작과비평사.

김혜숙(1998), 「여성주의 인식론과 한국 여성 철학의 전망」, 『현대비평과 이론』 제16호.

루이스 멈포드(1999), 『예술과 기술』, 김문환 옮김, 민음사.

리사 터틀(1999), 『페미니즘 사전』, 유혜련 외 옮김, 동문선.

리언 아이슬러(1996), 「지구의 여신(가이아) 전통과 미래의 동반자적 관계: 생태여성주의 선언」, 『다시 꾸며보는 세상: 생태여성주의의 대두』, 정현경·황혜숙 옮김, 이화여자대학교 출판부.

린 마굴리스(1996), 「가이아는 거친 암캐이다」, 존 브로크맨 편, 『제3

의 문화』, 김태규 옮김, 대영사.

브라이네스(2003), 「평화의 문화와 안보」, <여성정책의 새로운 비전: 평등, 발전, 평화> 국제 심포지엄 자료집, 한국여성개발원.

브라이언 스윔(1996), 「가부장적 사고에 의해 전두엽 절제 수술된 사람들을 치유하는 방법」, 『다시 꾸며보는 세상: 생태여성주의의 대두』, 정현경 · 황혜숙 옮김, 이화여자대학교 출판부.

샌드라 하딩(1998), 「페미니즘, 과학, 그리고 반계몽주의 비판」, 노명숙 옮김, 『세계사상』 제4호, 동문선.

_____(2002), 『페미니즘과 과학』, 이재경 · 박혜경 옮김, 이화여자대학교 출판부.

셰리 터클(2003), 『스크린 위의 삶』, 최유식 옮김, 민음사.

소홍렬(2003), 「이성의 논리와 정서의 논리」, 미간행물.

슐라미스 파이어스톤(1983), 『성의 변증법』, 김예숙 옮김, 풀빛.

아이린 다이아몬드 & 글로리아 페만 오렌스타인 편(1996), 『다시 꾸며보는 세상: 생태여성주의의 대두』, 정현경 · 황혜숙 옮김, 이화여자대학교 출판부.

오조영란 · 홍성욱 편(1999), 『남성의 과학을 넘어서』, 창작과비평사.

A. 오히어(1995), 『현대의 과학철학 입문』, 신중섭 옮김, 서광사.

유영미(2001), 「과학교과서의 성차별성」, 『여성과 사회』 제13호, 창작과비평사.

이네스트라 킹(1996), 「상처의 치유: 여성주의, 생태학 그리고 자연, 문화의 이원론」, 『다시 꾸며보는 세상: 생태여성주의의 대두』, 정현경 · 황혜숙 옮김, 이화여자대학교 출판부.

이블린 폭스 켈러(1996), 『과학과 젠더』, 민경숙 외 옮김, 동문선.

_____(2001), 『생명의 느낌』, 김재희 옮김, 양문.

이상화(1995), 「여성주의 인식론에 대한 비판적 성찰」, 여성철학연구모임 편, 『한국여성철학』, 한울아카데미.

이영숙(2002), 「생명의 젠더화와 생명여성주의」, <지구화 시대의 젠

더·생명·환경>, 이화여자대학교 한국여성연구원 주최 학술대회 자료집.

이은경(2001), 「과학기술, 여성, 그리고 정부」, 『여성과 사회』 제12호, 창작과비평사.

이장규(1997), 「산업기술의 발전과 21세기의 삶」, 서울대 사회정의연구실천모임 편, 『현대사회와 과학문명』, 나남출판사.

이정희(2002), 「정보통신 분야의 성별성과 여성 프로그래머의 일 경험」, 연세대학교 사회학 석사논문 초록, http://library.yonsei.ac.kr/dlsearch/DLSearch/TOTWSearchFullView.asp.

정현백(2003), 『민족과 페미니즘』, 당대

제인 구달(2000), 『희망의 이유』, 박순영 옮김, 궁리.

조영미(2002), 「출산과정의 의료화와 여성의 행위성」, <한국여성학회 제18차 추계학술대회 자료집>.

조주현(1998), 「페미니즘과 기술과학」, 『한국여성학』 제14권 2호.

존 브로크맨 편(1996), 『제3의 문화』, 김태규 옮김, 대영사.

주디 와츠맨(2001), 『페미니즘과 기술』, 조주현 옮김, 당대.

캐롤 타브리스(1999), 『여성과 남성이 다르지도 똑같지도 않은 이유』, 히스테리아 옮김, 또 하나의 문화.

하정옥(2000), 「한국의 생명공학기술과 젠더」, 『여성과 사회』 제11호, 창작과비평사.

홍성욱(1999), 『생산력과 문화로서의 과학 기술』, 문학과지성사.

FORESEEN연구소(2000), 『여성적 가치의 선택』, 문신원 옮김, 동문선.

Giere, R. N.(1999), "The Feminism Question", *Science without Laws*, The University of Chicago.

Swimm, B. & Berry, T.(1992), *The Universe Story*, Harper San Francisco.

Schiebinger, L.(1999), *Has Feminism Changed Science?*, Harvard University Press.

제 2 부

아시아 여성주의의 개념적 공간

제 4 장

지구시민사회 맥락에서 본
여성주의 시민의 정체성

1. 문제제기

지구화 시대를 사는 사람들의 의식과 활동 범위는 국민국가의
경계를 넘어선다. 여행, 연수, 유학 등 비교적 단기에 그치는 이
동뿐만 아니라 이민이나 노동이주 등 장기에 걸친 공간 이동이
일상화되고 있다. 비인격적 요소인 자본이나 정보도 지구적 네트
워크를 통해 광속으로 흐른다. 국민국가가 자신의 주권적 주장을
더욱 강화하는 경향성과 나란히 진행되는 지구적 시장과 초국적
통신망의 확장은 각국의 정부와 시민들의 삶에 강한 영향력을 행
사하고 있다. 지구적 자본 운동이 고용허가제를 위주로 진행되는
반면, 이에 대응하여 일각에서는 지구적 시민의 권리로서 노동허

---

* 이 장은 「지구시민사회 맥락에서 본 여성주의 시민의 정체성」(『여성주
  의 시티즌십의 모색』, 이화여자대학교 출판부, 2007에 수록)을 수정 ·
  보완한 것이다.

가제 도입을 주장하면서 사회권을 핵심 내용으로 확보해야 한다는 주장도 최근에 대두되고 있다(하트 & 네그리, 2001).

이 시대의 변화를 주도하고 있는 여러 현상들은 중층적이고 무수히 복잡다단하기 때문에 관심사에 따른 제한이 불가피하며, 그 관심은 사회적 존재로서 한 개인의 위치성(positionality)과 연동한다. 즉 우리 각자는 자본 이동, 노동 이동, 정보기술 교류, 문화변동, 네트워킹의 관점 등 각기 서로 다르거나 또 포개지는 지점에서 자신의 문제를 설정하게 된다.

한 예로 헬무트 안하이어 등(2004)은 '지구시민사회' 개념을 통해 (패권적) "지구화를 길들이고 인간화하며 책임을 묻고 교화할 수 있는 좋은 길을 모색할" 가능성을 열어 간다. 이때 '지구시민사회'에 대한 조작적 정의는 "가족, 국가, 시장 사이에 존재하고, 일국적 사회와 정치체와 경제를 초월해서 작동하는 아이디어, 가치, 기구, 조직, 네트워크, 개인들의 영역"이다. 이 개념은 국민국가와 시장의 압력에 대해 상대적으로 자율적인 실천들에 따라 형성되고 있는 제3의 초국적 공간 활동들을 포괄적으로 서술해 주는 기능을 담지한다. 동시에 전 지구적 정치, 경제, 문화의 획일적 통합의 외곽에 존재하는 지구적 사이 공간들을 통해 인류사회에 대한 소속감을 갖는 다국적 시민들이 자신의 정체성을 재규정하고 개개인의 자율성, 책임, 참여를 증진할 수 있는 여지를 보여주는 지구적 시민사회를 형성해야 한다는 규범성을 갖는다. 그리하여 소위 '아래로부터의 지구화'를 희망해 볼 수 있는 공간으로서 표상되고 있는 것이다.

이러한 '지구시민사회'의 인식론적 틀은 특정한 정치적, 종교적 이념 혹은 하나의 문화적 지향으로서의 사해동포주의(cosmopolitanism)와는 다르다. 또한 노동자 인터내셔널을 통한 만국의 노동자 조직 혹은 세계 지역에서 각 블록으로 이합집산된 국제적 정치 영토 연합의 확장과 거리를 둔다. 동시에 그 틀은 보편적인 확장성을 갖는 '인권' 개념을 기초로 하여 지상의 모든 인민을 품겠다는 의지와 그들이 지구적 의식을 갖춘 지구시민으로서 생각하고 행동하도록 돕고자 하는 로드맵이나 미래 비전과 같은 성격의 개념적 도구다(헬무트 안하이어 외, 2004).

　지구화 시대의 하나의 표상으로서 '지구촌 사회'는 하나의 글로벌한 단일 사회라고 오해되기 쉽고, 그 오해는 '지구시민사회'에 대해서도 반복될 수 있다. 하지만 지구화의 맥락에서 지역적으로 활동하고 실천하는 시민사회의 운동성은 지구시민의 활동으로 파악되거나 지역주민의 활동으로 파악되어야 하는 배타적 이분법을 거부한다. 사실 '글로벌'의 개념으로 포착되지 않는 점은 바로 지구적 힘과 그 변수들이 지역적 요소들과 상호 침투하면서 중층적 구조를 가진 다양한 효과들과 변화들을 생성해 내는 공간의 존재다. 그러므로 지구시민사회는 국가 내 시민사회들을 종합하여 총량으로 서술하는 외연의 단순 확대 개념이 아니다. '글로벌' 시민사회는 '로컬' 시민사회를 일소하거나 대변할 수 없다. 소위 지구/지역성(glocality), 즉 글로벌과 로컬의 관계성, 로컬과 로컬의 관계성 등 서로 다른 층위의 힘들이 상호 경합하고 상호 중첩되는 가운데서 발아하고 펼쳐지는 무수한 이질성들의 현장들이 지구시민사회를 형성하는 것이다.

　지구화 시대에 지구시민사회를 정치적 삶의 맥락으로 삼는 여성주의 관점에서는 어떤 논의들이 절실한가? 지구촌 질서가 아직 국민국가의 공간 구속력(정치, 경제, 문화 등 개인 삶의 총체적 측면에서)을 추월할 정도의 원심력을 확보하고 있다고 볼 수 없는 상황에서 탈장소적 여성주의에 대한 표상이 실제적 의미를 담보할 수 있을 것인가? 사실 지구촌의 동서남북에 서 있는 여성들이 지구시민이라는 단일한 개념적 우산 아래 부여받은 단일하고 일반적인 정체성을 가질 것이라고 추정하는 논의는 비현실적이다. 우리는 다중적으로 그어진 사회적 구획선들의 경계에 서서 그 경계가 재현하는 단층선, 이익의 충돌, 문화제국주의의 압력, 해소할 수 없는 차이 등을 온몸으로 안고 살아간다.

그럼에도 불구하고 찬드라 모한티(2005)의 말처럼 탈경계성을 "단 하나의 의미를 띠는 경계는 없다는 것을 인식하는 것이며 국가, 인종, 계급, 섹슈얼리티, 종교, 장애를 통과하며 그 사이를 가로지르는 경계선들이 실재함을 인식하는 것"으로 받아들인다면, 탈경계성을 기본 픗대로 삼는 지구적 여성주의를 하나의 인식적 전망으로 삼을 수는 있을 것이다.

필자가 지구시민사회를 하나의 역동적 맥락으로 놓고, 여성주의 관점을 채택하여 논의를 한다는 것은 바로 이 같은 복잡한 생성의 현장을 개념적으로 이해해 보자는 뜻이다. 한국의 시민사회를 논할 때 일반적으로 국가와 시장에 대한 상대적 자율 공간으로서 시민사회가 아직 성숙하지 않았음이 지적되는데, 시민사회의 형성력으로서 여성주의가 특정한 역할을 할 수 있다면 지금이 바로 적시가 아닌가 한다.

실제로 구체적 지역 현장의 여성주의 시민들은 지구적 표준에서 설정하는 여성정책의 가이드라인과 자국 정부의 실제 정책 사이의 괴리를 좁히기 위해 끊임없는 협상을 하고 있다. 이들은 여성의 지위 및 권한이 앞서 있는 타국의 운동 사례들을 참조하면서도 선진국 여성들의 삶의 질이 3세계 여성 자원에 대한 전유와 활용에 기반하고 있음을 비판적으로 성찰한다.

특히 탈식민성을 인식적 거점으로 삼아 자신의 현장을 설계해 가는 지역 여성운동의 경우는 자신들의 실천 경험을 지구적으로 유출하고 파급시킴으로써 서구 중심으로부터의 일방적 영향권으로 수렴되는 상황을 경계하고자 한다. 탈식민성은 탈경계성의 실천적 지향이므로 국민국가중심주의, 서구중심주의 등 모든 중심과 주변의 이분법을 벗어 버리고, 모든 활동 공간이 곧 지역이며 우리의 모든 인식은 상황지어진 국지적 지식임을 고백하는 것에서 시작하자는 것이다(조한혜정 외, 2004).

이런 상황들로 인하여 여성주의 시민의 존재론적 지위는 구체적 현실세계, 국지적 장소, 지역 현장을 기반으로 삼을 수밖에 없다. 특히 본 논의의 초점에서 보면 그녀가 지구/지역성을 수행하면서 생활세계를 꾸려 내는 중층적 활동과 연동하기 때문에 지역에서 여성주의 시민으로 자신의 정체성을 형성해 가는 현재진행형적 현실을 되짚어 보는 것이 적절하다.

지구시민사회의 성별 정치적 맥락에서 보자면 여성은 다차원적 사회 공간 안에서 여성을 배제하는 파워와 여성의 참여를 지원하는 파워의 양 축[1]을 가로지르는 역학에 노출되어 있다. 이들 두 힘이 효과를 발하면서 형성하고 있는 젠더 현상들을 소묘해 보자.

---

1) 지구화의 진행에 개입하는 지구적 차원의 힘은 매우 복합적이지만 논의의 단순성을 위해 강대국의 정치 경제적 독과점 이익을 추구하는 힘과 국가 간 평등과 정의의 실현을 지향하는 NGOs의 힘을 대비시키는 것과 유사하게 지구적으로 발휘되는 힘 가운데 여성을 지원하는 방향과 여성 억압을 유지하는 방향의 파워 관계를 성별 정치(gender politics)의 진행으로 파악하고자 하였다.

[파워 1] 지구촌, 국가, 시장, 시민사회, 가족의 합주 속에 여성을 배제하는 힘들의 총체(여성주의 시민에 대한 억압과 무력화의 장소)

-- 지구화의 진행 과정에서 여전히 빈곤의 여성화, 이주의 여성화 흐름이 진행되는 속에서 여성의 삶의 기회가 증진되기보다는 취약해져 가는 구조적 문제가 있다. 지구화의 변방에 서서 지구적 궁핍과 빈곤의 얼굴을 한 여성들의 위기는 더욱 첨예화되고 있다.

-- 국민국가 내에서 여성은 성평등적 시민권을 철저하게 담지하지 못함으로써 2등 국민의 처지에 놓여 있다.

-- 시장의 내적 질서는 교환가치로만 계산되고 여성은 노동 능력 면에서 저평가되고 있다. 또한 노동시장 안의 지위에 연동된 복지체제는 여성에 대한 저급한 수혜 수준을 구조화하고 있다.

-- 시민사회 내 성 주류화가 미흡하여 가치 지향 단체 내에서도 여성의 이슈는 주변화되거나 침묵을 강요당하고 여성운동은 부문 운동의 위치에 머물러 있다.

-- 가족 공동체 안에서 관철되는 보살핌 노동의 전담 양상이 여성의 사회 진출에 장애가 되고 있고, 여성에 대한 가부장제적 성 통제 속에서 여성 개인의 욕구가 주체적으로 실현되기 어렵다.

[파워 2] 여성에게 자율성과 역량, 권능, 리더십 등의 기회를 제공함으로써 여성을 북돋우는 힘들의 총체(여성주의 시민의 적극적 개입과 정체성 생산 등 행위성의 장소)

-- 여성주의자들은 지구적 연대와 네트워킹을 통하여 지구/지역적 여성운동에 대한 상호 지원을 강화하고 있다.

-- 지구적 표준에 맞춘 정치적, 경제적, 문화적 여성 대표성 증가를 명분으로 하여 국민국가 내에서 여성 지위 및 긴한 향상과 사회적 권리 확보에 유리한 기회를 조성하고 있다.

-- 여성의 역사적 보살핌 행위 및 자원에 대한 여성주의적 재평가를 이루어 냄으로써 지구/지역 시민사회의 내적 질서를 새롭게 모색하고 있다. 지구시민사회의 여성주의화를 위한 주도적 행위자로서 여성이 등장한다.

-- 탈식민주의 이념의 인식적 주도성이 확보됨으로써 패권주의적 국가주의의 강화를 저지하는 여성주의의 이념이 힘을 얻고 있다.

-- 여성, 환경, 평화, 교육, 민주화 등 생활세계 변혁의 쟁점을 파고드는 독자적 운동들이 서로 상호작용할 수 있는 가치론적 연결고리가 형성되고 있다.

이러한 대략적인 상황 인식 안에서 주어로 서술된 '여성'이 동일한 집단을 뜻한다거나 '여성주의'가 지구적 수준에서 자신의 위상을 드러내고 있음을 전제할 필요는 없다. 단지 맥락적으로 보아 당대 여성주의의 행위성은 지구/지역성에 의해 구조화되는 국면과 지구/지역성 자체를 새롭게 생성해 가고 있는 두 국면의 교차 지점에서 창발되고 있음을 표현한 것이다.

이 글은 역동적인 지구시민사회를 형성하는 몫을 담당하는 하나의 인터페이스로서 한국사회에 초점을 맞추어 여성주의 시민이 지구적 자장 속에서 자신의 정체성을 확립해 가는 과정에 토대가 되는 정체성의 구성적 성질을 집중적으로 규명하고자 한다. 논의의 핵심은 여성주의 시민의 존재론적 지위를 규명하는 일이다.2)

2. 여성주의 시민의 존재론적 지위

전 지구적으로 관철되어 온 역사적 가부장제가 여성을 부차적인 사회적 지위로 배치하였던 역사에 대해서는 많은 논의가 축적되었다. 인권의 본원적 내용인 공민적(시민적), 정치적 권리를 취득하고 나서야 여성'도' 공민으로 취급받았다. 여성이 국민(시민)으로서의 기본권인 사회적, 경제적, 문화적 권리를 온전히 향유하기 전까지는 2등 국민(시민)일 수밖에 없(었)다.

여성이 가부장제적 타인의 의사결정에 의존하지 않고, 도덕적으로, 정치적으로 판단 능력이 있는 인격체로 행동하기 위해서 필요한 것은 정치참여권에 대한 법적 보장뿐만 아니라 공공의 의사 형성 과정에 참여할 수 있는 기회를 사회적으로 보장받는 것이다. 이러한 기회는 자신에게 어느 정도의 생활수준이 주어질 때나 실질적으로 접근할 수 있었기에 주체의 자주적 행위 능력을 위해서는 최소한의 문화적 교육과 경제적 안정성이 필요해진다. 즉 "주체가 법적으로 인정될 때 또한 존중되어야 할 부분은 도덕적 규범에 따라 행동하는 추상적 능력뿐 아니라 이를 위해 필요한 정도의 사회적 생활수준을 유지하는 구체적 속성"(악셀 호네트, 1996)이므로 여성의 주체 구성에서 물적 토대와 문화적 자원은 필수조건이 된다.

사회적 권리 투쟁 가운데서 여성은 자신의 지위가 천부적이거나 사회 내 귀속적인 것도 아니고, 사회문화적 구조 안에서 새롭게 성취되고 구성되는 인정투쟁의 산물이라는 것, 그리고 그 투

---

2) 연구 방법은 텍스트 연구 및 분석을 위주로 하되, 새로운 시티즌십 구성을 예증하기 위해 몇 사례를 제한적으로 참고하였다.

쟁의 동력은 바로 인간의 삶을 옥죄는 불평등과 억압이 철폐되어야 마땅하다는 당위적 신념 체계와 그에 따른 실천임을 자각하다. 개별 인간의 잠재력이 최대한 실현되도록 사회는 그 지원 체계적 성격을 갖추어야 하며, 그러한 가능세계의 평등성은 인간의 존재 이유이기도 함을 보편주의적으로 인식하는 것이다.

그리하여 여성에 대한 사회적 인정 관계의 현대적 구조는 여성 개인의 효능감 제고를 보장하는 공동체의 인정 속에서 여성 개인이 사회의 평등주의적 진행의 수혜자가 되는 동시에 실천적인 자기 관계를 맺는 것, 즉 자기 가치 부여하면서 존엄성을 지키는 데 있다(악셀 호네트, 1996).

여성 인권사적으로 볼 때 1995년 북경여성대회 이후 "여성의 권리는 인권"이라는 보편적 정언명법에 따라 여성주의는 이러한 전 지구적 합의 수준을 각국 정부에 압박할 수 있는 이론적, 도덕적 권위를 갖추었다. 자국의 미비한 여성정책을 보완 혹은 선진화하는 일에 서명하라는 여성계의 요구들이 거세지기 시작했다. 그렇지만 여성의 권리를 행사하고 전면적으로 확보해 가는 실제 과정은 아직도 엄청난 에너지를 필요로 하는 미완의 기획이며, '인권'이라는 총체적이고 규범적인 범주를 실제로 자신의 사회 안에서 어떤 내용으로 담지하게 할 것인가는 현장 여성주의자들의 방향성과 실천적 역량을 변수로 하여 다기하게 전개된다. 사회정의적 개념으로서 양성 평등, 성적 자기결정권, 여성 빈곤 등 다양한 아젠다가 지역별로 대두되고 있다.

국제회의 등에서 노출되는 지역적 사안을 단순화시켜 구분하자면, 평등은 1세계의 여성들, 개발은 3세계의 여성들, 평화는 2세계의 여성들의 주요 관심사다(주준희, 2003). 그렇지만 각 지역 여성들은 자신들의 시대적 과제를 해결해 가는 과정에서 여성들에게 어떻게 힘을 북돋고 스스로 힘을 갖추게 할지, 각 사회에서 성 주류화를 어떻게 이루어 낼지에 대한 공통된 문제의식을 다양한 지형에 전개시킨다. 이때 3세계 여성이 1세계를 3세계의 미래 모형으로 받아들이는 식으로 역사의 선형적(linear) 발전에 대한 관념을 갖지 않는 것은, 일국의 경제적 성장 수준과 여성주의의 행위성 사이에 필연적 연계가 없으며 재화와 소득이 삶의 수단적 가치일 뿐임을 자각하기 때문이다. 또한 1세계의 부는 언젠가 3세계에도 승계될 그런 성격의 것이 아니고 당대 3세계의 빈곤을 기반으로 하여 획득된 결과임을 인식하기에, 국가 단위를 넘어서서 지구적 차원의 평등과 공존, 평화와 같은 비계약적 가치들이 교차하는 지구시민사회라는 새 판을 짜야 한다고 보기 때문이다.

이러한 여성주의의 사회구성적 에너지는 국내적으로는 시민사회의 성숙과 국가와 시장으로의 일방적 포섭에 대한 견제구가 된다. 지구시민사회로 재맥락화하자면 여성주의 시민의 존재론적 지위는 바로 자신의 행위성을 기반으로 지구/지역적 현장에서 구성해 가는 정치적 정체성의 한 형태이며, 이는 지구시민사회 안에서 인식적, 실천적 노력 없이 자동적으로 주어지는 것이라기보다 스스로 창출하고 자임하는 것이다.

이와 더불어 지구/지역적으로 여성이 사회의 빈 공간들을 채우면서 권리들의 패키지를 충일하게 채워 가는 실천의 과정, 즉 시민권의 정치화 과정에서 이익 투쟁으로서의 권리 투쟁의 한계에 대해 성찰을 늦출 수 없다는 자각이 일고 있다. '시민권'은 시민으로서의 권리를 사회 안에서 실현해 가는 과정에서 근거로 요청되는 것(공민권, 정치권, 사회권, 문화권 등)과 구별되어야 한다는 것이다. 즉 시민권은 단편적 권리들의 총합으로서의 권리보다 훨씬 능동적인 행위성을 요청함으로써 권리 확보뿐만 아니라 사회에 대한 책임성과 참여, 가치 및 덕성을 담지하는 '통합적 시민성(citizenship)'으로 진화하여야 한다. 이때 여성주의 시티즌십은 법적 지위로서 시민적 권리에 더하여 여성주의 의식과 실천, 비전을 갖는 시민이 개인적이고 집합적인 차원의 행동과 실천으로서 삶의 공간을 여성주의화해 가는 정치적 능력이자 가치론적 덕성이다. 이렇듯 시민권 논의가 시티즌십 논의로 질적 전환함으로써 사회 계층에 특수하게 적용되는 포함과 배제의 역학에 따라 시민권의 역사가 설정되었던 경로가 차단된다.

이렇듯 시티즌십을 권리 중심의 용어법에서 책임과 전망 중심의 용어법으로 새롭게 이해하고 재해석함으로써 지구시민사회가 여성주의적 가치와 윤리, 규칙에 의해 건설될 수 있게 하는 일, 즉 '사회의 시민화'가 중요해진다(조형, 2007).[3] '시민' 또한 권리의 주체, 의무의 담지자를 넘어서 시티즌십의 구현자로서 '시민화'될 때 협애한 자기 이익(자국, 자기 사회집단 등) 추구를 넘어설 수 있다.

---

3) 필자는 기존에 작성한 논문(2006)에서 시민의 '시민됨' 혹은 '시민임'의 차원을 시민의 존재론적 지위, 즉 정체성과 관련하여 고찰하려는 생각으로 '시티즌십'에 해당되는 개념을 '시민성'으로 개념화하였다. 그리고 필자의 '시민성' 개념 안에는 가치지향이나 품성 차원의 좁은 시민성(civility)도 포함되어 있다. 그렇지만 필자가 참조하게 된 조형의 논의 가운데서 '시티즌십'과 '시민권'을 개념적 내포에서 차별화하는 요점이 '시티즌십'의 포괄성/가치지향성과 '시민권'의 협애성/권리-의무 중심적 사용 관행에 있다고 보았으며, 그러한 문제의식을 공유할 수 있었다. 그리하여 원 논문의 '시민성'을 '시티즌십'으로 바꾸었다. 그리고 기존 학계의 일반적 논의와 연관된 대목에서는 '시민권' 개념 역시 사용하였다.

이하에서 여성주의 시민이 지구/지역적으로 맺고 있는 중층적 관계 속에서 자신의 정체성을 사회와 협상해 가는 지점들, 그리고 일상세계에서 확보하는 미시적 시티즌십의 차원들, 마지막으로 여성주의 시민들의 의식과 실천 안에서 담보된 탈위계적 가치와 사회 변화의 활력 등을 살펴보고자 한다.

1) 중층 관계적 시티즌십

지구적 의식을 갖춘 '시민'은 선험적으로 고정된 범주가 아니라 자기 현장을 중심 무대로 하여 구성적 과정에 있는(civitas building) 범주임(샹탈 무페, 1992)을 적실하게 보여주는 창구가 바로 여성주의 시민이 지구화 맥락에서 스스로를 정체화해 가는 과정 자체가 아닐까 한다. 따라서 사회구성체의 한 멤버로서 '여성' 혹은 '지구시민사회의 구성원임'에 주목하는 것이 아니라 구체적 현장에서 '여성주의 시민이 되어 간다는 것'이 무엇인지를 파악하는 것이 중요해진다.

지구화를 정치적, 사회적, 경제적 구조와 구별되는 의식면에서의 근본적 변화라는 측면에서 조명해 본다면, 개인과 사회에 대한 전통적 사유방식의 해체 및 재구성, 탈경계화를 핵심으로 볼 수 있다. 단일하고 고정된 전통 관념 구조에 대한 문화적 전승의 거부와 유연하고 다양한 자신의 생활방식의 선택이 가장 급진적으로 일어나고 있는 변화다. 내용적으로 의식적 정체성의 다중성과 사회적 관계 맺음의 유목성을 들 수 있다.

이를 이진경(2002)은 리좀적 세계4)의 특징의 하나인 '접속의 원리'로 부르는데, 현대는 선접(either-or)의 세기에서 연접(both)

의 세기로 진행되고 있다는 것이다. 이분법적 세계는 이항적, 배타적 선접을 요구하면서 어떤 하나의 방향으로 몰고 가는 반면, 접속은 두 항이 등가적으로 만나서 제3의 것, 새로운 무언가를 생성한다. 여기에는 어떤 귀결점도 없고 호오(好惡), 선악(善惡)의 구별도 없다. 리좀은 줄기들의 모든 점이 열려 있어서 다른 줄기가 접속될 수 있는 것, 혹은 다른 줄기의 어디든 달라붙어 접속할 수 있는 것, 하지만 접속한 줄기들이 어느 한 점으로 수렴되지 않으며, 배타적 이항성도 작동시키지 않는 것이다. 이와 비슷하게 한 개인이 스스로를 정체화하기 위해서 주민 – 시민 – 민중 – 노동자 – 국민 – 지구시민 등의 멤버십의 어느 한 항목 때문에 다른 항목을 밀어낼 필요가 없다. 개인은 이러한 각각의 사회적 주체의 위치에 겹쳐 서 있기에 계급뿐 아니라 성, 인종, 지역, 세대 등으로 분할되어 있다. 이 접속의 원리를 시티즌십의 구성 과정에 접속시키면 어떻게 될까? '나'의 '시민'으로서의 정체성 진화도는 다음의 세 가지 구별적 층위를 갖는다(홍윤기, 2004).

(1) '나'의 정체성은 중첩적 다경계성을 갖는다. 자기 – 성 – 가족 – 친구 – 이웃 – 지역 – 직장 – 계급 – 사회 – 국가 – 민족 – 국제기관 – 인류 차원의 세계사회 등이 나의 삶의 현장으로 겹쳐 있다.
(2) 이 중첩적 다경계들은 '나'를 '남'과 대립시키는 제약조건이면서 동시에 '나'를 '남'을 통해서 실현시키는 실천조건이다.

---

4) '리좀'은 들뢰즈와 가타리의 공저인 『천의 고원』에서 등장한 용어로서 '뿌리줄기'를 뜻한다. 이진경은 이를 하나의 중심, 하나의 뿌리로 귀착되는 수목형과 달리 이런저런 줄기들이 단일 중심 없이 분기되고 접속되는 그런 모습이 당대 사회의 한 특징을 잘 드러낼 수 있다고 보고 원용하고 있다.

'나'는 구성되는 범주다.

(3) 중첩적 경계들을 관통하여 '나'는 세계사회에서 인류적 통합을 전망하는 실천적 주체다. '나'-정체성이 진화되어 가는 실존 형태를 '시민'이라고 한다.

이상의 틀은 성별 중립적(gender-neutral)으로 서술되어 있으므로 필자는 젠더 관점에 따라 새롭게 구성하여 이해하고자 한다. 우선 한 여성이 맺는 중첩적 다중성 관계 안에서의 개인적 차이 지점들을 잘 드러내기 위해서 연결 부호(−) 대신 선접 부호(∨)를 도입해 보면 (1), (2), (3)은 각각 다음과 같이 새롭게 표현된다.

(1)*　자기 ∨ 성 ∨ 가족 ∨ 친구 ∨ 이웃 ∨ 지역 ∨ 직장 ∨ 계급 ∨ 사회 ∨ 국가 ∨ 민족 ∨ 국제기관 ∨ 인류 차원의 지구시민 사회

(1)*를 통해 우리는 만일 한 개인이 여성이고 가족이 없지만 친구가 있고, 이웃이나 지역적 교류가 없고 직장이 없거나 한국 사회에서 생활하지만 국제적 소통을 하지 않는 경우를 비롯하여 모든 여성 개인의 관계 맺음의 양상을 포괄할 수 있다. 이렇듯 여성 개인들 간의 차이가 무수하게 벌어진다는 것은 그 개인을 물리적으로 균일한 영향력하에 놓는 통합 개념적 우산이 없다는 뜻이다. 그 개인의 활동성, 관계 방식에 따라 정체성 합성과 분절이 다기화된다는 것이다. 여성주의에서 상정하는 여성 억압의 공통성이란 전략적 범주의 유용성에도 불구하고 '우리 여성 전체'를

아우르려는 동원적이고 몰성찰적인 기도들이 경계의 대상이 되는 근거다. 여성 개인들은 각자가 서 있는 계급적, 사회적 자리에서 자신과 차이성을 갖는 타인들(여성 포함)과 연대 혹은 한시적 결합 관계를 맺고 행위하고 있을 뿐이며 그 토대 역시 유동적이다.

(2)는 공시적으로 일어나는 사건으로 서술되어 있는데, 이를 통시성을 통해 보충할 필요가 있다.

(2)* '나'를 '남'과 대립시키는 제약조건이면서 동시에 '나'를 '남'을 통해서 실현시키는 실천조건이다. 이때 '나'는 통시적으로 구성되는 범주다.

이를 해석해 보면 시간 단면에서 '범주 내' 성질은 배타적이다. 즉 '자기'는 '-자기'가 아니고, 여성이면 남성이 아닌 것이고, a 지역에 속해 있다면 -a 지역이 아닌 것이다. 그러나 통시적으로는 '자기'라는 자아의 형식적 구조를 제외하면 어떤 범주도 변경 가능하며 고정된 경계가 없다. 전통사회에서 한 개인의 사회적 위치는 유동성보다 안정성의 토대 위에서 설정되었지만, 가족, 직장, 지역 등이 영속적 공동체의 성질을 상실하게 되면서 모든 범주가 자율적 선택의 대상이 되었다. 즉 당대가 전통사회의 삶과 확연히 달라진 점은 자신에게 해당 공동체가 '발견'의 대상이었던 것에서 이제는 필요와 욕구에 따른 '선택'이 될 수 있는 가능성이 매우 커졌다는 점이다(마리아 루고네스, 2005).

소위 '지향적 공동체(intentional community)'의 대두는 우리의 인식, 사유틀, 상상력의 범위와 내용 구성에 도전하고 있다. 국민국가의 경계를 넘어서 다양한 결사체들의 이익과 욕구, 서비스가 공존하고 국가 및 시장과 유기적인 관련성과 긴장을 통해 충돌하는 역동적 장에서 우리 여성들의 삶의 방식은 새롭게 맥락화된다. 따라서 여성은 국가나 시장에 대한 의존과 그로부터의 수혜를 기대하는 소극적 입장에서 스스로를 사회적 약자로 보는 관점에서 벗어나 다양한 생활양식에 따라 자신의 공동체의 창출과 발전을 지구/지역적으로 창출하는 확장적 행위성(agency)을 필요로 한다.

국가나 시장의 억압으로부터 자유로운 삶이란 사회적 권리 주장으로 되는 것이라기보다는 그러한 가치를 수행하는 생활양식을 꾸려 나가는 자주적 실천으로 확보되는 것이다. 최근에 가치 있는 삶의 기회를 찾아 떠나는 교육 이민이나 웰빙 이민 등 '나의 역사적 구성'이 출현하였다. 그러나 여러 현실적인 제약으로 국적 포기 및 영구 이민과 같은 상대적으로 긴 시간의 시민권 변동보다는 짧은 이주와 왕래로 단기화되는 경향도 보인다.

외국에서의 살림살이에 대신하여 최근 우리 사회의 한 경향은 기존의 지연(地緣), 학연(學緣) 중심의 인간관계의 비중보다 지연(志緣)에 기초한 작고 다양한 공동체들을 '이곳 여기에서' 모색하는 일이 적지 않다는 점이다. 경험적 사례로서 대안적 인문학 연구 공동체를 지향하는 연구자 집단의 모듬살이(수유공간 너머)나 인간관계와 생태적 생활을 회복하는 생태마을 만들기라는 공동체 비전 속에서 이러한 대안문화의식에 공감하는 사람들이 이주해 와서 시작한 지 벌써 10여 년이 된 마을 만들기 프로젝트(성미산 마을) 등을 들 수 있다(이은희, 2007; 박승현, 2006). 특히 후자처럼 문화활동을 축으로 하는 지역 자치 공동체는 자신이 살고 있는 지역과 삶의 문제에 대한 자기결정권을 확보하려는 시도로써 공동육아, 대안교육, 유기농 생협, 지역방송 등 여러 창의적 문화활동들을 실험해 가는 중이다.

(3)을 여성주의 시티즌십과 관계시켜 논의하자면 다음과 같이 표현될 수 있다.

(3)* 중첩적 경계들을 관통하여 '나'는 세계사회에서 인류적 통합을 전망하는 실천적 주체로 구성된다. '나'-정체성이 여성주의적으로 진화되어 가는 실존 형태를 '여성주의 시민'이라고 한다.

한국사회 내 여성은 온전한 시민으로서 역할을 맡는 과정과 함께 지구시민의식을 갖는 여성주의자로 진화되는 과정이 함께 중층적으로 일어나야 한다. 필자는 이를 '3중의 정체성 구성'으로 본다. 우선 여성은 시민이 되어야 하며, 그 다음 차원에서 여성주의 시민이 되어야 하고, 궁극적으로는 지구시민사회의 여성주의 시민이 되는 중층 경로를 가져야 한다. 이 세 층위는 시간적, 단계적 개념에 의한 것이 아니고 차원적 구별성 개념에 의한 것이다.

우리 사회의 한 약자 집단으로서 이혼 여성들이 모여 집단을 이룬 '아낙들'은 생활의 방편으로 과자를 굽기 시작하여 실직한 여성 가장들과 소외계층을 돕는 NPO로 질적 발전을 이루었고, 이후 친환경적 살림의 가치에 따른 자활 공동체로 거듭나기 위한 노력을 지속적으로 하고 있다. 비슷하게 소비자들에게 안전한 먹을거리를 공급하는 활동으로 시작한 생협을 통해 인근 국가 및 각 지역의 자치 활동에 연관되는 시각을 갖게 되면서 지구시민사회의 성원이 되기를 체화하는 경우도 확산되고 있다.

필자가 면접한5) 특정 생협의 한 활동가는 "(우리 사회에서 생협을 하면서) 굉장히 특수한 사람인 줄 알았는데, 딴 데 가서 보면 뭔가 일반화되면서 한편으로는 공식화되는 그런 부분에서 뭐랄까 프라이드가 좀 있는 것 같고 … 그 다음에 우리 거를 비교하면서 차이점을 발견하게 되잖아요. … 우리는 어떻게 하면 좋겠다, 그런 업무상의 제안이라든지 …"라고 말하였다. 그녀는 자신의 생협을 한갓 좋은 먹을거리 서비스업체에 머무는 것이 아닌, 지역에 기반한 새로운 복지 모형의 모태로서 구상한다. 또한 다른 지역 활동가와의 지구/지역적 네트워킹을 통해, 예를 들어 일본의 워커즈 콜렉티브나 지역 단위의 개호보험 서비스 사업에 대한 아이디어를 참조하여 비전을 설계하고 있다. 그녀가 현재 자신의 활동에 대해 긍정적인 가치 부여를 하면서 미래의 프로젝트와 연결시키고자 한 데는 외국 생협에서의 연수를 통한 국제교류 경험이 중요하게 기여했음을 알 수 있다.

또 하나의 면접 사례는6) 대안 무역을 구상하고 있는 이주노동자 지원 단체 활동가의 지구시민적 비전에 관한 것이다. 그 활동가는 그동안 한국에서 행해 온 이주노동자 지원 사업의 수준을 넘어서서 이주노동자 송출국의 현지 활동과 연계시키는 것을 생애 프로젝트로 잡고 있다. 그녀와의 면접 내용 중에서 "특히 여성들, 아시아의 정말 빈민으로 살아가는 사람들은 다 여성이고 …

---

5) 이 면접은 2005년 3월 25일에 2시간 행해졌다. 피면접자가 생협 안에서 10년간의 활동을 총괄적으로 어떻게 의미부여하고 향후 어떤 전망과 새로운 실천을 모색하고 있는지를 대화 방식으로 이끌어 내었다.

6) 이 면접은 2005년 5월 25일에 2시간 행해졌다. 피면접자는 한국에 온 이주노동자의 인권 문제를 주로 지원하는 활동을 10년 넘게 해 왔으며 이주노동자의 본국 귀환 이후의 자립적 공동체 기반을 함께 만드는 일을 구상하고 있다.

우리가 아무리 아동노동 금지 뭐 어쩌고저쩌고해도 생계를 꾸려 갈 수 있는 방법을 전혀 찾을 수 없기 때문에 그 여성과 아동을 위한 자립 공동체를 좀 만들고 지원할 수 있을까를, 그래서 그들에게 직업교육을 시키고 거기서 만든 생산품을 대안 무역 형태로 좀 한국에 내다 팔고 … 여기서 교육한 이주노동자들이 돌아가서 그 네트워크로 활동할 수 있는 장을 만들고 …"라는 대목에서 드러나는 점은 이주노동자 문제가 현장 위주로 해결되어야 한다는 것이다. 현재 국가 간 노동 이주가 한시적인 조건에 있는 경우가 일반적이기 때문에 장기적으로는 본인의 모국에 돌아가서 지역사회를 발전시키는 역할을 할 수 있는 시민활동가를 교육하고 그들과의 네트워크를 통해 현지 생산품을 직거래하는 무역 사업과 같은 경제활동을 기획해 볼 수 있다는 것이다. 이주노동자의 현장에서의 실천적 행위성에 대한 동의와 성찰이 궁극적인 문제 해결의 길임이 송출국 활동가와 유입국 활동가 사이에 서로 교류될 때, 어느 한쪽의 일방적 지원이 아닌 대등한 파트너십으로 관계 맺을 수 있다고 본다.

위의 사례들은 제한적이기는 하나 시민활동가의 공간적 시야 확대뿐만 아니라 국경을 넘는 시티즌십의 구성을 보여준다고 본다. 이 논문의 문제 설정에서 언급하였듯이 '지구시민사회'는 규범적으로 설정된 개념이어서 지구적 시민 되기를 논의한다는 것 자체가 매우 추상적으로 느껴지거나 너무 앞서가는 것으로 생각될 수 있다. 그러나 엄연히 지구시민의 구성 과정은 구체적인 행위자들에 의해 현재 진행되고 있는 범주로서 새로운 의식과 실천, 성찰을 요구하는 힘겨운 과제다.

예컨대 우리 사회에서 외국인 노동자는 이주노동자가 일반적으로 경험하는 문화적 부적응에 더하여 일종의 우월적 지위를 과시하는 보통 한국인의 미성숙한 시민의식의 양쪽에서 고통을 겪고 있다. 한국에서 외국 문화에 대한 수용은 주로 미국이나 일본 등 선진 문화에 대한 것이었고, 이에 대해서는 동경과 모방의 반응을 보였지만 단순 노무자가 대부분인 동아시아 외국인 노동자에 대해서는 자국 문화에 대한 무시와 한국의 사회문화에 대한 일방적 수용을 강제하는 경향성이 있다. 그리하여 이들은 공장 안에서는 노동자의 실체성이 있지만 공장 밖에서는 '유령적 존재'로 무시되는 형편이다(김미경, 2004).

이러한 문화적 지체 현상들을 극복하면서 이주노동자의 유입이 한국사회가 갖고 있는 부와 문화적 동질성에 대한 위협이 아니라 지구화 시대의 불가피한 요소이며, 그들의 존재와 문화, 관습과 가치에 대한 인정 속에서 억압을 해소해야 함을 인식하는 것, 그리고 더불어 살아감을 실천하는 것, 이러한 걸음들이 실존적이고도 역사적인 시티즌십이라고 해석할 수 있다(이상화, 2005).

2) 일상의 미시적 시티즌십

여성주의적 시민권 논의는 근대 국민국가 형성 과정에서 여성 시민의 배제와 시민권의 가부장제적 성격에 대한 젠더 관점에 기반을 둔 비판으로부터 시작된다. 근대 사회는 여성을 배제한 남성들끼리의 계약이란 성격을 띤 시민권 개념에 입각해 있었고 가정 내 성적 계약을 통해 가족과 노동시장에서 여성의 성과 노동을 남성이 통제하게 되었다는 캐롤 페이트만의 논의를 이어받아, 여성 시티즌십의 내용적 차원을 탈가부장제 사회의 전망과 결합시키는 담론들을 생산하고 있다.

2등 시민으로서의 여성의 지위란 소위 '공/사 영역'의 분리에 따라 여성이 사적 영역에 배치되고 그 공간 안에서 여성의 주요한 활동은 교환가치가 계산되지 않는 보살핌과 사랑, 헌신에 의거한 일들이었기에 예측 가능한 귀결이었다. 시민권은 국가를 기본 틀로 하는 정치 공동체의 구성원의 자격, 지위로 해석되며, 이때 '시민임'은 정치적 정체성을 대표한다. 제2차 세계대전 후 여성에 대한 참정권, 경제권 등이 부여되었다고는 하나 기본적으로는 '남성 부양자, 의존적 아내'를 기초로 한 가족 모델을 채택함으로써 모성적 존재로서 여성에 대한 규정을 전제조건으로 삼고 있다. 또한 경제 능력에 따라 연동되는 시민의 지위를 당연시하는 흐름 속에서 복지국가의 시민 구성원의 지위에서도 여성은 취약하기 이를 데 없다.

이러한 시민권 논의에서 드러난 여성의 부차적인 편입과 근본적 배제는 비가시적 성차별과 여성 통제에서 더욱 증폭된다. 가부장제는 젠더 질서(사회성원들을 남녀라는 생물학적 범주로 이분화하고 각각의 범주에 다른 사회적인 의무와 책임, 권리, 규범 등을 부여하는 원칙을 중심으로 조직화된 사회제도, 조직, 질서를 가리킴)에 기반함으로써 여성 개인에 기초한 출산, 낙태권, 여성의 몸에 대한 자율적 통제권을 고려하지 않는다. 가부장제의 젠더 질서는 성, 사랑, 결혼의 선분과 그 탈주선들을 허용하지 않는 삶의 규범을 강요한다. 이런 상황에서 성적 자기결정권을 포함하는 몸의 시티즌십 개념을 추구하는 것은 우리 사회의 문화지체를 넘어서는 의식화 과정이다.

필자는 몸의 시티즌십 논의를 도입함으로써 시민권에 대한 여성주의적 개입의 의미를 부각시키고자 한다. '몸'이 개인의 인격성과 행위의 주체성의 처소로서 인식되어야 한다는 것은 규범적 원리다. 그러나 여성이 자신의 몸에 대한 권리를 주장하기 시작한 것은 그리 오래된 일이 아니다. 가(家)에 속한 여성의 몸(유교 가부장제하의 여성 예속), 국가의 정책에 속한 생식 수단으로서의 여성의 몸(산아제한, 생명 생산 기술에 의해 도구화된 몸), 가부장제적 종교에서 규정하는 악과 부도덕의 집합체로서 이브의 몸 등 여성의 몸은 자기 아닌 외부에 속해 왔다. 여성의 몸이 남성의 시선과 사용에 의해 전유될 때 여성은 사회적 소실점을 향해 가고 여성의 몸이 가부장의 공간에 속할수록 여성의 자아 공간은 지워진다.

구체적으로 강간 등 성폭력 범죄의 경우 아직도 피해자 여성 개인에 대한 인권 차원의 범죄라기보다는 '정조'가 생명인 여성 집단의 사회문화적 존재성 등에 대한 범죄로 간주되고 있다. 이는 여성의 몸을 인격과 주체성의 관점에서 보기보다 임신과 출산을 통해 가족 공동체를 생물학적으로 재생산하는 도구로 보는 관념과 관련된다. 따라서 "정조에 관한 죄란 결국 공동체의 재산으로서의 여성의 재생산적 신체에 대한 죄라는 의미가 된다."(배은경, 1997) 이와 같은 연장선에서 성폭력 반대 운동을 '순결 지키기 운동'과 같은 것으로 본다든지(이경미, 1997), 성폭력 범죄자를 가정 해체(혹은 파괴)범으로 모는 여론 재판을 관찰할 수 있다. 이때 아내가 남편에게 강간당한 경우와 다른 남성에게 성폭행당하는 경우는 완전히 다른 차원으로 인식된다(정희진, 2006).

그뿐만 아니라 제국주의가 피식민국가의 여성을 성적으로 착취해 온 역사적 경험, 가부장제 국가의 폭력에 고스란히 노출되었던 1970년대 여성 노동자의 몸(전순옥, 2004), 여성의 몸을 성애화하여 노동 통제의 기제로 사용해 온 다국적 기업들의 행태(김현미, 1996), 지구촌 곳곳에서 중단 없이 벌어지는 전쟁과 폭력의 한계 상황에서 군인보다 더 많이 인권 박탈의 대상이 된 여성들의 현실은 여성이 자신의 몸의 자주성과 주체성을 확보한다는 것이 정치 경제적 권리에 앞서는 더욱 급진적이고 기초적인 권리임을 명증하게 드러내 준다. 이때 여성의 몸은 나의 인격과 분리될 수 있는 것이거나 자신 혹은 타인에 의해서 자원화될 수 있는 대상이 아니라, 나를 나로서 존재하게 하는 본원적 가치의 담지자다.

인권학자인 짐 아이프에 의하면 1세대 인권은 주로 남성의 권리를 보호함으로써, 문제에 대해 공적인 입장을 취하는 사람, 시민적이고 정치적인 활동을 하는 사람, 공공연히 이의를 제기하는 사람 등은 주로 남성이었다. 인권에 덧붙는 '공민적이고 정치적'이라는 용어 자체는 본질적으로 가부장적 구조의 남성 지배 영역이며 따라서 공민권과 정치권에 대해 초점을 두는 것은 전통적인 남성의 권리에 대해 초점을 두는 것이었다. 여성의 인권 침해는 '공민적이고 정치적인' 영역뿐만 아니라 가정 내의 가정폭력이나 강간, 착취, 경제적 의존, 의미 있는 자기표현과 사회 참여 기회의 제한 등을 통해 나타난다. 따라서 아이프는 1세대 인권 개념으로는 안 된다는 것이며 여성의 억압의 경험과 목소리를 반영하는 인권 논의를 촉구한다.7) 필자는 더욱 포괄적인 인권 개념의

---

7) 짐 아이프는 인권 3세대의 정의와 인권에 대한 확장적 인식틀을 강조하는 학자다. 그에 의하면 인권은 세 가지 흐름 또는 세대를 거쳐 발전되어 왔다. 인권 1세대는 공민권과 정치권(civil and political right)으로서 18세기 자유주의적 정치철학의 발달과 계몽주의에 지적 기원을 둔다. 이 권리는 개인주의에 기반하며 민주주의와 시민사회를 효과적이고 공

틀8)을 구성하기 위해서는 여성주의 분석 수용이 필수적임을 지적한 아이프의 논의에 동의하면서 그 핵심에 '몸의 권리'를 놓고자 하는 것이다.

정하게 조직화하는 데 필수적인 것으로 간주되는 기본적 자유에 관심을 집중하였다. 인권 2세대는 경제적, 사회적, 문화적 권리다. 이 권리는 18세기 자유주의가 아니라 19세기와 20세기의 사회민주주의 또는 사회주의, 그리고 여타 집단주의 운동에 그 지적 기원을 둔다. 국가는 1세대 권리처럼 단지 권리를 보호하기보다 다양한 사회적 급여를 통해 이 권리의 실현을 실질적으로 보장하도록 기능할 것을 요구받는다. 인권 3세대는 집단적, 공동체적 수준에서 정의될 때만 의미가 통하는 권리들이다. 경제 개발, 결집력 있고 조화로운 사회에서 살 권리, 환경권을 포함한다. 이 권리는 20세기에 들어서야 실질적인 인권으로 인식되었으며 식민지 국민들의 자기결정권을 쟁취하고자 하는 투쟁, 환경운동가들의 투쟁과 식민주의와 지속 불가능한 경제적, 사회적 개발에 대항한 20세기의 투쟁에서 생성되었다. 이렇듯 인권에 대한 3세대 개념을 통합하여 인권의 의미를 더 넓게 해석함으로써 인권의 소극적 보호뿐만 아니라 적극적 실현을 추구하게 된다. 이는 인권에 대한 법률적 틀을 넘어서고, 또 1세대 인권의 가부장제적 가정과 서구 자유주의 전통을 넘어서는 것을 함축한다.

8) 시민권 논의와 인권 논의는 많이 중복되지만 때로는 상이한 강조점 때문에 구별되기도 한다. 혹자는 인권이 국가에 선행하는 보편적인 권리인 반면 시민권은 사회구성체의 성격에 의해 구성되는 특성을 갖는다고 구별 짓기도 한다(조형 외, 2003; 오장미경, 2003). 필자가 보기에 요즘의 인권 논의가 천부인권론에서와 같은 비역사적이고 추상적인 원리에 호소한다기보다 한 사회의 정치, 경제, 문화 등 구체적 현실과의 협상과정에서 사회 집단들이 획득하는 구성적, 진행형 범주로 수용되고 있다. 더욱이 시민권 논의는 사회구조 안에서 이루어지는 특정 집단에 대한 배제와 수용의 기제에 의해 할당되는 기본 제한성이 있는 반면 인권 논의는 그 제약을 넘어서는 더욱 급진적이고 포용적이고 보편적인 규범성을 갖고 있다. 그리하여 1995년 북경여성대회의 슬로건인 "여성의 권리는 인권이다."와 같은 명제 역시 사회적 소수자로서 여성이 국민국가 안에서 제대로 된 시민의 자격을 향유할 수 있게 하는 구체적인 인권정책을 정부들에 요구하는 효과를 낳는다.

여성주의 관점이 시티즌십 논의에 중요하게 기여하는 지점은 개인적인 것과 정치적인 것을 연결하는 점이다. 두 영역이 상호 연결될 필요가 있다는 자각은 젠더 관점이 도입되기 전에는 생길 수 없었다. 아무리 1인 1표제가 되어도, 여성이 경제적 주체가 되어도, 여성이 몸의 자기결정권을 확보하지 못하는 한 새장 안의 새, 날개 꺾인 새의 형상을 벗어날 수 없다. 인권은 개인적이며 동시에 정치적인 것이고, 따라서 인권 실천은 그것들이 성공적으로 상호 연결될 때에야 효과적일 수 있다. 권력은 '총구'에서 나온다, 혹은 '지갑'에서 나온다는 것은 일면적인 차원의 진실일 것이나, 몸의 자주성이라는 토대 조건 없이 권력의 상부구조가 형성될 수 없다.

더 나아가 여성주의 시민의 몸은 국가로부터의 지원 확보와 사회복지의 확대뿐만 아니라 지역사회의 개발을 통해 접근되어야 한다. 경제 개발과 성장에 대한 관리, 경제 성장의 혜택, 사회적 조화, 건강한 환경, 깨끗한 공기 등에 대한 권리는 여성주의자 시민들이 사회적, 경제적, 정치적, 문화적, 환경적, 정신적 개발을 이끌어 가는 지역사회 주체로 스스로를 구성하고 참여함으로써 가능하다.

이렇듯 미시화되고 섬세화된 시티즌십 요구는 정치 경제적 참여 기회와 사회적 보장, 문화적 욕구 충족 등 다양하고 세밀한 차원의 내용들을 구성 요소로 하고 있다. 특히나 삶의 질이 인간 개발, 인간 주권, 인간 안보(human security)의 실제적 내용과 맞물리면서 일상적이고 개인적인 관심과 욕구가 충족되는 정도에 따라 개인의 삶의 지평이 마련된다. 인간 안보 개념만 하더라도 기존의 전쟁과 평화 개념이 정치적, 군사적 차원의 논의에 국한된 반면 진정한 평화는 일상의 평화이기에, 여성의 일상화된 경제적 악조건이나 성폭행의 노출 등 일상세계가 사실 전쟁과 같은 상황에서 평화를 일구어 낸다는 것은 곧 생활세계를 안전하고 안정적으로 지키는 것과 등치된다. 안보에 대한 여성의 정의는 국경과 공/사적 공간 구분을 넘어 다층적이고 철저한 기준을 요한다. "여성은 그것이 군사적이든, 경제적이든 또는 성적이든 상관없이 폭력이 없는 상태로 안보를 정의"하기 때문이다(심영희, 2005).9) 이로써 여성주의 시티즌십의 틀이 평화주의, 환경주의 등 대안적 가치 지향 활동과 소통할 수 있는 바탕이 만들어진다.

결국 추상적 관념, 대의, 거대 언어의 장이 아닌 구체의 경험세계에서 시티즌십은 더욱 일상화되고 미시적인 영역으로 틈입해 들어가는데, 여성에게는 성(sexuality)의 시티즌십, 몸의 주권, 재생산 영역에 대한 자율적 결정 개념이 여기에 조응된다. 가부장제적 성 통제와 여성 몸에 대한 가부장제적 개입으로 인한 심리적, 실제적 취약성이 극복되지 않는 한 여성 주체가 확립되기 어렵다. 우리가 주권을 국가나 시장 세력에 다 양도하지 않고 국가나 시장에 대한 상대적 자율성, 주체성의 공간으로 확보하려면 개인을 근원적인 주권의 소재지로 만들어야 한다. 여성 시민 개개인에 대해 공적 세계와 사적 세계를 두루 경영하는 주권자, 즉 하나의 세계라고 생각하는 인식적 전환이 필요하다.

우리 각자의 몸은 가장 분명한 개별화의 근거지다. 여성주의

---

9) '안보'에 대한 협소한 개념 정의에 따르면 시민-전사 모델이 불가피하다. 전시에 여성은 국가를 위해 죽을 수도 없는 존재라는 취약한 정체성을 포함하며 평상시에도 이는 남성의 보호가 필요한 사회적 약자로 규정될 수밖에 없는 것이다. 이는 지배적이고 강력한 남성성 개념을 완성시킨다(심영희, 2005).

시민의 몸과 의식, 가치 지향성은 별개로 분리될 수 있는 것이 아니라 각각이 분명하게 확보될 때 내용적으로 완결적 시티즌십을 향하여 연결되어 있는 것이다.

이와 관련하여 거다 러너(2004)의 '여성의 권리'와 '여성해방' 개념에 대한 구분이 유효할 것이다. 러너는 전자가 여성을 위해 사회의 모든 측면에서 남성과의 평등을 얻어 내고 모든 제도 속에서 평등하게 참여하는 것을 요구하는 운동인 반면, 후자는 성에 의해 부과된 억압적 구속으로부터의 자유, 자기결정, 그리고 자율성의 주장이라고 한다. 그렇다면 후자는 현존하는 제도, 가치, 이론에 패러다임 변화를 요구하는 더욱 근본적인 성질을 띤 활동으로서 여성주의 운동을 권리 확보라는 주체의 필요조건 충족에서 사회적 삶의 주권이라는 충분조건 실현으로 그 지평을 상승시키는 작업이다. 여성주의는 여성을 존엄하고 효능적인 사회 주체로 세우는 일과 동의어가 되었다.

이렇게 규정된 여성주의 시티즌십은 젠더에 의거한 차별, 침해와 손상을 조명할 수 있는 개념적, 실천적 장치로서 여성의 완전한 자율성과 행위성이 발휘되게 하는 강력한 어휘를 제공한다. 또한 여성에게 가해지고 있는 폭력이 인간성에 대한 침해임을 더욱 철저히 깨닫게 하며 시티즌십 개념과 실천을 더욱 여성의 삶에 밀착되도록 변형시킬 수 있을 것이다.

동시에 여성주의 시티즌십은 여성으로 기호화된 사회적 약자들을 포괄하여 보편적인 인간의 존엄성을 확보하는 기획에 결정적인 것이 된다. 여성을 포함하여 사회적 불이익 집단들은 스스로 자신들의 이익을 대변할 수 있으며 인권 침해가 갖는 전 지구적 측면에 유의하여 세계 곳곳의 여성주의 동료들과 연대하여 활동해야 한다. 사회적 약자를 소외시키는 억압 기제를 철폐하는 일은 국내에서 시작되지만 거기에 머물 수 없고 과감히 외부로 유출되며 또한 지구적 여성주의들과 적극적으로 결합되어야 한다.

3) 탈위계적 가치에 기반한 시티즌십

지구시민사회의 시민은 패권 지향적 지구화가 아닌 대안적 지구화를 실험해 가면서 스스로를 정체화하는 동시에 지구시민사회의 기반을 형성해 가고 있는 현실의 존재다. 국제 NGOs를 대표로 하여 개인들, 풀뿌리 단체들, 느슨한 연대체들, 네트워크들이 모두 지구적 공론의 장에서 역할을 하고 있다. 소위 '병행 회의 (parallel summit)', 즉 국제 NGOs, 개인들이 정부 간 회합과 병행하여 혹은 독립적으로 결집하여 아젠다를 형성해 가고 있다(헬무트 안하이어 외, 2004). 이들은 국경을 넘어선 연대를 전략적으로 중시하는데, 인권의 문제가 대단히 일국적으로 보이지만 그 해결책은 국가 경계를 넘어서 연대하는 데서 비롯됨을 인지하기 때문이다.

글로벌 시민은 단지 몇 국가의 수량적 결합의 결과인 국제사회가 아닌 내용적 소통의 네트워크인 지구시민사회의 성원이다. 자신이 속한 국가 내부에서 전개되었던 시민운동 혹은 시민권 개념이 단일 국가를 넘어 지구적 네트워킹 속에서 구현되는 새로운 양상을 기반으로 하여 새로운 정치 주체로서 글로벌 시민이 등장한 것이다.

이를 달리 표현하자면 경제 논리에 의한 지구화가 비용 절감과 이윤 극대화 같은 경제 영역의 욕구들에 의해 일방적으로 진행되면서 공동체와 사회적 삶이 파괴됨으로써 소속감 및 결속 의식과 같은 사회 영역의 욕구들이 묻히고 마는 상황(라메쉬 미쉬라, 2002)에 문제제기를 하는 집단이 형성되고 있다는 것이다. 이들은 소위 '사회적인 것'을 구해 내기 위해 '경제적인 것'을 통제하는 문제에 관심을 갖는다. 『걸리버 여행기』에서 마치 수많은 소인들이 수많은 밧줄을 매달아 거인의 괴력을 무력화시킨 릴리풋 전술을 썼던 것처럼, 의식 있는 다수의 풀뿌리 집단의 형성은 미래의 공간 변화를 기약하게 해준다.

"현재 진행되고 있는 지구화가 하나의 상수라면 NGO는 이 상수의 경로를 부단히 수정하고자 하는 변수"이며(김호기, 2001), 현실에서 글로벌 자본의 막대한 팽창력에도 불구하고 지구시민사회가 가동할 수 있는 기술과 인력, 금전 등의 자원이 늘면서 활동 역량과 위상이 커지고 있다는 점이 희망적 요소다. 무엇보다 이들의 도덕적 위상은 지구화로 인해 피폐해지는 생활세계의 내적 식민화를 실천을 통해 변혁시킬 수 있는 가치 지향성에서 담보되고 있다.

글로벌 시민운동의 사례는 반전평화운동에서 두드러진다. 소위 대안적 지구화를 표방하며 지구/지역적으로 행해지고 있는 이 운동은 미국이라는 단일 국가의 패권주의뿐만 아니라 이에 동조하고 이익도 분배받는 미국 주변의 협조 국가들의 힘에 맞서는 탈식민적 운동이다. 이들은 강대국의 정치적, 경제적, 군사적 헤게모니에 저항하면서 좀 더 정의로운 세계질서를 만드는 글로벌 시민으로서의 창조적 역할을 자임하는 자들이며, 국가로 대표되는 정치 주체와 정체성을 분유하지 않는 새로운 정치 주체들로서 출현하였다. 이 안에서 평화운동, 반전운동은 국가와 국민, 그리고 국익 등의 전통적인 관계성을 해체시키고 새로운 정치적 주체와 정치학의 지평을 열고 있다. 이들이 행사하는 지구적 시민권은 문화적 권리이며 확장적인 시티즌십으로서 국가 간 힘의 논리에 의한 위계구조를 지양하고 동시에 자국 중심적 논리에 대한 철저한 내적 성찰로 이끈다.

김현미(2003)는 "우리가 끊임없이 국가에 의해 '국민'으로 호명되어, 냉전시대의 식민지적 상상력에 의해 '행동'하기를 요구당할 때, 우리는 이러한 호명 자체를 거부할 권리를 가져야 한다. … 우리의 국적성은 우리의 진보적 정치 개념에 효과적으로 부합할 때만 주장될 수 있는 정체성이며 국가는 무조건적인 충성과 연대의 조건이 될 수 없다."고 한다.

이러한 논의는 지금까지 국수적 틀 안에서 머물렀던, 혹은 제국주의적 영토 확장을 위한 주장이나 그에 대한 수세적 대응 논리로서 민족주의, 그리하여 왕조 중심 혹은 지배계급의 이념적 도구가 된 '관 주도' 민족주의에 대한 철저한 반성을 필요로 한다. 여성주의 시민의 민족문제에 대한 입장은 그것이 지닌 현실적인 역동성을 끌어안되 민족주의보다 상위 개념인 보편적 가치들을 전면에 내세우는 전략을 지녀야 한다10)는 것이고 이를 위한

---

10) 버지니아 울프는 국가보다 더 큰 가치의 공간으로서 여성주의의 지구적 확장을 자각한 선구자였다. "'그러므로 만약 당신이 나를 또는 우리 조국을 지키기 위해 싸우고 있다고 계속 주장한다면 당신은 내가 공유할 수 없는 성적인 본능을 만족시키기 위해, 그리고 내가 공유해 오지 않았고 또 앞으로도 결코 공유하지 않을 이익을 얻기 위해 싸우고 있음을 진지하고도 합리적으로 이해해야 한다. 당신은 나의 본능을 만족시키기 위해 혹은 나 자신이나 내 조국을 위해 싸우고 있는 게 아니다. 왜냐하면 사실 여성인 내게 조국이란 없다. 여성으로서 나는 조국을 원하지도 않는다. 여성으로서 내 조국은 전 세계이니까'라고 국외자는 말할 것입

여성주의 국제연대가 긴요하다.

비단 평화운동뿐만 아니라 인종차별의 극복, 자연과의 관계 회복, 반핵운동 등과 결합할 수 있는 정도로 여성주의의 외연은 매우 포괄적이며 탈위계적, 수평적 시티즌십의 가치를 내포하고 있다. 그리하여 지구시민사회에서도 여성주의는 하나의 구성 요소일 뿐만 아니라 구성 원리다. 즉 여성주의는 지구시민사회의 규칙을 새로 쓰는 더욱 근본적인 역할을 자임한다는 뜻이다.

한편으로 한국사회에서 시민운동과 여성주의는 어떻게 만나고 있는가? 여성주의 이론이 여남평등뿐만 아니라 평화와 다양성, 생명과 상생, 포용성 등의 대안적 가치를 포괄하는 또 하나의 실천이라면(조형, 2004), 여성주의운동은 여성 집단의 권익운동에 머무는 것이 아니라 사회 전체의 가치를 변혁하는 대안운동이다.

그럼에도 불구하고 한국의 시민사회 형성기에 여성주의 실현운동, 즉 여성운동은 하나의 부문 운동의 위상을 자임하라는 요구를 시민운동 안팎에서 받아 왔다(조한혜정 외, 2004). 내부에서의 여성문제는 대체로 우리 사회의 더 크고 더 중요하고 더 근본적인 문제들(소위 민족, 민중, 민주로 대표되는 이념들)에 의해 핵심적 의제로 제기되는 길을 봉쇄당해 왔다. 시민운동 내 젠더문제에 대한 불충분한 의식화를 드러내 주는 많은 사건들에도 불구하고 그 문제들은 조직 보존 혹은 적 앞의 분열을 피해야 한다

니다."(버지니아 울프, 2004:213-214) 물론 "어떤 질긴 감정이, 하나의 공통된 관심이 우리를 묶어" 주고 이는 조국에 대한 설명하기 어려운 감정일 수는 있지만 그 경우라도 조국에 평화와 자유를 가져다주는 방향이어야 한다고 본다. 결국 울프는 우리가 한 국가의 성원임은 우연적 사실일 뿐 가치 지향의 필연적 대상이 아니며 여성의 공간 구속성을 철저하게 버릴 것을 인상적으로 역설하고 있다.

는 논리에 따라 은폐되어 온 측면이 있다. 그렇지만 "내적 가부장성은 반드시 외부 활동에서 성적 위계질서의 재생산으로 이어진다."는 지적처럼(권혁범, 2004), 미시적 가부장성과 거시적 가부장성은 연속선상에 있다.

더 근원적으로 생각해 보면 시민운동이 성불평등을 포함하여 모든 종류의 억압적 위계를 청산하고 내부 민주주의를 실현해야 하는 생활세계 변혁 운동을 담지하기 위해서는 젠더 관점이 여성으로 대표되는 특정 집단의 관점이 아님을 인식해야 한다. 여성주의는 각종 사회 공간 안에서 여성의 수적 대표성을 보장받는 것으로 끝나는 것이 아니기에 여성을 추가해서 젓는(add and stir) 전략은 불충분하다. 시민사회 스스로 권력과 화폐의 논리를 배제하고 도덕성과 합리성을 생산·재생산하여 국가와 시장을 개화시키는 것은 중요한 과제"이지만(박상필, 2003), 이제는 이러한 과제를 여성주의적으로 맥락화할 때가 되었다는 뜻이다. 시민사회 내 상근자, 자원봉사자의 구도에서 여/남 역할, 직제상 상급/하급의 성별 편성, 내부 양성 평등 기준의 미비 등의 해결책을 강구해야 한다. 이로써 여성주의 시티즌십은 시민사회 외부의 가부장제와 내부의 가부장제를 향한 두 전선을 유지한다.

3. 새로운 문제와의 접속 지점을 향하여 : 지구시민사회에 대한 여성주의 시티즌십의 프락시스

지금까지의 논의를 통해 지구시민사회라는 맥락 안에서 여성주의를 생활세계의 원리로 선택한 시민들의 자기 인식과 실천을 다각적으로 전개해 보았다. 지구시민사회의 맥락에서 확장되어 가는 개인의 존재론적 지위는 한 국가 내에서 부여받은 권리와 의무의 좌표로 소진될 수 없으며 가치 지향적 전망에 따라 지구/지역적 실천적 행위성을 체화하는 가운데 구성해 가는 것임을 확인하였다. 이러한 새로운 정체성은 사회 안에서 태생적으로, 즉 자동적으로 귀속된 지위가 아니다. 개인의 선택과 인식적 책임감을 요구하는 것이며 배타적 멤버십이 아니라 중층적 관계 속에 중첩되어 있는 탈경계성을 특징으로 한다. 또한 여성이 시티즌십을 논의하는 담론과 행위의 주체가 되면서 몸의 시티즌십을 포함하여 일상의 미시적 시티즌십을 구현하는 방식으로 시민사회가 변혁되지 않으면 탈가부장제 사회를 추동해 갈 수 없음이 지적되었다. 시티즌십에 대한 이러한 여성주의적 개입은 지구/지역적 시민사회의 규칙 또한 변혁시킬 수 있는 실천적 부메랑이 됨으로써 여성주의가 평화, 다양성, 생명 등의 상위 가치와 함께 대안 가치를 담보하는 의미의 기획으로 자리 잡을 수 있게 한다. 결국 필자가 논의해 온 중층 관계적 시티즌십은 다중적 관계 맺음을 통해 개인의 삶이 누벼지는 판 위에서 형성되고 있는 실체(entity)다.

이상의 논의를 마감하면서 하나 아쉬운 점은 지구시민사회의 여성주의화를 위한 주도적 행위자로서 여성주의 시티즌십이 존재론적 차원에서 탐구됨으로써 지구시민사회의 구체적이고 물질적인 기반을 사회적 차원에서 모색하는 작업이 유예된 것이다. 여성의 역사적 보살핌 행위 및 비가시적 가치 자원에 대한 여성주의적 재평가를 어떻게 해내고 이를 노동과 경제 면에서 새로운 하부구조와 가치 질서를 구축하는 것으로 연결시킬 수 있을지에 대한 여성주의자들의 모색이 요청된다.

이제 그 판을 어떻게 더 역동적으로 더 해방적으로 구성해 갈 것인가? 우리는 그 판 위에서 어떤 춤을 출 것인가? 지구시민사회라는 새롭고 느슨한, 그러면서도 창의적인 에너지와 실천을 요구하는 시대 환경 안에서 여성주의자의 더 나아간 고려는 무엇인가? 여성주의자는 계속해서 물음을 던져야 한다.

앞에서 누차 언급한 패권적 지구화는 자본주의 삶의 양식에 대한 철폐 없이 중단시킬 수 없고 이것과 가부장제는 서로의 공모 하에 엄청난 현실 압력을 행사하고 있다. 대안적 공간들에 대한 작은 투신이 어떻게 새 물꼬를 틀 수 있을지 회의하는 사람들은 계속 '대안 없음'을 이야기한다. 그러나 시대 상황을 회의하는 데 에너지를 쓰지 않고 시대 변화에 매진하는 이들은 이질적이고 다양한 다수의 삶을 부정하면서 일자적 표준형 모형을 강요하는 '수목형' 독단들을 역사화한다. 이들은 선진국, 개발도상국, 후진국이라는 편협하고 단순한 분류화 속에서는 가부장제적 자본주의의 유한성이 예측되지 않는다는 점을 지적한다. 문화의 획일화, 문화의 물질문명에의 종속을 현대화로 포장하거나 자본주의적 개발이 역사의 종점이라는 선전을 수용하지 않기 때문이다.

지구적 차원의 정치 경제적 권력과 가부장제의 강고한 결합 구조에서 벗어나기 위해 새로운 유목적 상상력을 실천해 가는 다수의 작은 공동체들의 실험은 이제 시작 단계다. 우리 각자는 여러 사회 공간의 관계망 속에 일시적으로, 잠정적으로, 때로는 장기적으로 속해 있는 개인으로서 스스로 어떤 정체성을 대표로 삼는가는 국면에 따라 유동한다. 지구촌민/국가국민/시장주체/지역사회 구성원의 축이 소규모 동네 사람/결사체 동료/친밀성 공동체 식구 등으로 더욱 조밀해지고 섬세해질 수 있다. 그때 여성주의 시민들은 또 한 번 서로 자유롭고 대등한 입장에서 자유의사에 기초하여 자발적으로 시민사회 안에서 풍성한 다양성을 실험해 보는 결사체의 주체가 될 수 있지 않을까? 이때의 '자발성'은 국가나 자본의 폭력성으로부터 구조적으로 자유롭고 동시에 타자와의 연대성과 수평성을 내포한 그야말로 관계로부터의 혁명을 일으키는 속성이라고 예견해 볼 수도 있을 것이다. "결사는 사람과 사람이 만나 말하고, 서로 이해하고, 결합하고, 결정하고 그리고 함께 행위하는 상호 긍정적인 관계"다(사토 요시유키, 2004). 결사는 사람과 사람이 주체로서 결합해 가는 동사적인 관계 개념이며, 따라서 그 관계는 언제나 '흐름'으로서 존재하며 자발적인 활동은 대인관계 속에서 고정되는 일 없이 항상 변화해 간다.

필자는 여성주의 시민이 확보해 가는 새로운 시민성 콘텐츠가 가부장제 사회의 변화 주도자(change agent)로서 갖추어야 할 인식적 자원으로 소용되고 이에 따라 그들의 행위성이 증폭되고 확산되는 정도와 속도만큼 탈위계 사회의 전망이 투명하게 되고 대안적 시민과 대안적 세계가 또 새롭게 창발할 것으로 믿는다.

여성주의자가 진정한 주체로 스스로를 구성하는 일은 정치적 행위이며 새로운 유목적 상상력을 요구한다. 선택적 삶은 삶의 안정성을 주는 장치들을 벗어나는 행위이므로 순간순간이 선택이자 불안일 수 있는 긴장 속의 자유다. 이들의 에너지가 자족적이고 협소하고 안온한 공동체들의 공간에 가둬지지 않고 지구/지역사회 공간의 규칙을 새롭게 만들어 갈 수 있을 만큼 임팩트를 가지며 5대양 6대주를 쓸고 갈 수 있을지는 우리의 상상력이 변수일 것이다.

[참고문헌]

거다 러너(2004), 『가부장제의 창조』, 강세영 옮김, 당대, 2004.

권혁범(2004), 『국민으로부터의 탈퇴』, 삼인.

김미경(2004), 「동북아 공동체 형성을 위한 여성인적자원교류 활성화 방안」, 『21세기 동북아 문화공동체의 구상』, 최송화 · 권영설 편저, 법문사.

김세서리아(2005), 「우리 어떻게 나르시스의 꿈을 넘을까?: 세계화 시대에 '유교적' 여성주의를 말하는 어느 여성 철학자의 변명」, 『시민과 세계』 제7호, 당대.

김왕근(1999), 「세계화와 다중 시민성 교육의 관계에 관한 연구」, 『시민교육연구』 제28집.

김현미(1996), 「기제로서의 성」, 한국문화인류학회 편, 『한국문화인류학』, 29-2.

_____(2003), 「우리를 국민의 이름으로 호명하지 말라: 탈냉전 시대의 국익 개념과 반전 시민권」, <연세대 전쟁에 반대하는 여/聲 주최 토론회 자료집>.

김호기(2001), 『한국의 시민사회, 현실과 유토피아 사이에서』, 아르케.

라메쉬 미쉬라(2002), 『지구적 사회정책을 향하여』, 이혁구 외 옮김, 성균관대학교 출판부.

마리아 루고네스(2005), 「커뮤니티」, 앨리슨 재거 편, 『여성주의 철학』, 한국여성철학회 옮김, 서광사.

마이클 하트 & 안토니오 네그리(2001), 『제국』, 윤수종 외 옮김, 이학사.

박상필(2003), 「한국 시민사회 형성의 역사」, 『아시아의 시민사회: 개념과 역사』, 아르케.

배은경(1997), 「성폭력 문제를 통해 본 여성의 시민권」, 『여성과 사회』 제8호, 창작과비평사.

버지니아 울프(2004), 『3기니』, 태혜숙 옮김, 중명.

사도 요시유키(2004), 『NPO와 시민사회』, 송석원 옮김, 아르케.

샹탈 무페 편(1992), 『그람시와 마르크스주의 이론』, 장상철 외 옮김, 녹두.

심영희(2005), 「여성안보 개념구축을 위한 시론」, 한양대학교 여성연구소 주최 <글로벌라이제이션과 여성안보> 자료집(2005. 9. 15.).

악셀 호네트(1996), 『인정투쟁』, 문성훈 외 옮김, 동녘.

오장미경(2003), 『여성노동운동과 시민권의 정치』, 아르케.

요코다 카쓰미(2004), 『어리석은 나라의 부드러우면서도 강한 시민』, 나일경 옮김, 논형.

윤혜린(2006), 「지구시민사회 맥락에서 본 여성주의 시민의 정체성」, 『여성학논집』 제23집 1호, 이화여자대학교 한국여성연구원.

이경미(1997), 「여성의 육체적 쾌락은 복원될 것인가?」, 『여성과 사회』 제8호, 창작과비평사.

이상화(2005), 「지구화 시대의 지역 공동체와 여성주의적 가치」, 『지구화 시대 여성주의 대안가치』, 푸른사상.

이은희(2007), 「시민 공동체 '성미산 마을' 프로젝트」, 『여성주의 시티즌십의 모색』, 이화여자대학교 출판부.

이진경(2002), 『노마디즘: 천의 고원을 넘나드는 유쾌한 철학적 유목』, 휴머니스트.

전순옥(2004), 『끝나지 않은 시다의 노래』, 한겨레신문사.

정희진(2006), 「성적 자기결정권을 넘어서」, 『섹슈얼리티 강의, 두 번째』, 동녘.

조한혜정 외(2004), 『경계에서 말한다』, 생각의 나무.

조형 외(2003), 『여성의 시민적 권리와 사회정책』, 한울.

조형(2004), 「비공식에서 공식으로: 여성운동과 공공 영역」, <또 하나의 문화 20주년 기념행사 자료집>.

_____(2007), 「여성주의 시민화 시대의 시티즌십과 시민사회」, 『여성주의 시티즌십의 모색』, 이화여자대학교 출판부.

주준희(2003), 「성(性) 정책을 위한 새로운 비전에 관한 국제 심포지엄: 평등, 개발, 평화」, <여성정책의 새로운 비전: 평등, 발전, 평화>, 국제 심포지엄 자료집, 한국여성개발원.

짐 아이프(2001), 『인권과 사회복지 실천』, 김형식·여지영 옮김, 인간과복지.

찬드라 모한티(2005), 『경계 없는 페미니즘』, 문현아 옮김, 여이연.

헬무트 안하이어 외(2004), 『지구시민사회: 개념과 현실』, 조효제 외 옮김, 아르케.

홍윤기(2004), 「시민은 어떻게 애국하는가」, 『시민과 세계』 제5호, 당대.

Center for the study of Global Governance and Center for Civil Society(2005), *Global Civil Society*, SAGE Publications Ltd.

박승현(2006), 「지역 공동체와 마을 만들기」, http://blog.naver.com/stupa84/1000220 78614(검색일: 2006. 4. 9.)

아낙들(2005), http://www.anakdle.co.kr/cgi/main.cgi?cmd=main(검색일: 2005. 12. 7.)

제 5 장
지구/지역 시대 아시아 여성주의 공간의 모색

어떻게 우리가 차이에 대한 식민화에 빠져들지 않으면서, 혹은 문화 상
대주의라는 상투적 문구에 빠져들지 않으면서 지역 속의 전 지구, 혹은
전 지구 속의 지역을 생각할 수 있을까 하는 문제는 지금의 지적, 정치
적 상황에서 매우 중요한 문제다. [찬드라 모한티]

1. 자본주의의 공간적 확장

공간적인 것(the spatial)은 언제나 사회적으로 구성되고 사회적
인 항목(경제체제, 제도, 신념 체계 등)들은 반드시 공간적으로
구성된다. 장원이 없는 서양 중세의 봉건제를 상상할 수 없고, 수
도원 없는 서양 중세 기독교를 생각할 수 없다. 공간과 사회체제
는 서로를 정의하는 관계까지는 아니더라도 이념에 따라 특유한
공간적 실현의 사건들이 진행된다.

과거의 가상공간들, 예컨대 천년왕국에 대한 지향이나 유토피
아의 추구는 특정한 공간적 소묘를 동반했지만 그 시점의 공간적
상상력의 한계를 반영한다. 토머스 모어의 '유토피아'는 노예 노
동에 일부 기반을 두었고, 성경의 '가나안'은 풍요로운 농업사회

* 이 장의 논문은 한국학술진흥재단의 2005년도 선정 중점연구소 1단계
  지원에 의해 연구되었다(KRF-2005-005-J12501).

를 묘사한다. 이들은 가상적이나마 미래의 시간에 도래할 법한 이상사회를 자신이 속한 시공간 좌표상에서 희구하였던 것이고 따라서 당시의 사회적 조건에서 그리 멀리 결별하지는 못하였다.

동양의 민족국가들에서 새로운 정권이 들어설 때 이를 만천하에 선포하기 위해 연호가 사용되었던 것을 공간적으로 독해해 보는 일도 흥미롭다. 이러한 일은 광무1년, 소화1년 식으로 원년(元年)에서 전개되는 시간 연쇄인 것 같지만, 실은 통치자의 공간적 통제와 장악에 대한, 즉 "이제 나의 나라가 되었다."는 선언이었다. 서기(西紀), 불기(佛紀), 단기(檀紀) 역시 역사를 가르는 분기점에 그치는 것이 아니라 공간의 질서가 새로운 이념에 의해 불연속적으로 재편됨을 내포한다.

역사적으로 출현했던 사회주의 체제의 경우 기념비적 광장이나 도시 설계 등 자신들만의 공간 기획을 보여주지 않은 정권이 없다. 사회적, 정치적 이념은 서책이나 관념 세계 안에서가 아니라 사회 변혁의 과정으로서, 다시 말해 공간 안에서 실현되어야 하기 때문에 추상 차원에서 구체의 차원으로 이동한다. 사회주의 이념하에서는 건축물 하나하나를 넘어 복합 시설들, 도시까지도 하나의 사회적 응축기(social condenser)로서 취급되었고 이러한 공간 변화는 문화 혁명이자 생활 혁명을 내포하는 것이었다(안창모, 2004).

존 레니에 쇼트(2001) 역시 사회주의 혁명이 도시 전역에 걸쳐서 새로운 사회의 아이콘을 등장시키는 역사적 계기였음을 설명하는데, 예로서 1935년의 모스크바 수도 재건 계획을 들자면, 도시는 규모에서 제한을 받아야 하며 도시 중심은 업무 기능보다 이념적인 기능을 갖게 하고 국가는 주택 배치를 통제하는 식으로 드러난다.

중국의 베이징을 보면, 현대 사회주의 사회의 이미지를 만들기 위해 천안문 광장을 조성하고 인민대청사, 중국혁명박물관, 모택동 동상을 도열시키고, 광장은 대규모 행진의 무대로 정치화된다. 쿠바 혁명 이후 아바나는 주거시설이 경제적 지불 능력이 아닌 수용에 의해 할당되어 결과적으로 사회적 계급의 혼합을 도모하였고, 프라하에서는 주택정책의 변화로 아이를 가진 젊은 세대, 주요 경제 분야의 노동자, 열악하고 불결한 환경에 사는 세대에게 새로운 주택이 할당되었다(존 레니에 쇼트, 2001). 북한 역시 사회주의 이념을 공간 안에서 실현하기 위해 도시와 농촌의 격차를 줄이고 근로자와 농민의 생활 격차를 줄이며 공동생활을 통해 핵가족 생활을 대체하겠다는 계획을 실천하였다(안창모, 2004).

이러한 공간적 시도들에도 불구하고 1989년 이후 공산권의 쇠퇴와 자본주의 실물경제의 확장은 직접적으로 도시에 영향을 미쳐 정치 이념은 영향력을 상실하고 정부 정책보다 시장이 토지 이용의 중요한 배치 요인이 되고 있다. 도시의 중심은 탈정치화되어 경제 업무적 용도로 사용되고 있는 것이다. 한 예로서, 1990년대 중국의 문화 풍경 가운데 '광장'이 다의적인 색인이 되어 가고 있음을 들 수 있다. 과거의 중국에서 광장은 일반명사라기보다는 '톈안먼 광장'으로 고유하게 일컬어진, 즉 학생운동과 혁명, 진보, 변혁의 역사적 기표였다. 그런데 이제는 '플라자'라고 불리는, 백화점, 슈퍼마켓, 식당, 사무실 등이 모여 있는 초대형 복합 상가 건물들이 그 의미 체계를 이어받았고, 대도시의 지구화와 함께 소비의 시대를 알리는 나팔이 울리고 있는(따이진화, 2006) 것이다.

역사적 사회주의 체제의 조기 파국은 자본주의 국가들의 경제 봉쇄 등 체제의 포위에 따른 취약화에 의거하여 외재적으로 설명되기도 했지만, 앙리 르페브르의 지적처럼 사회주의가 자신의 고유한 사회적 공간을 생산하지 못한 내재적 요인에 따르는 것으로 인식되기도 한다.

"자본주의는 상품 세계라는 추상 공간을 생산했다. 은행, 비즈니스 센터, 자동차 도로, 공항 등이다. 그러나 사회주의는 공산주의적 사회가 존재하게끔 만들지 못했다. 사회주의는 삶 자체를 바꾸지 못하고, 이데올로기, 제도, 정치적 장치들의 상부구조만 바꾸었다. 사회개혁이 진실로 그 성질에서 혁명적이려면 일상생활, 언어, 공간에 대한 영향력을 가져야 한다. 사회주의적 공간은 1920, 30년대 건축과 도시화가 멈춤으로써 생산에서 불임의 해로 넘어간다. … 계급투쟁에 대해서 말하자면, 공간 생산이 계급에 의해서만 수행된다는 것이 주요하다. 계급투쟁은 오늘날 더욱더 공간 속에 새겨진다. 삶을 바꾸는 것은 공간을 바꾸는 것이다. 그리고 사회의 균질화, 개인의 균질화가 아닌 '다를 권리'에 대한 주장이다."(Lefebvre, 1991:53-65)

경직된 상부구조 안에서 일상생활의 활력이 상실되면서 역사적 사회주의의 실험은 휴지기에 들어갔다. 르페브르가 "혁명은 단순히 국가나 재산 관계만 변혁시키는 것이 아니라 우리의 삶을 개조하기에 일상이 작품이 되게 하는 일, 자신을 알고 이해하고, 자신의 조건들(육체, 욕망, 시간, 공간)을 재생산하고 소유하고 스스로 자신의 작품이 되는 그런 행위"를 담지할 수 있을 때, 즉 자주관리에 들어갈 수 있을 때"(앙리 르페브르, 1990:274) 가능하다고 주장했던 근거 역시 새로운 공간은 일상성 안에서 현저하게 차이나게 생산되어야 한다는 관점에서다.

각 사회가 다양한 이념, 문화, 생활양식에 의거하여 사회적 공간)을 생산함으로써 생산 관계, 재생산 관계, 사회 자체의 재생산 관계를 유지하지만, 창조적이고 복수적인 차이의 공간들을 통해서 몸이 살아지는 경험(르페브르의 용어법으로 하면 lived experience)을 우리로 하여금 갖게 못하는 한 사회적 공간의 생산은 멈춘다. 상부구조만의 변화는 미미한 공간적 실천을 결과로 남길 뿐 삶이 바뀌고 사회가 바뀌는 근본적인 변화의 공간을 생성하지 못한다.

사회주의와 자본주의 국가 간 생존력의 차이와 공간적 이질성은 역시 공간 속에서 생산되는 것, 즉 공간의 정치 경제로 논할 수 있다. 하비는 자본주의가 과잉 축적의 위기를 지구적으로 공간적으로 돌파한다고 보는데, 이 역시 공간적인 위기 해법, 즉 사회적인 것의 공간화에 속한다. 일국 자본주의의 모순이 세계체제의 자본 순환과 축적, 투자 과정에서 타 지역, 타 국가, 국가 내 취약 지역으로 전가되는 것이다.

존 레니에 쇼트(2001)에 의하면 포스트모던 도시를 중심으로 신 엔클로저 운동을 관찰할 수 있다고 한다. 18세기 후반에서 19세기 전반에 공동 경작지의 사유화, 개방 경지의 구획화가 구 엔

---

1) 필자가 사용하는 '공간'의 용어법은 매우 중층적이다. 때로는 물리적 장을 주요하게 지시하기도 하고, 사회적 행위가 구성되고 그 행위에 의해 역으로 재구성되는 '사회적 공간'을 뜻하기도 하고, 여성주의 실천과 결부될 때는 지역 현장성을 의미하기도 한다. 그러나 이 논문의 지향점에 의거할 때는 주요하게 담론적 실천과 동시에 실천적 담론을 위한 정치적인 공간을 염두에 둔 것이다.

클로저 운동이었다면, 현대는 벙커 건축으로 대표되는 새로운 엔클로저 운동의 흐름 안에 있다. 호텔 입구의 은폐나 도로에 면하는 담으로부터 폐쇄한 출입 제한 공동체(gated community)의 증가 등의 현상이 생긴다. 부유층 주거 지역에서 개인 비밀경호, 벽, 문, 전기 울타리 등 안전에 대한 관심과 수요가 증가하는 것은 타인에 대한 두려움을 반영하고 자신들만의 공간적 공동체를 특화하는 것이다.

현대 사회의 가장 큰 변화로 거론되는 계층 구조의 양극화는 좀 더 거시적인 공간적 질서에도 반영된다. 산업 구조의 변화로 대규모 제조업 지역은 쇠퇴하거나 대도시를 떠나 외곽 지역이나 다른 도시로 이전하고, 생산자 서비스 부문 같은 핵심 성장산업과 저임금 비공식 부문 같은 주변 산업으로 이중 구조화된다. 이에 따라 고소득 전문직이 주로 일하고 거주하는 곳에서는 첨단 정보화 시설을 갖춘 스마트 건물의 건축 붐이 일어나고 도심 재개발을 통한 지역의 재활성화가 이루어진다. 또한 이들의 높은 소비문화 수준을 충족시키는 고급 주택, 대형 쇼핑센터, 문화 공간 등이 발전하면서 상층 도시(first city)를 형성한다. 이와 대조적으로 임시직, 일용직 등 주변화된 계층을 중심으로 한 하층 도시(second city)가 형성된다. 이 지역은 실업과 빈곤, 가정 해체 등의 문제가 확대 심화된다(홍인옥·최병두, 2004).

특히 신자유주의의 지구적 물결 속에서 만들어지고 있는 약자 계층의 신빈곤 현상은 주거 문제에서 현저하게 드러난다. 남원석(2006)은 저소득층의 주거 문제는 물질적 결핍에 따른 빈곤의 결과이기도 하지만, 다른 한편으로 빈곤을 심화시키는 혹은 빈곤화 과정을 강화시키는 원인으로도 기능한다는 점이 더욱 심각하다고 한다. 주거비 지불 능력이 감소하여 더 저렴한 주택으로 점차 하향 이동하다 보면, 교통비 부담뿐 아니라 일자리에 대한 정보 접근성이 떨어지며, 불량한 주거 환경으로 인한 건강 악화 등으로 직접적인 의료비 지출의 증대를 가져올 뿐 아니라 노동력 재생산을 더욱 취약하게 만들 수 있기 때문이다.

역사적 자본주의는 이런 식의 지리적, 공간적 이질화 경로와 더불어 다른 다양한 출구들을 지속적으로 개발하고 탐색함으로써 수명을 연장하고 있다. 즉 인위적 자연의 식민화 과정과 사이버 대륙에 대한 지리상의 발견, 사적 관계의 상품 공간화 등이 그것들이다. 상품 세계의 복잡화와 다양성 안에서 이질적인 공간들을 많이 만들어 내면 낼수록 생산과 독점의 위기는 지연, 해소될 수 있다. 이 문제를 네 가지로 나누어 보자.

(1) 포스트 포디즘 방식의 생산과 소비 : 에드워드 소자(Soja, 2000)에 의하면 포스트 포디즘은 대규모의 생산 조립 라인으로 특징화된 집중적 공업 생산 방식(포디즘)과 달리 유연한 축적 방식(다품종 소량 생산)을 채택함으로써 재구조화된 생산 방식으로 경제 패턴을 전환시켰다. 그리고 특수하고 세부적으로 구획된 생산─노동의 패러다임은 소비의 일상세계 또한 촘촘하게 직조하고 있다.

(2) 자연세계의 포섭 및 통제 : 인간 문명의 촉수가 닿지 않는 극지, 오지는 거의 사라지고 있으며 우주 공간의 개척 등으로 인간의 활동성은 최대로 연장되고 있다. 말 그대로의 '자연'은 소멸하고, 문화화되고 문명화된 2차 자연이 우리의 환경 세계로써 주어진다.

(3) 사이버 공간의 발명 : 더 이상 '제7대륙'으로 지칭하기가 어려울 정도로 더 큰 외연과 내포를 갖는 공간의 탄생을 통해서 시공간의 확장은 무한대로 진전한다. 자본, 정보, 의식 교환이 광속으로 일어나면서 각종 사이버 공동체가 생성과 소멸을 반복하고 컴퓨터 모니터 위의 삶이 차지하는 비중이 지속적으로 증가한다.

(4) 소위 사적 공간 안으로 들어온 상품화 : 돌봄 활동의 임금화, 정서적 관계의 상품화는 부불의 재생산 노동 및 정서적 노동을 주로 담당해 온 여성의 삶이 지구/지역적 이동 안에 새롭게 위치 지어짐으로써 여성 노동을 구조적으로 변동시키는 계기가 되고 있다.2)

공간적 생산, 혹은 공간적 생활양식에 대한 이러한 강조는 무엇을 의미하는가? 역사의 종말론이든 완성론이든, 그 안에 내재한 시간의 강조에서 벗어나 이제 공간의 강조로 전환하면서 어떤 인식론적 지평에 다다르는가? 역사상 이상주의 운동들에서 그 유파와 지향의 차이에도 불구하고 한 가지 공통되었던 것은, 모든 종류의 모순, 억압, 고통이 완전히 사라지고 자유와 평등이 철저하게 실현되는 '해방의 그날'에 집중했다는 점이다. 하지만 그러

---

2) 조세핀 도노반(1993)은 재생산 노동의 주요 담지자인 여성의 삶이 산업 노동자보다 훨씬 더 통합적이며, 공장 노동자들과 달리 여가의 시간과 공간에 대한 창조적인 통제를 할 수 있으며, 경우에 따라서는 창조적인 활동도 할 수 있으며, 다른 사람들과의 정서적인 상호작용을 통해 비교적으로 소외되지 않은 체험을 할 수 있다는 선택의 자율성을 강점으로 들고 있다. 그러나 상품 경제가 가정을 포함하여 사회 전역으로 샅샅이 침투해 들어감에 따라, 주부의 부불노동은 사회 서비스 노동으로 전화하였고 가정이 더 이상 소외된 노동의 예외 지역이 될 수는 없다.

한 목적론적 선형적 발전론은 이제 신용을 상실했다. 왜냐하면 투쟁의 동력이 나올 수 있는 근거인 안과 밖의 경계가 부단히 동요하면서 해체되고 있기 때문이다. 자본주의는 세계체제화되었고 생산과 소유의 모순을 계속 외부화한다. 지구적 자본주의는 독특한 지구적 공간화 형태를 통해 국제적, 지역적 노동 분업을 재형성한다. 차별화/균질화, 해체/보존, 파편화/접합의 모순으로 가득한 공간적 결합을 만들어 낸다. 인간을 공간 안에 배치시키고 이동을 허용하면서 상품 공간 안에 머물게 한다. 디테일한 욕망들을 무한 변형시키면서 우리를 마치 뫼비우스 띠를 도는 순환 속에(순환 밖에) 가둔다.

2. 자본주의/가부장제/식민성의 3중 구조 안에서 본 아시아 여성의 삶

　탈식민성을 푯대로 한 기존의 담론들은 서구에 의해 식민화된 비서구 지역의 역사적 경험 속에서 억압되고 박탈당한 목록들을 나열하면서 전개되어 왔다. 아시아나 아프리카의 저발전은 서구의 팽창을 위한 지렛대가 됨으로써 소위 제3세계 없이 제1세계는 번성할 수 없는 것이었다. 1세계가 권력화되기 전까지 3세계는 존재하지 않았다. 식민적 억압 장치들에 의해 '최후의 식민지로서 제3세계 여성'의 삶은 상대적으로 더욱 궁핍한 처지에 놓이게 되었다.

　1970, 80년대 서구 기업들은 소위 저임금의 유순한 노동력 공급자로서 제3세계 여성 노동자를 통해 최대 이윤을 확보하려는 철새기업의 성격을 띠면서 자본을 아시아로 이동시키고 상품을

지구적으로 유통시키고 이윤을 본국으로 이동시켰다. 다국적 기업의 주도하에 수출공단이나 자유무역지대 안에서 값싼 노동력의 여성화 현상이 만연했다.

당대의 이주의 여성화는 돌봄 노동의 수요가 많은 나라(유입국)로 신체가 이동하는 새로운 현상을 일컫는다. 특히 아시아 여성의 이주는 전 세계 이주의 3분의 1 이상을 차지할 정도로 확장 일로에 있다. 이들은 자신의 나라에서 좋은 일자리를 찾기 어려운 상황에서 국가의 경계를 넘어가지만 매우 성별화된 노동 구조 안에 편입된다. 또한 남의 아이를 키우느라 자신의 아이는 친지의 손을 빌리고, 혹은 자기의 자녀를 잘 키우기 위해 남의 자녀를 키워야 하는 아이러니에 봉착한다. 가족 중심의 가치 체계를 갖고 있다는 소위 '아시아적 특성'은 점증하는 가족 분리 현상 앞에서 무색해진다.

지구화를 특징짓는 아이콘으로서 '이주 여성'들에 대해서 송출국(본국)에서의 실업과 경제적 빈곤으로부터의 탈피, 혹은 여성(주로 아내나 딸의 위치)에게 부여된 가족 생계 부양의 의무라는 성별화된 이유 때문에 이주노동의 대열에 합류하거나 국제결혼을 하게 된다고 설명하는 경우가 일반적이다.

그렇지만 제3세계 여성의 이주가 단선적 경로를 밟는 것만은 아니다. 김정선의 연구(2006)는 이러한 구조적 조건 외에도 숨겨진 이유들, 예를 들어 본국의 가부장적 규범으로부터의 탈출이나 지역의 제한된 삶에서 벗어나고자 하는 여성 개인의 욕망이 경제적 이유 못지않게 이주의 중요한 동기가 된다는 사실에 주목하고 있다. 이는 이주 여성이 지역 가부장제의 경계를 넘어서 끊임없이 변화를 만들어 내고 자신이 처한 상황을 주도적으로 극복해

202

가는 적극적인 행위자로서 인식될 수 있는 가능성을 보여준다는 것이다.

따라서 좀 더 입체적인 관점의 연구들을 통해 행위의 표면과 이면 사이의 중첩성 혹은 구조 안의 구조를 파악해 가는 것이 더욱 적실할 것이다. 글로벌 자본주의 안에서 식민적 억압 상황의 온존과 그것에 성차별주의가 어떻게 결탁하는가, 즉 국적, 인종, 계급, 젠더 등이 교차하면서 어떻게 다중적인 억압 장치를 만들어 가는가, 더 나아가 여성들은 여기에 어떤 균열을 내는가를 좀 더 잘디잔 눈금으로 분석해야 한다. 제3세계 여성의 저임금, 생존 회로를 찾아가는 이주노동, 지역 가부장제의 온존과 이에 대한 대항은 독립 변수가 아니다.

예를 들어 필리핀의 '부채로부터 자유연합'은 부채 위기, 여성 노동자, 농민, 농촌 여성, 이주 여성, 토착 여성, 공적 부문 피고용인, 소비자 여성, 가계 관리자 여성 등에 대한 구조조정 프로그램의 결과를 폭로하고 있다. 이는 부채, 환경 파괴, 난개발, 여성의 조건, 폭력, 빈곤의 여성화가 상호 연관되어 있음을 보여준다 (Pineda-Ofreneo, 2004). 또 다른 예로서 중국의 농업 여성화 문제는 개혁 개방 이래 중국 농촌의 독특한 현상일 뿐 아니라 지구적 추세이기도 하다는 지적(한지아링, 2002)도 눈여겨볼 만하다.

지구화는 식민화와 연결되면서도 미시적으로는 구별되는 차원에 속한다. 식민화에 대한 반대 명제들은 정당하며 그 극복은 필연적이다. 그러나 지구화는 양날의 칼과 같이 운용 주체에 따라 효과가 천차만별로 나타날 수 있고, 누가 어떤 의도에서 이 흐름을 어떻게 견인해 가려고 하는가의 방향성이 관건이 된다. 크게 지역적으로 볼 때 지구화는 모든 지역을 균일하게 관통하지 않으며 지역적 조건과 상호 변주한다. 로버트슨의 표현에 의하자면, 지구적인 것과 지역적인 것, 또는 좀 더 추상적인 흐름에서 보편적인 것과 특수적인 것에 대한 상호 침투와 동시성을 포함하고 있기에 지구화 이론에서 주요 쟁점은 동질화와 이질화의 내용 사이의 관계가 되는 것(롤런드 로버트슨, 2000)이다. 이러한 상호성은 공간적 주체의 지구화 인식에서도 나타난다. 지구화를 어떻게 볼 것인가에 대한 관점들은 급속하게 지구화되어 가는 세계 안에서, 지역 안에서 만들어지는 위계 안에 자신이 어떤 자리에 위치해 있는가에 의존하여 만들어진다.

반(反)지구화 진영 중 특히 신자유주의의 시장경제의 전면적 확장으로서의 지구화에 대한 열렬한 반대를 표명해 온 곳에서는 상품, 서비스, 사람의 운동이 궁극적으로 자유시장을 가동시켜 최상의 재화를 최저 가격으로 살 수 있다는 입장을 비판한다. 지구경제는 국가 간, 지역 간의 불평등을 악화시키고 남반구의 주변화와 무력화를 야기한다는 것이다. 그러나 이러한 논리가 자신의 기득권을 방어하는 데 사용될 수 있다는 점이 문제다. 자국 시장 내 독과점을 통해서 초과 이윤의 수혜를 받아 온 국가 기업들이 경쟁을 받아들이지 않고 안마당에서 안일하게 사업을 해왔던 호시절로 되돌리고자 하는 의도를 은폐한 채 사태를 일반화할 수 있기 때문이다.

사실 북 대 남은 각각 동질적 범주가 아니다. 북 안에도 더 잘 사는 지역과 아닌 지역으로 나뉘고 경제의 공식 부문과 비공식 부문, 빈/부, 백인 다수와 이민자 소수로 나뉜다. 남 안에도 도시와 농촌 환경 간에, 공식 부문과 비공식 부문 간에, 풍요롭고 북반구의 생활양식을 향유하는 엘리트와 빈궁한 대중 간에, 인종적 다수자와 소수자 간에 차이가 있다. 1세계 안의 3세계 혹은 3세계 안의 1세계의 병존이 현 시대의 특징이다(Pineda-Ofreneo, 2004).

또한 지구화란 북이 남을 재식민화하려는 시도에 불과하다고 보는 민족주의 진영은 국가, 민족, 문화 정체성을 강조한다.3) 이들은 공동체의 해체에 대한 불안감을 해소하기 위해서 회고적 전략을 취하는 경향이 있다. 즉 스테판 뮬홀(2001)에 따르면 이들은 '좋았던 옛 시절'에 대한 노래를 부르면서 현대 사회가 개인 및 집단적 다양성의 공세 속에서 방임적 사회가 되어 버렸고, 여성주의 및 다문화주의 운동이 공동체감을 잠식해 온 것으로 생각하기에 공동의 선 관념을 손상시키는 종류의 다양성을 억제하려는 새로운 보수주의와 결탁해 가는 것이다.

공동체의 문화 전승과 관련하여 논란이 되는 한 지점으로서 문화적 특수성이 수용되거나 거부되는 기준 혹은 규범성을 논의해 볼 수 있다. 정재서(2003)는 「동아시아 문화 담론과 성: 효녀 서사를 중심으로」라는 논문에서 가부장적 윤리관에 대한 비판 작업을 위해 성별 정치학이란 관점에서 전통 가부장제의 텍스트를 해독하였다. 그는 아시아 전통사회에서 여러 열녀 유형을 사회적으

---

3) 조순경은 「신자유주의와 유교적 가부장제」(2003)라는 논문을 통해 이념형으로서의 유교적 가부장제의 효과에서 자유로울 수 없는 IMF 시절의 불평등한 여성 해고 문제를 부각시켰다. 자신의 정체성에 대해 한 남성 노동자의 '아내'로서가 아니라 '노동자'로서 확인하고 있는 여성들에게 불어 닥친 우선 구조조정 대상자화는 신자유주의 질서의 온전한 집행이 아니라 유교 공동체 윤리의 실천이었다. 그리하여 여성을 체계적으로 노동시장에서 배제하고, 여성의 경제력과 노동권을 유보시키는 기제로 작동하는 유교 윤리와 이러한 사회문화에 의존한 신자유주의, 이 양자의 결합은 시장의 실패와 가족의 실패 양쪽을 결과할 수밖에 없다는 비판점을 확보한다.

로 전시하거나 어린 여성(딸로 대표되는)이 가부(家父)에 대해 실행했던 효를 숭고한 희생으로 칭송하면서 명백한 여성 억압을 은폐했음을 밝히는 데 그친 것이 아니라, 그러한 여성 이미지들이 오늘날까지 면면히 살아남아 여성의 교육 혹은 성별적 사회화 기능을 행함을 비판한다. 또한 노지은(2007)은 한국의 효 사상을 보여주는 고전적 텍스트로서 '심청'이 인신공양을 효의 미덕으로 변환시킨 것임에도 불구하고, 오늘날에도 여전히 아시아의 문화 콘텐츠로 확대 재생산되고 있음을 우려한다.

근래에 중국의 조선족 자치주에 팽배한 '위기 담론'을 공동체 구성과 관련해서 재고할 필요도 있다. 조선족 사회에서 여성의 노동 이주는 배우자 여성 유실, 인구 유실, 민족 유실에 대한 위기감으로 직결된다. 여성의 입장에서 해외(주로 한국) 이주노동은 가족을 위해 경제적 책임을 다하는 것으로 공동체의 해체라기보다는 부양 관계 속에 있다. 그러나 남성에게는 공동체를 지탱하는 여성들의 성적, 재생산적 자원의 손실을 의미하는 것이어서 결혼과 자손 증식의 기회가 상실되는 남성 주체의 위기가 된다. 그리고 사회 변화를 다룰 수 없는 남성 가부장들의 무기력과 불편함 등이 공동체의 위기, 민족의 위기로 재현되는 것이다(김은실 외, 2006).

하지만 여성의 몸은 민족의 재생산을 위한 도구도 아니고 문화 전통 역시 고정 불변한 실체가 아니다.4) 여성이 지구/지역성 안

---

4) 한 조사에 의하면 한국사회의 남아선호사상이 최근 10년 사이에 급속히 감소되고 있다고 한다. "아들이 꼭 있어야 한다."는 의견이 1991년 40.5%, 1997년 24.8%, 2006년 10.1%로 가파르게 낮아지고 있다. 이는 문화 전통 혹은 가치관이 고정불변의 것이 아님을 보여준다. 김정수 (2007) 참조.

에서 좀 더 나은 삶의 기회를 찾아 부단히 경계를 넘는 그 행위들은 사실 난관과 위기들도 내장하고 있다. 그럼에도 불구하고 이들은 현재적 조건에 속박되기보다 미래 지향적 공동체주의의 시민에 속하기 위해 과감히 월경을 한다. 즉 이들은 전통적 생활 방식에 계속 충성할 가치가 있는지를 스스로 결정할 수 있는 사회를 원한다. 다양한 문화적 선택지 가운데 가부장제가 들어 있을 때 이들은 공동체주의를 승인하면서도 가부장제는 삭제하기를 원할 수 있고, 국경을 둘러싼 이들의 왕래, 공간 이동은 삶의 방식의 패키지를 스스로 꾸려가게끔 견인할 수 있다.

한편 지구화를 국가와 상호작용하는 역동적인 시민사회의 창출이란 관점에서 보면서 평화, 생태, 여성주의들의 이름으로 지구촌 안에, 지역들 간에 다리를 만들려고 하는 사회운동 또한 출현하고 있다. 국민국가가 쇠퇴하고 지구시장의 힘이 증가하는 상황에서 시장, 국가, 시민 간의 역할 재배치를 위한 공간으로서 지구/지역적 시민사회의 전망을 새롭게 구성해 볼 필요성이 있기 때문이다. 국민으로서의 정체성이나 상품가치의 생산자로서의 위치성을 벗어나 대안 가치의 담지자로서 지구시민사회는 다양한 정체성 선택과 생활방식을 인정하고 포용하는 열린 시민들의 복수적 연대성을 모색하는 가운데서 성립한다(윤혜린, 2006).

결국 지구화는 그 진행에 참여하는 모든 주체들에게 균질적으로 영향을 미치거나 동일한 효과를 야기하거나 일의적이거나 보편적인 현상으로 결과하지 않는다. 지역적 특수성 혹은 지역적 조건, 개인의 의식 조건 속에서 주체들은 상호작용하면서 다양한 양태들을 교직하면서 생산한다. 지구화가 몸, 의식, 정보, 물자의 소통을 통해 기존의 질서를 바꾸어 가는 힘을 두려워하는 측에서는 자신의 방어 논리로 반대를 확대 재생산하고 있지만, 지구화의 방향을 자신들의 약한 위치성에 힘을 북돋우는(empowering) 계기로 삼고자 하는 주체들의 등장은 어느 정도 필연적이며 그 대표적인 주자로서 여성 집단을 들 수 있다.

그간 여성은 주요 지구 경제 안에서 주체이면서도 과소평가되어 왔다. 수출 지향적 제조업과 서비스 산업에서, 그리고 해외 이주노동을 통해 기여해 온 바가 매우 크다(Pineda-Ofreneo, 2004). 그리고 젠더 맹적인(gender-blind) 주류 경제학에서는 재화만 거래의 대상으로 취급하고 그것을 생산하는 사람에 대해서는 보지 못하는 남성 편견이 경제 모델 안에 들어 있다. 그리하여 어떻게 인적 자원이 할당되고 재생산되고 유지되는가가 거시경제 틀 안에서 나타나지 않으며 부불 가사노동을 무시하는 결과를 낳는다.

중요한 것은 여성을 단지 희생자나 수혜자, 혹은 '최후의 식민지'로 비판적으로 인식하는 데 머무는 것이 아니라 사회 변화의 주체로 인식하는 일이다. 지구/지역화 시대 여성의 사회 참여는 자신이 속한 공간적 젠더 질서를 재구성할 뿐만 아니라 사회의 기본 위계질서 및 불평등 문화의 콘텐츠를 새로 갈아엎는, 즉 새 판을 짜는 일이다. 성평등은 지속 가능한 개발을 위한 전략이기 때문에 우리는 여남 간의 완전한 평등 없이 미래 지향적 가치 추구를 할 수 없음을, 즉 개발도 평화도 인권도 없음을 천명하면서 주류화시키는 것이다.

이러한 비판적 사고 위에서 아시아 여성의 삶이 새로운 지도에 따라 전망적으로 설계될 수 있으려면 개발 혹은 산업화의 문제를 여성주의의 시각에서 바라볼 필요가 있다. 선진국 따라잡기 식 개발에서 새로운 지속 가능한 경제로의 패러다임 전환이 요구된다. 개발의 주체로서 여성 참여(women in development)로부터 성 인지적 개발(gender and development)5)로의 전환을 뜻한다.

앞 절에서 서술한 대로 지구적 자본주의의 운동이 다양한 공간적 확장을 이루어 내면서 지역들을 골골이 샅샅이 훑고 지나가고 있는 흐름의 다른 한편에서 현 시점의 아시아 지역은 과거의 제3세계로서의 일반적 규정성을 넘어서서 각기, 그리고 또 집단으로 약진하는 경향을 보이고 있다. 아시아의 신흥 개발국으로서 네 마리 용이나, 600년 전 세계 GDP의 75%를 차지했던 지역인 친디아의 부상, 중국과 베트남 등 사회주의권의 대대적 개방 경제로의 전환 등의 계기를 통해 아시아가 새로운 세기를 주도하는 공간 축이 되어 갈 것이라는 예측이 줄을 잇고 있다(클라이드 프레스토위츠, 2006).

그간 과잉 인구와 높은 문맹률, 낮은 소득, 정치 불안정, 종교 분쟁 등으로 점철되었던 아시아 지역은 "이제 시간적 차원에서 전쟁과 혁명의 시대에서 평화와 발전의 시대를 지향하는 지정학적(geopolitical) 전환을 맞고 있으며, 공간적 차원에서는 '전장에

---

5) 성 인지적(gender cognitive) 관점에 따른 여성을 위한 지속 가능한 개발은 여성이 원하는 삶을 선택할 수 있는 능력의 증대와 삶에 대한 선택권의 확대를 의미한다. 즉 여성의 잠재력을 최대한 끌어올리는 것을 뜻한다. 이 분석틀은 1995년 북경여성대회 이후 여성과 남성의 생활여건을 보여주는 통계적 자료, 여성과 남성이 사회 각 분야에 어떻게 참여하고 있는지, 각자 얼마나 기여하고 있는지, 특정한 욕구와 이해관계는 무엇인지, 남성과 여성이 정책이나 프로젝트로부터 이득을 얻는지 고통을 겪는지, 자원과 권력은 어떻게 분배되고 사용되는지 등을 수집하고 분석하는 데 사용된다. 그럼으로써 진정한 성 인지적 관점은 여아와 남아, 여성과 남성 모두의 욕구와 이해를 동등하게 충족시킬 수 있도록 보장하는 것이어야 한다.

서 시장으로' 재편되는 지경학적(geoeconomic) 전환이 부각된다."
(박사명, 2006)

마치 헤겔의 '주인 – 노예 변증법'에서처럼 역사적으로 수탈되고 타자화된 아시아가 그 힘을 온전히 전유당하지 않은 채 세계사적 노동을 통해 국면의 주도권을 다시 틀어쥐면서 부상하고 있는 듯한 이 사태가 무엇을 뜻하는가? 어떠한 공간적 해석을 필요로 하는가? 지구화 속에서 지역으로서의 '아시아'가 실종되지 않고 오히려 전면에 등장하는 역설적 계기에 아시아 여성들은 어떤 행위성을 담보할 것인가? 이러한 전환기에 아시아 여성들이 구상하는 공간적 지도는 무엇일 수 있을까?

이러한 문제의식 속에서 "여성들이 지향하는 것은 지배, 경쟁, 능률, 수탈, 획일화 같은 남성성에 근거한 개발 및 파괴의 아시아가 아닌, 자립, 연대, 배려, 공유, 다양성 같은 여성성을 바탕으로 하는 공생과 인권의 아시아이다. … 남성도 여성도 더 인간적으로 살 수 있는 사회로 나아가야 한다."(마츠이 야요리, 2005:273)는 말을 경청할 필요가 있다. 아시아의 부상이 새로운 패권적 중심의 선포라는 퇴행으로 흐르지 않고, 탈중심성과 다원성의 수평적 교류의 장에 대한 모범이 될 수 있기 위해 여성은 가교 역할을 자임할 수 있다.

이를 위해서는 위로부터의 연대가 아닌 아래로부터의 연대가 창출되어야 한다. 지금까지 아시아 여성들의 삶을 옥죄어 왔던 억압 구조의 모순들을 아시아 풀뿌리 민중들의 상향적, 수평적 네트워킹에 의해서 풀어 갈 수 있는 경로에 대한 탐색이 요구되는 시점이다. 이는 식민지적 억압의 공통성이나 집단주의에 의한 희생 기제로서 여성 억압, 가부장제의 성차별 고리로서의 여성의 위치성을 미래를 향해 투사하는 일이다. 고통의 연대에서 비전의 연대로 가는 길을 찾아 이중, 삼중의 억압을 뚫고 푸는 길이다. 자신의 억압적 경험을 상대방의 타자화를 통해 되갚는 방식이 아니라 상생의 지혜로써 자타가 함께 문화적으로 진화하는 출구를 창의적으로 찾아야 한다.

3. 탈식민 담론 공동체로서 아시아 여성주의의 필요성과 가능성

지구화 논의는 국제정치 역학 관계나 초국적 자본의 힘에 대한 지지나 비판에 경도된 느낌을 준다. 세계 공동체, 하나의 지구촌, 완전 통합된 글로벌 마켓 등은 그러한 한계를 갖는 이해 방식이다. 그러나 앞에서 살펴본 대로 '지구화'는 정치나 경제 어느 하나로 단일 유형화하거나 고정된 이념형으로 이해하기 어려운 복잡하고 다면적인 과정이다. 공간적인 측면에서도 지구화는 단일한 규정력의 확산이 아니라 통합과 파편화, 중심의 해체와 다(多)중심의 대두, 지구성과 지역성의 동시적 생성 등의 역동적이고 변증법적인 긴장을 내포하고 있다. '지구/지역 시대'라는 용어는 바로 이렇듯 다양한 힘들이 교차하는 양상과 변화를 포착하기 위한 것이다.

흥미로운 것은 정치, 경제, 문화 제반 영역에서 주도적인 주류 권력들이 범세계적인 동질화의 구심력을 이용하는 데 반하여, 비주류의 대안적 힘들 역시 지구적 네트워킹과 연대를 추구하는 원심력을 가동한다는 점이다. 차이점이라면 후자는 탈식민성을 공유하는 변혁적 가치 지향과 실천을 하고 있어 열린 구조를 갖는다는 점이다.

대안적 가치 담론으로서 지구적 여성주의와 아시아 여성주의의 관계 역시 보편과 특수의 차원에서 교차한다. 여성주의의 지구적 확산으로 개별 국가의 전통 규범과 제도적 관행, 이데올로기의 구속틀을 젠더 관점에서 인식하고 비판하게 하는 계기가 주어진다. 또한 다른 지역들의 다양하고 이질적인 경험들을 올바르게 해석할 필요성과 더불어 지역 간, 계급 간에 개인별 층차가 벌어지는 자원의 문제 등에 직면할 때, 여성 경험의 공통성과 차이의 문제를 생각하지 않을 수 없다. 특히 지역 여성주의의 입장에서 어떻게 여성 개인의 선택지를 증진시키고, 집합적 주체로서 여성주의자들이 평등한 사회적 관계의 다면적 조건들의 형성을 가능하게 할 것인지를 새로운 담론을 위한 공간 생성의 관점에서 모색해 보는 일은 매우 긴요한 지식 생산의 과제다.

로즈마리 통(2000)은 "지구적 여성주의자들은 각 여성이 자신의 생활에서 직면하는 다양한 종류의 억압의 상호 연관성을 역설하는 것 이상으로 전 세계 각 지역에서 여성들이 경험하는 다양한 종류의 억압들 사이에 존재하는 연결점들을 강조한다."고 한다. 이들에게 지역적인 것은 지구적인 것이고 지구적인 것은 지역적인 것이므로, 미국의 한 여성 개인이 행하는 것이 전 세계 여성들의 생활에 영향을 미치고, 이와 유사하게 1세계 여성의 삶의 질은 3세계 여성의 생활수준에 기반하여 쌓아 올려진 것이라는 자기비판과 성찰이 나온다.

우리가 아시아 여성주의자로서 담론의 상호작용을 좀 더 전향적으로 생각해 보면, 3세계 여성의 주도적 실천과 행위성 및 탈식민적 변혁에 대한 담론적 상상력은 다른 지역의 모범이 될 수 있다. 탈위계적인 지역 간의 네트워킹과 아래로부터 창출하는 연대 구조를 지향할 수 있기 때문이다. 그러나 아시아 여성주의자도서의 정체성 형성 역시 자연적으로 주어진 지역적 정체성이기보다 끈질긴 성찰을 바탕으로 구성해 가는 범주일 수밖에 없다.

그 부분적 구성 요소로서 아시아인의 정체성 또한 마찬가지로 지리적으로 아시아에서 태어났다고 해서 자동적으로 획득하는 것은 아니다. 한 자료에 의하면 아시아적 정체성은 중국이 6%, 일본이 27%, 한국이 66%다. 일본의 낮은 비율은 서구에 친화적인 입장이 반영된 것이며, 중국의 경우는 자신과 아시아를 동일화하는 자국중심주의적 편향을 드러내 주는 것으로 해석된다(박사명, 2006). 또 다른 자료에서도 같은 순위로 중국이 6%, 일본이 42%, 한국이 71%다(찐이홍, 2007). 이러한 정체성 편차는 당연한 것이다. 정체성은 의식의 중심이 어디를 향하는가에 따라 연동하면서 구성되기 때문이다. 아시아인으로서의 정체성은 귀속 지위라기보다는 비아시아인 및 다른 아시아인과의 상호작용과 노출의 정도, 교류의 심도, 인식적 지향성에 따라 가변적임을 보여준다.

근래 들어 아시아 여행을 누적적으로 경험한 일단의 한국 여성들은 새로운 경험에 노출되어 있다. 이들 여성들은 단일하고 추상적인 공간에서 의미로 가득 찬 친밀한 장소로 '아시아'에 대한 인식의 변화를 경험한다. 이 과정은 아시아인이며, 동시에 한국인이며 여성인 이들의 중층적 정체성이 타자들과의 관계를 통해서 끊임없이 유동적으로 구성되어 가는 과정(김선화, 2007)으로서 정체성이란 수행적인 것, 그리고 경험에 따라 복수화되어 가는 것임을 예증해 준다.

물론 아시아 여성의 삶과 경험은 역사적일 뿐만 아니라 국가와 인종, 문화, 계급 등의 심급에서 매우 복잡하고 다기하게 편재되어 있기에 아시아 여성을 동질적이고 단일한 집단으로 상정하기 어렵다. 이 점은 최근의 연구에서도 지적되었는데, 쩐이홍(2007)은 중국의 청년 여성이 자신을 중국 여성이면서 동시에 '동방 여성'으로서는 정체화하지만 '아시아 여성'에 대해서는 부정적으로 보는 점을 분석한다. '아시아'가 서구 식민주의의 산물로서 지닌 타자성에 오염된 용어라는 비판적 인식과 함께 '동방 여성'은 심미적이고 독특한 기질과 윤리 취향에 기초한 이상적 용어로서 수용된다는 것이다.

지금 필요한 것은 역사적 실천의 행위자(agent)로서 아시아 여성 연구의 기반이 될 수 있는 개념틀(framework, conception)을 어떻게 만들 수 있고, 그러한 방법론적 도구를 어떻게 정교화할 수 있는가를 심도 깊게 논의해 보는 것이다. 그 인식론적 틀이란 단일한 개념틀이나 구성원 모두가 합의할 수 있는 의미망이라기보다는, 그 구체적인 내용에는 이견을 갖고 있다 하더라도 함께 논의할 수 있는 최소한의 언어와 개념들을 공유할 수 있다는 뜻이다(장필화, 2006). 혹은 '아시아 여성주의'로 하여금 서구든 아시아든 아프리카든 간에 식민성과 결별한, 그 특혜적 이익 구조로부터 해리된 모든 소수자들의 연대를 위한 장의 역할을 할 수 있게, 그리하여 굳이 실체화시키지 않더라도 기능적으로 작동하게 하면서 실천과 더불어 발전하게 만드는 일이 가능할 것이다.

여느 제3세계 여성들과 마찬가지로 아시아 여성들은 이중, 삼중의 문화적 식민주의를 경험한다. 서구와의 관계에서 타자화된 '비서구 아시아인'으로서, 남성중심주의 안에서 다시 타자화된 '여성'으로서 정체성은 출발점부터 부차적이고 파생적이고 비대칭적이다. '서구 그리고 남성'의 기준에서 보면 결여의 존재이기에 그 외부의 기준을 내면화함으로써 의식적으로든 무의식적으로든 스스로를 다시 타자화하도록 훈련된다. 아시아 여성의 탈식민은 이 여러 겹의 구속복을 벗어 버리는 과제를 갖는다. 이 점에서 아시아 여성을 비가시적 존재 혹은 희생자, 무권력 집단, 과거와 전통에 정박된 존재로 재현하는 것은 현실 변화의 추동력을 약화시킨다.

'식민성'을 좀 더 넓게 해석한다면 단지 식민지를 겪은 과거사적 경험이 아니라 현재에도 여전히 자기 사회의 문제를 진단하고 해결하기 위한 준거틀을 자생적으로 만들어 가지 못하는 사회, 자신의 사회가 나아가야 할 미래 지향적 가치들을 외부에서 수입하는 현재진행형적 의존성에 대한 비유로서도 이해할 수 있다(조한혜정, 1998). 구체적으로 학문 분야에서 서구 자원에 경도된 문제적 상황이 일본 안에서 지적되고 「학위의 국적별 시장 가치」와 같은 논문이 나오게 되는 배경(우에노 치즈코 외, 2004)을 보면, 아시아의 지식 생산 집단 역시 식민성으로부터 자유롭지 않다는 점을 역설적으로 확인하게 된다.

즉 '아시아적 식민성'은 보편적 이론에 대한 집착과 서구에서 생산된 이론의 권위에 대한 기생성, 일상성으로부터 유리된 거대 담론적 지식 생산이라는 유산을 청산하지 못하는 일단의 지성 공동체 사회 안에서도 관찰된다는 점에 대한 각성이 요구된다. 역설적이게도 탈식민주의(post-colonialism)조차 주로 서구의 지적 공동체 안에서 유통되고 재생산됨으로써 '아시아'는 서구의 지적 자장(磁場)에 머물면서 재전유될 수 있다.

우리에게 더욱 진지한 성찰이 요구되는 대목은 찬드라 모한티가 '차이의 식민화'라고 부르는 것, 즉 문화적 다양성과 위치성의 차이들을 남성중심주의나 국가주의, 인종차별주의, 헤게모니적 자본주의, 극단적인 종교 근본주의가 전유함으로써 더욱 보수화되는 경향들이다. 이는 다양성과 차이를 생산적으로 만드는 방식이 아니라 해소해 버리는 작전이다. 게다가 명백히 성차별적인 해로운 문화적 관습마저 다양성과 차이에 대한 수용을 명분으로 용해시켜 버림으로써 여성주의의 진전을 불투명하게 만들어 버릴 수 있다.

이러한 복잡다단한 상황에서 식민성에 대한 비성찰적 반사 작용으로서 반여성주의 보수성을 부활시키려는 집단적 정체성 전략이나 전통의 이름으로 남성중심사회의 문화를 신비화하면서 성차별 구조들을 은폐하는 이론적 퇴행 역시 경계해야 할 바다. 아시아 여성주의는 분명 아시아 가부장제와 식민성에 대한 양면의 안티테제다. 따라서 성차별 지양에 대한 가치 지향을 분명하게 하지 않거나 더 나아가 반여성주의를 내장한 이론 체계와 실천에 대해서 정치적으로 절연한다.

또한 탈식민성을 향한 여성주의의 재구성 작업은 '지역' 기반이 건강한 중심이 될 수 있는지 아닌지를 끊임없이 판단해 가면서 힘을 북돋우는(empowering) 요소와 힘을 빼는(disempowering) 요소와 협상하는 과정을 동반한다. 식민 이전의 상태로 돌아가는 것도 아니고 비주체적인 탈식민성 논의에 합류하는 것도 아닌, 진정한 탈식민의 시공간과 탈식민의 삶을 향한 의식이야말로 새로운 공간의 개척, 즉 '여성주의가 만드는 아시아'를 가능하게 할 조건이다.

이 담론의 공간 안에서 누가 주체인가? 여성주의 이슈와 아이디어들 간의 교환과 간섭, 그리고 개입이 정치적이고 각성된 여성 주체를 생산하므로 아시아 여성주의의 학문적 실천과 여성운동의 연대적 실천을 통해서 새로운 여성 주체가 생산되고 발명되는 것(이상화, 2006)이기에 주체는 지역적으로 고정되거나 생물학적으로 본질화될 수 없다. 이 공간 안에는 지구/지역적으로 여성주의를 실천하는 사람들이 다 들어올 수 있다. 이 공간은 물리적, 영토적인 차원에 속하는 것이 아니라 연결성, 상호작용이 일어나는 장으로, 즉 '가능성'의 정치적 실천이자 담론의 공간으로 기능할 수 있는 것이다.

크리스 위든(Weedon, 2007)은 21세기 여성주의가 진정으로 지구적인 여성주의가 되려면 거대 서사들과 그에 따른 확실성들의 한계를 인정하고 지역화된 이론과 투쟁으로의 전환을 모색해야 한다고 주장한다. 거대 해방 담론을 탈중심화하고 재지역화함으로써 다른 역사들과 지역화된 투쟁들을 위한 공간을 열어 두어야 하며 탈식민주의 여성주의들에서 나오는 통찰들을 배워 나가자고 제안한다.

더욱 적극적으로 찬드라 모한티는 "나는 지금 분명히 (미국인으로서) 사회적 소수의 일부이면서 모든 특권을 누리고 있다. 그러나 변혁을 위한 나의 선택, 투쟁, 비전으로 인해 나는 2/3 세계에 속하게 된다. … 나는 개인으로서는 1/3 세계에 자리를 잡고서 말하지만, 투쟁의 공동체와 더불어 연대하는 공간과 비전은 2/3 세계의 것인 것이다."라고 한다.

마지막으로 우리가 새로운 준거점으로서 지역을 중심에 두면서도 패권화로부터 탈중심화를 담보하기 위해서는 '지역' 역시 '장소'로 약화시킬 필요가 있다. 디나 헤러웨이(2002)에 의존하여 설명한다면, "장소(location)는 취약성에 관한 것이다; 장소는 종결, 최종성의 정치에 저항하며 … 여성주의적 객관성은 '마지막 심급에서의 단순화'에 저항한다. 그 이유는 여성주의적 체현이 고정에 저항하고 차별적 자리매김의 그물망에 매우 탐욕스럽게 호기심을 갖기 때문이다. 단 하나의 여성주의 입장이란 없다. 왜냐하면 그런 은유가 우리의 시력들을 수립하기에는 우리의 지도들이 너무나도 많은 차원들을 요구하기 때문이다."

아시아 여성주의는 구체적인 현장에서의 실제적 쟁점들과 과제들을 중심으로 연대와 실천이 활성화될수록 여성들은 그 과정에서 자신의 고유한 문제들을 포착하는 여성 주체로 거듭날 것이라는 믿음에서 출발한다. 이는 생물학적 본질로서의 여성, 보편적으로 성차화된 여성, 지역의 틀 안에서 고유한 정체성을 부여받은 여성이라는 기원적 개념에 대한 비판과 더불어 여성주의의 새로운 차원을 열어 갈 여성 주체의 발명을 의미하며(이상화, 2006) 이로써 복합적 가능성과 그만큼의 복잡한 위기 모두를 내포하고 있는 이 시대에 여성들이 변혁 주체로서 능동적으로 대안적인 실천의 현장들을 만들어 나갈 수 있는 길들을 약속하는 희망의 공간이다.

결국 여성주의는 단수이기보다 복수(plural)다. 그리고 여성주의의 담론적 내용은 지역 현장에 따라 깨끗하게 구획되기보다 그 지향 가치와 비전에 따라 상호 침투하며 열린 구조로 되어 있다. 더욱 중요하게 여성주의는 경험과 실천이 방향타 역할을 하면서 구성되는 것이고, 그 지역성 구분은 잠정적이고 역사적이라고 정리해 볼 수 있을 것이다.

4. 맺는 말

지금까지 지구/지역 시대의 구조적 조건과 그 지평에서 전개되는 공간적 행위들, 그리고 그 위에 수반되는 공간적 담론의 3중 구조를 여성주의의 입장에서 논의해 보았다.

정보의 급속한 생산과 유통, 자본 이동과 신체의 이주로 특징 지어지는 당대의 현장으로서 지역은 지구화의 한 인터페이스이며 구성물이다. 이제 각 개인의 삶은 고정된 지역 정체성이 아니라 지구촌– 국민국가– 지역 수준에서 동시적으로 구성되는 중층적 정체성을 체화한다. 개별 여성들은 특정 지역에 존재하지만 지역 현장과 상호작용 안에서 생성되고 있는 지구/지역성(glocality)을 따라 다중적, 경계적 정체성을 창출해 내고 있다.

아시아 여성의 삶과 경험에 대한 연구는 아시아 여성에 대한 지식 생산을 현 시대 지구/지역적 맥락 속에 위치시키면서도 다양성과 차이를 끌어안으면서 동시에 연대하려고 하는 여성주의자들의 지구적 소통이라는 가치를 담보할 수 있는 지평이다. 다양성은 무화될수록 좋은 것이 아니라 생생하게 살릴수록 가치 있게 된다. 여러 차이들은 소통에 장애나 한계치를 설정하기보다 대화의 필요성을 부여하는 조건이다.

'아시아 여성주의들'은 아시아 여성들이 지역적 기반 위에서, 지구/지역적 차원에서, 지구화 국면에서 중층적으로 작동되는 젠더 정치학에 대한 비판적 태도를 견지하면서 사회 변화를 추구하려는 미래 지향성을 담지하는 틀이다. 그리하여 국가와 문화, 종교, 경제 수준 등의 경계를 교차하여 관심사와 정체성에 따라 복수적으로 구성되는 공동체들을 통해서 궁극적으로 다양하고 풍부한 여성주의 지성 공동체들을 만들어 가는 하나의 과정이라는 의미가 있다.

지난 20년 동안 "지구적으로 사고하고, 지역적으로 실천하라."라는 격언이 여성주의 활동가들 사이에서 금과옥조로 수용되었다. 이제는 "지역적으로 사고하고, 지구적으로 소통하라."는 새로운 격언이 만들어질 때가 되었다고 본다.

[참고문헌]

김선화(2007), 「한국 여성의 자유 배낭여행 경험을 통해 본 주체성 변화에 관한 연구」, 이화여자대학교 여성학과 석사학위논문.

김은실 외(2006), 「조선족 사회의 위기 담론과 여성의 이주 경험 간의 성별 정치학」, 『여성학논집』 제23집 1호, 이화여자대학교 한국여성연구원.

김정선(2006), 「초국적 공동체 만들기, 한국 남성과 결혼한 필리핀 여성들의 re-homing」, <역사 · 국가 · 여성 국제 심포지엄 자료집>, 이화여자대학교 아시아여성학센터.

남원석(2006), 「주거와 빈곤」, 한국도시연구소 편, 『한국사회의 신빈곤』, 도서출판 한울.

노지은(2007), 「심청; '동아시아 근대' 서사의 창출과 여성의 재현」, <한일 지식인 교류 프로젝트 자료집>, 이화여자대학교 아시아여성학센터.

다나 해러웨이(2002), 『유인원, 사이보그, 그리고 여자』, 민경숙 옮김, 동문선.

따이진화(2006), 『숨겨진 서사 1990년대 중국대중문화 읽기』, 오경희 외 옮김, 숙명여자대학교 출판국.

로즈마리 통(2000), 『페미니즘 사상』, 이소영 옮김, 한신문화사.

롤런드 로버트슨(2000), 「세계지역화: 시간-공간과 동질성-이질성」, 『근대성, 탈근대성 그리고 세계화』, 윤민재 편역, 사회문화연구소.

마츠이 야요리(2005), 『여성이 만드는 아시아』, 정유진 외 옮김, 들린 아침.

문경희(2007), 「국제결혼 이주여성을 계기로 살펴보는 다문화주의와 한국의 다문화 현상」, 이화여자대학교 아시아여성학센터 특강 원고(2007. 6. 21.).

박사명(2006), 『동아시아의 새로운 모색』, 이매진.

사스키아 사센(1998), 『경제의 세계화와 도시의 위기』, 남기범 외 옮김, 푸른길.

스테판 뮬홀(2001), 『자유주의와 공동체주의』, 김해성 외 옮김, 한울.

아윤 아파두라이(2000), 「세계 문화경제의 차이와 분절」, 롤런드 로버트슨 외, 『근대성, 탈근대성 그리고 세계화』, 윤민재 편역, 사회문화연구소.

앤서니 기든스(1998), 『사회구성론』, 황명주 외 옮김, 간디서원.

안창모(2004), 「북한 도시·건축의 이해: 평양을 중심으로」, 이화여자대학교 한국여성연구원, <북한 사회와 북한 여성 이해를 위한 Faculty Workshop 자료집>(2004. 11. 25.).

앙리 르페브르(1990), 『현대세계의 일상성』, 박정자 옮김, 세계일보

우에노 치즈코 외(2004), 『경계에서 말한다』, 김찬호 옮김, 생각의 나무.

윤혜린(2006), 「지구시민사회 맥락에서 본 여성주의 시민의 정체성」, 『여성학논집』 제23집 1호, 이화여자대학교 한국여성연구원.

이상화(2006), 「'아시아'적인 것의 의미 생산과 아시아 여성학」, <학술진흥재단 중점연구소 지원 제1단계 1년차 보고서>, 이화여자대학교 한국여성연구원.

장필화(2006), 「아시아 대학에서의 여성교육과 여성학」, <학술진흥재

단 중점연구소 지원 제1단계 1년차 보고서>, 이화여자대학교 한국
여성연구원.

정재서(2003), 「동아시아 문화 담론과 성」, 한국여성연구원 편, 『한
국의 근대성과 가부장제의 변형』, 이화여자대학교 출판부.

조세핀 도노반(1993), 『페미니즘 이론』, 김익두 외 옮김, 문예출판사.

조순경(2003), 「신자유주의와 유교적 가부장제」, 한국여성연구원 편,
『한국의 근대성과 가부장제의 변형』, 이화여자대학교 출판부.

조한혜정(1998), 『성찰적 근대성과 페미니즘: 한국의 여성과 남성 2』,
또 하나의 문화.

존 레니에 쇼트(2001), 『문화와 권력으로 본 도시탐구』, 이현욱 외
옮김, 한울.

찐이홍(2007), 「지구지역 담론 하에서 중국여성의 '아시아' 동일시와
여성주의 지식 생산」, <지구지역 시대 지식생산과 여성연구의 도
전 자료집>, 이화여대 한국여성연구원.

찬드라 모한티(2005), 『이론의 탈식민화와 연대를 위한 실천 경계 없
는 페미니즘』, 문현아 옮김, 도서출판 여이연.

클라이드 프레스토위츠(2006), 『부와 권력의 대이동』, 이문희 옮김,
지식의 숲.

한지아링(2002), 「중국 여성 발전상에서의 국가의 역할」, 한국여성연
구원 편, 『동아시아의 근대성과 성의 정치학』, 푸른사상.

홍인옥·최병두(2004), 「포스트모던 도시의 사회·문화와 새로운 도
시화」, 『도시연구』 제9호, 한국도시연구소

Lefebvre, H.(1991), *The Production of Space*, Oxford.

Pineda-Ofreneo, R.(2004), "Looking at Globalization through Multi-
ple Lenses", *Gender, Culture & Society: Selected Readings in
Women's Studies in the Philippines*, C. Sobritchea ed., Ewha
Womans University Press.

Soja, E.(2000), *Postmetropolis*, Blackwell.

Weedon, C.(2007), "Is Global Feminism Possible in the 21st Century?", <2007 Ewha BK Winter School 공개강의 자료집> (2007. 1. 12.).

김정수(2007), 「주부 절반 아들 없어도 무관하다」, http://news.khan. co.kr/kh_news/art_print.html?

제 6 장

아시아의 글로벌 시티, 개발, 그리고 여성

글로벌 시티를 정치화한다는 것은 그것을 우리가 정치적으로 행위할 수 있는 영역으로 만든다는 것이다. [맥너슨(Magnusson, 2000)]

1. 문제 설정

근래에 '아시아'와 '여성'은 여러 사회 영역에서뿐만 아니라 학계에서도 주목하는 용어가 되고 있다. 서구 열강으로부터의 식민지 수탈의 경험을 거의 공유한 거대 공간으로서의 '아시아'와 최후의 식민지로 비유되었던 '여성'이 병렬적으로 연결되면서 불러일으키는 효과를 통해 무엇보다도 탈식민성을 향한 시대적 국면 변화를 실감할 수 있다.

한 아시아 여성학자는 이 두 용어가 매우 강력한 미래 지향적인 아이콘으로 유통된 맥락에 대해서, 서구 물질문명의 하강 국면과 이를 대체할 새로운 문화, 환경적 질서에 대한 소망, 그리고 여기에 기여할 수 있는 여성 자원의 문제 등과 연관하여 폭넓게

* 이 장의 논문은 한국학술진흥재단의 2005년도 선정 중점연구소 1단계 지원에 의해 연구되었다(KRF-2005-005-J12501).

사유한다(장필화, 2006). 이러한 작업은 주변부의 상징이었던 '아시아'와 '여성'이 미래 비전을 향한 공간적 기표가 되는 변증법적 과정에 대해 착안하게 하였다.

마리아 미즈 등이 논의하는 '빙산경제(iceberg economy)'론[1]에 따르면 서구 산업 체계는 타 지역의 불균등 발전을 야기하고, 특히 '최후의 식민지'로서 제3세계 여성의 삶의 조건을 악화시키는 구조 안에서 작동한다. 그 구체적인 결과는 제3세계 여성의 저임금, 이주노동 조건의 열악성, 가부장제의 온존 등으로 드러난다. 제1세계의 삶을 떠받치기 위한 지지대로서 제3세계를 요청하는 패권적 자본주의의 작동은 공간적 지평 위에서 전개되고 있다.

데이비드 하비(2001)는 자본주의가 과잉 축적의 위기를 지구적으로 공간적으로 돌파하는 과정(지리적 불균등 발전)에서 국가 간, 도시 간 경쟁과 양극화가 핵심적인 문제로 부각된다고 보는데, 이 역시 사회적인 것의 공간화에 속한다. 일국 자본주의의 모순이 세계체제의 자본 순환과 축적, 투자 과정에서 타 지역, 타 국가, 타 도시로 전가되는 것이다. 흥미로운 것은 " '제1세계'가 나이로비, 킨샤사, 라파스 혹은 방콕에서 발견될 수 있는 것처럼, 소위 '제3세계'가 뉴욕이나 파리에서도 발견될 수 있다."(Werlen, 2004:159)는 점이다. 사회적 빈곤과 불평등의 공간적 실현으로서 이너시티(inner city)는 대도시 도처에 존재한다.

이렇듯 지구/지역적 현상으로서 공간의 불균등 발전에 대해 비

---

1) 주디스 로버(2005:90-109) 참조. '빙산경제론'의 또 다른 함축은 제1세계, 제3세계의 구분이 상호 보충적이기 때문에 제3세계의 직선적 발전 모형의 미래가 제1세계가 아니라는 것이다.

판적으로 인식하는 관점과 대척점을 이루는 지점에 글로벌학(Global Studies)이 위치한다. 글로벌학은 모든 타자들에 대한 문화제국주의적 힘의 승리와 관련된 '신화'를 전도하면서 '큰 것이 좋다', '지방성은 말소되어야 한다'고 이론적으로 선전한다(이대훈, 1998). 이 담론들은 지구화 과정에서 불평등이 수출되고, 자유가 수입된다는 사실을 상쇄 가능한 것으로 보고 있다. 시장의 자유를 넘어서는 상위 가치가 없다는 것이다. 결국 타 지역, 타 사회체제의 자율성의 해체를 대가로 이루어지는 세계의 균질적 통합만이 이상적 상태로서 포장되고 이를 통해 모든 지역이 이익을 보면서 상생할 것이라는 논리를 강요한다.

지구화의 공간적 확장으로 사회의 동질성이나 문화의 지역성이 희박해지고 공간적 차별성의 윤곽이 더 이상 분명하지 않게 된다고 전망해 볼 수 있지만, 현실세계의 엄연한 한 행위자로서 국가의 역할은 사실 여전히 견조하게 남아 있다. 그렇지만 국가 경계의 소멸 내지 약화라는 현상의 다른 쪽에서 동시에 가속화되고 있는 국가 간 연합의 확장과 그 세의 확대를 통해 새로운 지역화가 대두되고 있음도 또 하나의 사실이다. EU, NAFTA, ASEAN 등 새로운 지역 블록이 외부적으로는 대항력을, 내부적으로는 통합력을 증진시키면서 실체적 지위를 실현하고 있다. 특히 EU는 최근 이스라엘과의 멤버십 구축이나 아프리카와의 파트너십 관계를 통해서 '더 넓은 유럽'을 꾀하고 있다.

에드워드 소자의 표현으로 "국가적인 것과 지구적인 것, 그리고 국가적인 것과 지역적인 것 사이에 창발하고 있는 권력의 새로운 지리학인 사이 공간(in-between space)이 발달하고 있는 것"(Soja, 2000:205)이다.[2] EU는 새로운 공간 창출의 한 예일 뿐, 세계 경제는 이런 식으로 세 개의 광역 지대로 점차 조직되어 가고 있다. 첫 번째는 미국 중심으로 서반구 전체를 포함하고, 두 번째는 서유라시아와 아프리카를 포함하는 서유럽 핵심이고, 세 번째는 일본이 주도하는데 동유라시아와 호주 및 뉴질랜드, 그리고 대다수 아태 지역이다. 각 지대를 대표하는 지휘 센터는 뉴욕, 런던, 도쿄다(Soja, 2000:206). 이는 국민국가와 더불어 나란히 지구 안에서 새로운 공간적 위계질서가 형성되어 가면서 탈지역화와 재지역화가 혼종되는 현상을 실연한다.

타니 발로우(Barlow, 2006:174-175)는 '재지역화(reregionalization)'란 동질적이지 않은 여러 수준의 의미망이라고 한다. 그녀는 이 개념이 첫째로 경제적인 거시지역-만들기(macroregion-making) 작업을 지칭한다고 보는 정치 경제학자들에 의해 사용될 때 지구 경제(global economy)가 확립되는 영토적/비영토적 과정에 주의가 집중된다고 한다. 이때 지역은 지구 경제라는 전체를 형성하는 부분들(영토들)로서 자리매김된다. 둘째로 지구화 연구자들은 정치 경제학 안에서 현저해진 지역-만들기(region building) 현상을 가리키고자 이 용어를 도입한다고 한다. 이는 지역주의의 정치학과 지역화의 정치 경제에 수평을 맞추는 장치이고 여기에서 지역은 국가 혹은 정치적 국가 장치(state apparatus)와 동형적이지 않다. 셋째로는 재지역화 개념을 국가, 준(準)

---

2) 에드워드 소자는 마르크시즘의 역사 변증법을 대치하는 사회-공간 변증법을 주창한 앙리 르페브르의 지적 영향 안에서 자본주의는 공간의 생산을 통해 생존해 왔으며, 따라서 선진 자본주의하의 계급투쟁은 자본주의 국가의 영역적 틀 안에서 도시생활권과 일상생활의 통제를 위해 싸우는 도시 혁명의 형태를 띨 것이라는 르페브르의 주장을 수용하고 있다. 에드워드 소자(1997:118-119) 참조.

자율적인 국가 대행체들, 지자체들 등 부분들의 관계 안에서 일어나는 지역적 자기-형성의 역동성을 가리키는 것으로 해석할 수 있다는 것이다.

첫 번째 용어법은 하나의 유기적 전체로서 지구적 자본주의 경제를 이상화하고 주요 행위자는 글로벌 기업이나 글로벌 금융 기구 등으로 대표된다. 두 번째 해석은 지역 만들기 작업이 지구적 정치 경제의 작동에 상대적으로 자율적인 자기 완결적 파워에 따른다고 보는 우를 범하지만 지역을 국민국가 차원의 주권이 전일적으로 작동하는 정치 권역으로 보는 시각을 넘어서는 새로운 인식을 열어 준다. 그리고 세 번째 해석, 즉 지구적인 것과 지역적인 것의 교차로에서 그 전체와 부분 간의 상호작용이나 부분 간의 힘의 불균형에 대해 포착하는 해석은 지구/지역적 주체가 비판적 현실 분석을 해낼 잠재력을 갖는 의미망이 될 것이다. 동시에 세 번째 해석을 통해 우리는 정치 경제의 지구/지역적 작동은 정치적 파워와 경제 블록들 간의 이질적 차원들을 넘나들면서 지역을 중층적인 공간으로 만들고 있음을 파악해 낼 수 있다.

이러한 새로운 지역화와 관련하여 아시아 지역은 구사회주의 사회에서 EU로 급속히 편입되고 있는 중유럽 및 동유럽에서 새롭게 발생하고 있는 심각한 여성문제를 타산지석으로 삼을 수 있다. 바버라 아인혼(Einhorn, 2006)에 의하면 이 지역들은 구체제 하에서 농업에 기반한 사회적 연대 의식이 강하였고 상대적으로 여성의 정치참여권이 평등하였지만 신자유주의의 물결은 평등 문제에 대한 사회적 책임을 개인, 가족 단위로 전가시켰다. 또한 EU는 공동 시장에서 이 지역 여성 노동력 활용에만 관심을 둠으로써 비합법적 이민 문제 등을 쟁점화시킬 뿐 상대적 저임금이나 이등 시민화, 국제적 성매매로의 유입 등의 심각한 문제들을 외면하고 있다.

주지하듯이 아시아 지역은 1995년 북경여성대회 이후 초국가적 거버넌스나 여성 인권에 대한 시금석 역할을 하는 지역적 초점으로 부상하였다. 그 과정에서 탄생한 12가지 핵심 아젠다는 (1) 여성과 빈곤 부담, (2) 불평등한 교육 기회, (3) 불평등한 보건 의료 기회, (4) 여성에 대한 폭력, (5) 무력 갈등의 피해, (6) 경제와 여성의 역할, (7) 삶의 결정권 등 권력의 불평등성, (8) 여성 지위 향상을 위한 제도화, (9) 여성의 인권, (10) 언론의 여성 취급 태도와 언론 결정권 문제, (11) 여성과 환경, (12) 미성년 여성에 대한 차별 문제(이대훈, 1998)다. 북경여성대회에서 확보된 의제들은 아시아 국가 내에 보편적으로 영향을 미치고 있으며 각 국의 여성정책들이 새롭게 정비되고 있다. 그리고 아시아 여성의 삶은 곧 아시아의 재지역화 과정이 어떤 콘텐츠로 진행되는가와 직접적 관계가 있다.

물론 아시아는 국가별, 지역별로 물질적 기반, 생활세계의 자원, 여성주의의 역사와 쟁점이 다양하다. 어떤 곳은 '여성의 빈곤과 교육'이, 또 어떤 곳은 '사회적 불평등과 여성 폭력'이, 또는 '삶의 자기결정권'이 핵심 의제가 되는 식으로 시공간에 따라 차별화된다. 그렇지만 지역 발전의 방향을 여성주의가 어떻게 견인해 갈 것인가 하는 문제는 최대한 공유하는 지점이라고 볼 수 있을 것이다.

지금 아시아에서 신흥시장3)이 급속하게 창출되고 있긴 하나,

---

3) 신흥시장은 'emerging market'의 번역어이며 자본시장 부문에서 급성장하고 있는 시장으로서, 보통 개발도상국 가운데 경제성장률이 높고 산

개발주의를 맹신하는 국가나 이윤 논리에 묶인 시장이 평등한 사회 발전을 자동적으로 이루어 줄 것으로 기대하기 어렵다. 자본의 무한 자유의 이면에 노동 조건과 삶의 여건의 항상적 불안정이 한 쌍을 이루고 있다. 복지 체계의 경우에도 능력 있는 개인만 그 수혜자로 한정하는 구조하에서는 교환가치 창출과 거리가 먼 여성들의 삶 대부분은 더욱 고달파진다. 따라서 각 개인, 각 가정을 넘어서 사회적 안전망을 확충하고 삶의 수준을 평등하게 제고하기 위한 평등주의적 재지역화가 요구된다.

당대의 개발 혹은 산업화의 문제를 여성주의 시각에서 재조망하기 위해서는 선진국 따라잡기 식 개발에서 지속 가능한 경제 모형 발굴로 인식 전환이 필요하다. 이 새로운 경제 질서는 지속 가능한 인간 개발 개념과 동행해야 한다. 즉 "사람의 선택과 능력에 중심을 두어야 하며, 경제적 성장을 창출하지만 그 혜택을 공평하게 분배해야 한다. 환경을 파괴하기보다는 재생시키는 것이고, 남녀 모두를 주변화시키기보다는 그들에게 힘을 실어 주는 개발을 말한다. 지금까지의 개발이 대개 생산 과정에서 노동력을 줄이는 과정이었지만 금세기의 개발은 대체할 수 없는 자연 자원과 인간 자원을 보전하고 유지하는 과정으로 보아야 한다."(피터 홀 외, 2005)는 피터 홀의 주장을 수용할 수 있을 것이다.

그렇다면 이제는 경제 개발 과정 안에 여성을 포함시킴으로써 여성의 사회 참여를 확장하는 전략을 넘어서서, 여성이 개발의 방향과 의미를 설정하면서 개발을 도모하는 전략으로 바꾸어야 한다는 뜻이다. 그리하여 아시아 국가 간, 그리고 국가 내의 사회

업화가 급속히 이루어지는 국가의 시장을 말한다. 『두산백과사전』(인터넷판) 참조

적 공간들에서 여성의 성평등한 삶의 질을 제고하게 될 때 진정한 재지역화가 수행될 수 있다.

이 연구는 거시적으로는 지구적 문화 변동이라는 큰 국면 변화를 염두에 두면서 아시아 여성 행위자들(agents)의 공간적 경험과 공간의 사회적 생산을 해석하고 여성주의적으로 의미화하면서 '아시아'가 새로운 공간 구성을 이루어 낼 수 있게 하는 매우 포괄적인 차원의 지향성을 갖는다. 특히 자본주의적 도시 개발의 현장으로서 아시아의 글로벌 시티의 개발 과정에 착안하여 성평등과 소수자에 대한 돌봄이라는 여성주의적 가치의 실현을 공간 설계의 지향점으로 설정하고자 한다.

2. 글로벌 시티와 개발

1) 지구화와 글로벌 시티의 등장

근대 도시 체계는 표준화된 인프라 구조에 바탕을 두고 기능적으로 공간을 균질화시키는 경향이 있다. 그렇지만 도시는 단지 건물들이 물리적으로 집적되어 있는 양이거나 사람들의 활동을 담는 그릇이 아니다. 도시는 서로 별개로 존재하는 사회적 행위자와 행위 과정, 관계들을 수많은 상상적이고 비가시적인 관계들과 연결해 주는 복잡하고 중층적인 관계망이자 매체이며, 여기에서 더 나아가 사람들의 사회적 삶의 공간을 구성하는 적극적 행위 주체다.

예를 들어 도시의 거리는 우리에게 장소애(topophilia)의 대상이 되기도 하지만, 안전이 담보되지 않은 거리는 여성, 장애인,

이주자, 노령자, 성적 소수자 등 사회적 소수자들이 욕설에서부터 성희롱, 언어폭력에 이르기까지 온갖 폭력에 노출되는 곳으로서 이늘의 활동력을 최소화시키거나 은폐시키는 권력 기제가 될 수 있다.

엘리자베스 그로츠(2005)는 도시란 서로 별개로 존재하는 사회적 행위자와 행위 과정, 관계들을 수많은 상상적이고 실제적인 관계들과 연결해 주는 복잡하고 상호적인 관계망이라고 본다. 그리고 이 망은 다시 건축적, 지리적, 공적인 관계들과 비통합적인 방식으로 연결해 준다. 이런 의미에서 도시는 사실상 마을과 국가의 중간으로 볼 수 있고, 마을이 갖고 있는 공동체, 이웃, 개인 간의 상호관계와 국민국가의 통치적 관심을 모두 갖고 있기에 도시는 이 시대를 표상하는 하나의 창으로 간주될 수 있다.

사스키아 사센(1998)은 도시에 대한 기존 연구들이 도시의 사회적, 경제적, 정치적 시스템의 내적인 측면만을 보아 왔고, 도시를 내국적 도시 체계의 일부분으로만 간주했음을 지적한다. 지구 정치 경제학의 주체는 다국적 기업이나 세계은행 등으로 상정되었고 도시의 역할에 대한 고려가 없었다는 것이다. 그러나 도시를 초점화함으로써 세계적 규모에서 전략적 장소의 지리학에 대해 구체적으로 고찰할 수 있을 뿐 아니라 장소 내에서 전개되는 미시 지리학과 정치학적 분석도 가능하다는 것이다.

경제의 지구화로 국제 상사, 다국적/초국적 기업, 범국가적 무역 형태가 지구촌을 경제적 상호 의존성이라는 견고한 망으로 연결하고 있다. 생산, 소비, 교환의 지구적 소통이 일상세계의 모습이다. 세계도시4)들은 이러한 국제적 순환의 결절이며 정보와 자본, 재화의 다양한 흐름의 교차점이다(존 레니에 쇼트, 2001).

지구화 환경 안에서 세계도시는 사센(Sassen, 2001)에 의해 '글로벌 시티'로 명명되면서 더욱 그 특징이 강화되었다. 글로벌 도시의 경제에서는 금융 서비스가 중요하며 금융 서비스에 집중된 고임금 직업이 많은 핵심부와, 저임금 직업, 특히 비금융 서비스 부문이 많은 주변부의 양상이 대조를 이룬다. 소위 FIRE(Finance, Insurance, and the Real Estates) 부문이 도시 성장의 견인차 역할을 한다. 그리고 비공식 경제 부문의 증가, 노동시장의 임시직화, 빈자와 부자 간의 뚜렷한 이분법이 진행됨으로써 양극화 현상이 현저하기에 글로벌 도시는 가장 불평등한 도시라고 할 수 있다.5)

더 나아가 앤서니 킹(1999)은 세계도시체제(world urban system)라는 개념으로 세계가 점점 상호 의존적인 하나의 거대한 도시가 되어 가고 있는 현상을 은유하고자 한다. 도시들 간에는 사람, 지식, 이미지, 사상뿐만 아니라 정도는 다르지만 자본, 노동, 상품도 이동한다는 의미에서 상호 의존성이 증가하고 있다. 동시에 지구화 경제에서 새로운 국제 노동 분업의 성숙으로 1970년대

---

4) 1915년 도시학자 게디스(Patrick Geddes)가 만든 용어(World City)로서, 엄청난 인구가 거주하고 있는 거대도시와 구분된다(멕시코시티는 인구가 3천만 명이지만 세계도시는 아니다). 인구 1백만 명을 기준으로 하는 메트로폴리스와 그 도시들이 집적된 형태인 메가시티와도 구분된다.

5) 차학봉(2007)의 기사를 참조하면 지구촌 알부자들의 거주지는 드넓은 왕궁 같은 단독저택이 아니라 글로벌 시티 도심의 초호화 아파트가 되어 가는 경향을 볼 수 있다. 예를 들어 런던의 원하이드파크 펜트하우스는 9천만 파운드(1,655억)에 달하는데도 아파트가 도심의 업무, 문화, 쇼핑에 대한 접근성이 탁월하여 선호되고 있다. 이들의 공간은 첨단 보안 장치가 방어하고 있으며 '관계없는 자들'에 대한 근원적 배제 속에 폐쇄적 공동체(gated community)가 만들어진다.

런던, 뉴욕 같은 중심 도시들에서 공업이 자취를 감추고, 제4차 부문, 즉 지식 기반의 선진화된 생산자 서비스 부문으로 전환했다. 은행, 보험, 국제법, 부동산, 광고, 경영 자문, 교육 등 중심 이데올로기의 생산 등으로 1980년대는 주변부 국가들에 대한 중심부 국가들의 종속적 도시주의 현상이 나타난다.

이러한 현상을 통해 전 지구적 규모의 자본 축적 양식의 일부로서 잉여 순환의 지리적 패턴이 드러난다. 그러한 계기를 통해 특정한 도시들은 잉여 순환의 한 지점을 차지하게 되고 그 지점은 다음 계기가 되면 변화한다. 그리하여 보편적인 현상인 도시주의는 특정한 도시의 역사가 아니라 도시체제의 역사로 간주될 수 있다는 것이다. 이러한 논의는 비동질적으로 진행되어 가는 도시화 내지 도시 격차에 주목하게 한다.

앞에서 살펴본 바대로 정치 경제의 지구화를 도시를 중심으로 연구하는 작업은 매우 유의미하고, 정보 양식에 따라 경제활동이 공간적으로 유동하거나 분산된다는 것은 하나의 사실이다. 그렇지만 산업사회의 동질화 경향과 병행하여 도시사회의 차별화라는 현저한 결과가 뒤따라 나왔듯이 정보사회에서도 마찬가지로 정보적 지구화 현상은 동질적이지만 글로벌 도시 간의 위계와 집중은 반복된다. 정보사회 내 불균등 현상이 문화적 이질성, 지방적 차이들을 조장하는 강한 힘으로 순환하고 있기 때문이다.

그러므로 피터 홀 등(2005)에 의하면 지구화가 재화나 서비스 이동의 장벽을 낮춘다, 혹은 정보의 흐름이 거리를 실종시킨다(time-space compression, 시공간 응축)는 말은 일면적으로만 유효하다. 적절한 통신망이 갖추어진다면 누구나 인터넷 교육, 화상 증권 거래, 원격 진료에 의한 지구 저편 환자의 재택 수술 수행까지도 가능해진다. 피터 홀은 이러한 현상이 전부가 아님을 비판한다.

　　"정보산업 분야가 초국가적으로 범지역적으로 발전하게 된다고 해도 그 산업들은 로스앤젤레스에서는 할리우드와 에어로스페이스 앨리 사이의 벨트, 실리콘 밸리, 뉴욕 시에서는 다운타운과 미드타운 사이의 소호 및 트리베카 지구 등의 전통적인 산업도시 지역에서 성장했다. 이 원인은 이 신 산업들이 다른 모든 창조적 활동과 마찬가지로 산업 간 상호작용이나 네트워킹, 북적대는 장소적 분위기 등에 의존한다는 것이다."(피터 홀 외, 2005:501)

　　여전히 도시 중심지에 남아 성장하는 것은 특권적 비밀정보에 대한 접근을 기반으로 하는 고도로 전문적인 활동들, 가장 투기성이 강한 금융 서비스, 대면 접촉에 의존하는 전문적 사업 서비스, 매체 서비스 등이다. 이는 정보혁명 가운데서도 집회와 상호작용 공간으로서의 도시는 결코 사라지지 않음을 보여준다. 실증적인 사례로서, 그래엄과 마빈은 철도와 전신이 생긴 이후 150년에 걸친 프랑스의 원격 소통과 개인 교통을 보여주었는데 두 개의 곡선이 동반 상승하고 결코 서로에게서부터 이탈하지 않는다는 것이다(피터 홀 외, 2005:502에서 재인용).

　　첨단 정보의 집중은 혁신 지구에 자본, 교육, 지식을 직렬시켜 경제, 사회 모든 부문에 근본적인 분극화를 더욱 심화시키는 것으로 결과한다.

2) 아시아의 글로벌 시티와 개발

예를 들어 중국 상하이의 푸동 지구나 센첸 지구는 정부와 상업 자본의 긴밀한 연계 속에서 대규모 경제 특구로 급속히 부상하고 있는 곳인데, 그곳의 외자유치위원인 예롱페이(Ye Longfei)는 다음과 같이 말했다.

　"우리는 센첸의 '새를 끌어들이기 위해 둥지 짓기'(도시 기반시설과 표준적인 공장 건물을 짓는 것)와 같은 방법을 사용했을 뿐만 아니라, 해남성 양푸(Yangpu)의 '둥지를 짓기 위해 새를 끌어들이기'(토지를 개발하는 데 외국 투자자를 끌어들이는 것) 방법을 시도했고, 또한 샤먼(Xiamen)의 '새들이 오게 하고 그들이 함께 둥지를 짓기'(개발에 투자하기 위해 외국 사업가들을 유치하고 그들이 투자 협력자들을 데리고 오게 하는 것) 전략도 사용했다."(피터 홀 외, 2005:507에서 재인용)

2025년에 아시아는 인구 1천만이 넘는 도시가 20개가 될 것으로 예상되는 등 개발의 가파른 상승 곡선을 달리고 있는 지역이며, 위의 사례는 예외가 아니라 전형적인 개발 전략에 속한다. 서구가 도시적 삶에서 지속 가능성을 성찰하면서 에너지, 교통, 정주지, 토지 이용 체제 등의 재편을 모색하고 있을 때, 밀도가 높고 압축된 도시 개발로 달려가는 아시아 글로벌 시티들의 모습은 어떻게 평가되어야 할 것인가?

오늘날 전형적인 기업 도시의 경관을 대표하는 고층 타워들을 생각해 보자. "타워는 자아 따위와 관계가 없다. 자아 따위에 누가 수십억 달러를 쓰겠는가." 이 말은 타워의 형태가 남성성(즉 팔루스)을 반영한다는 대중적 비난에 대해 시드니에 거점을 두고 있는 부동산 개발업자가 항의조로 한 것이다(미건 모리스, 2005).

하지만 건물의 형태와 성심리학적 표상을 즉각적으로 연결하는 무리한 해석의 가능성에도 불구하고, 그것은 고층건물의 형태가 현대 기술의 기념비이며 지역 구획과 세법, 부동산과 자금 시장, 법령과 고객의 요구, 에너지와 미학, 정치와 투기, 이 모든 힘들이 함께 어울리는 합작품이며 높고 위압적인 수직성을 통해 기념비적 이미지를 유포시키는 사례(미건 모리스, 2005:29-30)라는 지적을 피하기는 어렵지 않겠는가?

서로 높이를 경쟁하는 마천루들6)이 글로벌 시티의 스카이라인을 인상적으로 바꾸어 놓고, 도시의 종횡무진의 순환을 위해 건설된 다리와 고가들이 색색가지 형광으로 화장하면서 잉여를 창출할 때, 그 공간에서 청소하는 비정규 노동자, 이주 여성 노동자들의 모습은 비가시화되면서 도시는 삶을 재생산한다.7)

2006년에 개봉하여 한국에서 흥행 신기록을 수립한 영화 『괴물』은 직접 시나리오를 쓴 감독 스스로 '공간 맞춤형 시나리오'라고 부를 정도로 한강이라는 공간의 의미론적 구조에 천착하고

---

6) 조재길(2006) 참조. 이 인터넷 기사에 의하면 세계고층학회 기준으로 50층, 220미터 이상을 초고층빌딩(마천루)으로 부르며, 2010년 세계 톱 10 중 5개가 한국에 들어설 것이라고 한다. 그리고 이미 1990년대 신규 150채 중 101채(67%)가 아시아 지역에 세워졌다고 한다.

7) 임옥희는 지구화 안에서 타자화되는 약자들의 모습을 '초국가적 비체'라고 말한다. "가난한 사람들은 전 지구적 시스템에 의해서 강제적으로 떠도는 유랑의 무리 혹은 유령의 무리가 된다. 이처럼 고향을 떠나 모국어를 상실한 사람들, 집 없는 사람들, 길 위의 사람들은 초국가적 비체로서 국가의 경계선을 넘나든다. 많은 여성들 또한 합법, 불법적으로 전 세계를 떠돈다."(임옥희, 2007:10)

있다. "한강은 서민들의 휴식처인 동시에 취업 비관, 성적 비관, 가정불화, 부두 등으로 삶의 희망을 잃어버린 자들이 1년에 2백 명 넘게 몸을 던지는 곳이자 개발독재의 부실공사로 꽃다운 여학 생이 등굣길에 죽어 가는 곳, 바로 사회적 살인이 일어나는 무시 무시한 공간이다."(한승희, 2006) 또한 이 영화는 한강이 2000년 의 주한미군 독극물 방류 장소였음을 환기시키면서 서울의 명소 이자 산업화와 경제 기적의 상징으로서의 한강이 죽음의 공간이 란 속성을 지니고 있음을 드러낸다.

한편 서울시의 경우 대표적 성매매 공간의 하나인 '용산' 집결 지는 지금 폐쇄가 예고되어 있다. 2004년 9월 시행된 성매매방지 법의 실제적 효과를 높이기 위해 2007년이 철거 시점으로 예정되 어 있었으나 다소 지연되고 있다. 이 집결지의 말소는 그동안 성 매매 행위를 가능케 한 공간 구조 자체가 없어져야 한다는 사회 적 인식의 변화 때문만은 아니다. 이미 고층빌딩과 화려한 민자 역사가 들어서 있고 계속되는 용산의 뉴타운 개발 정책으로 인하 여 지가 상승이 가파른 마당에 무허가 건물을 더 이상 용인할 이 유가 없기 때문이다(막달레나의 집, 2005). 서울시보다 앞서 대만 의 타이베이 시는 1997년 공창제 폐지를 선포한 후 실효성을 높 이기 위해 6개월 단전단수(시 공무국) 조치와 토지사용권을 강력 하게 제한(시 도시발전국)하면서 동시에 시 경찰국은 업소들을 적발해 내는 식으로 공동보조를 맞추었다(장필화 외, 2001).

이러한 사례들은 도시 개발과 성매매 공간의 퇴출을 어떤 관점 에서 해석해야 할지를 시사해 준다. 가속화되는 개발의 현장이자 사회적 모순들이 중첩되어 있는 글로벌 시티의 공간들이 계급 및 젠더와 교차하면서 구성되어 가고 있음을 독해할 수 있을 것이다.

3. 아시아 여성 행위자들의 공간 생산의 경험 모형화

인간의 경험은 역사적 맥락과 공간적 맥락이 조우 혹은 교차함으로써 펼쳐진다. 즉 경험의 선험적 구조 혹은 토대로서의 시공간의 차원과 다르게 경험의 내용과의 연관성이 중요하게 대두된다. 경험을 탈역사화하거나 탈공간화하는 것은 경험의 의미를 구성하는 데서 오류를 범하게 한다.

동시에 공간을 물신화하지 않으면서 우리의 삶에 개입하는 변수로서 받아들이는 것, 혹은 공간이 갖는 상대적으로 자율적인 인과력(생산력, 효과)을 생각해 보는 것이 필요하다. 인간이 공간을 만들고 이와 동시에 공간이 인간을 만들고 배치하는 두 힘의 방향을 종합해서 생각하는 것이 필요하다. 인간은 공간 생산의 주체이며 공간은 사회적 인간 생산의 기제다.

이렇듯 공간은 '형식적 틀'도 아니고 인간의 작용에 따라 변형되는 한갓 물적 대상이 아니라 '사회성'이 각인되어 있는 그런 지평이다. 그렇지만 조은에 의하면 기존의 공간 연구가 가치중립적인 경향 속에서 계급 분석과 여성주의 분석의 세례를 받지 못했다고 한다. "최근의 도시사회학과 계급 분석, 그리고 페미니스트 연구들은 이러한 공간의 소유와 구조화에 함께 관심을 보이기 시작했으며 특히 공간이 사회적 관계의 표현, 특히 계급 관계뿐 아니라 남녀의 사회적 관계의 표현이라는 사실에 주목하고 공간이 생산과 재생산의 모순을 표출하는 장이라는 점에 유의하기 시작했다."(조은, 1990:154-174)는 지적이 유의미하다.

필자는 그러한 관점들에 더하여 공간의 의미론적 분석의 층위를 확보하고자 한다. 그 경우 '공간'이란 분석틀은 물리적, 지리적 단위로서의 공간 개념을 벗어나 공간적 행위 주체(예를 들어 아시아 여성)의 경험이 다양하게 체화되어 삶의 양식으로 연결되는 '사회적이고 경험적인 공간'이 될 수 있다. 공간 범주를 중층적으로 수용할 때 '공간'은 행위자들의 경험이 조우하는 현장이자 가부장제적 억압에 대한 정서적 공감대와 문화적 특수성들이 경합하면서 갈등하는 장으로서, 또한 아시아 여성의 정체성이 국가 경계를 넘어서 구성되는 다층적 역동성을 드러내 주는 지평이된다.

이러한 맥락에서 여성주의 공간은 어떤 방향에서 모색될 수 있는가? 기본 작업은 공간의 가부장제적 재생산 구조를 비판적으로 인식하는 일이다. 공간이 성불평등을 강화, 온존, 재생산시킬 수 있는 준(準)행위성을 적극적으로 이해하면서 공간적 문제들을 극복하고자 한다면 다음과 같은 두 가지 점검표들을 제시함으로써 젠더 평등적인 공간 생산을 지향할 수 있을 것으로 본다.

1) 성평등적 공간적 정의(spatial justice)

서민철은 기회 균등의 원리와 최소 수혜자에 대한 보정적 이익을 부여하는 차등의 원리를 공간 상황에 적용하고 있다. 그 두 가지 정의의 조건에 따르면 전자는 국민국가 영토의 고른 발전을 요청하고, 후자는 낙후 지역에 대한 우선 개발을 요구한다. 하지만 자본주의는 효율성을 추구하면서 생산 시설을 집중하려고 한다. 자본주의의 발달은 점(point)에서 시작하여 교통로를 따라 선적으로(linear) 확대되므로 자본주의를 담지하는 국민국가 영토의 전 지역, 구석구석으로 균등한 발전을 진행하기 어렵다는 것이다

(서민철, 2005). 그 문제가 대표적으로 드러나는 경우가 지역 불균등 발전과 도시 내 계층 지역 분화 현상이다. 만일 가치중립적인 '차이'를 '격차'로, 그리고 더 나아가 '불균등'으로 인식한다면 공간적 정의를 구현하고자 하는 변화 지향성을 함축할 수 있다.

이러한 틀을 성평등적 공간적 정의에 도입하자면 분석의 층위는 미시적으로 분화될 수 있다. 필자는 시범적으로 여성주의 공간적 행위성(spatial agency)의 상호작용적 범주들을 다음과 같이 설정해 보고자 한다.

∩ 여성 자아 공간의 주체성 : 여성이 자신의 삶을 자주적으로
↕ 결정하고, 타인과의 관계성이나 섹슈얼리티 등의 비가시적
영역에서 적극적인 행위자가 됨으로써 여성에 대한 가부장
제적 성 통제를 무화시킨다.

↕ 소위 '공적' 공간들(교육, 행정, 정치, 경제, 문화, 종교 영역
등)에 대한 참여 : 이 영역들에서 여성 진입을 임계질량 이상
으로 보장함으로써 성평등적 사회의 기본 인프라를 확보한
다. 이는 기존의 성별화된 공간 분업(공/사 분리)을 청산하는
인식론적 기초 위에 서 있는 활동이다.

↕ 보살핌 활동의 사회적 확장 : 가족 이기주의의 보루 혹은 사
밀한 안식처로서 '집'에 대한 이데올로기와 무한 헌신과 사
랑 및 보살핌의 처소로서 모성 이데올로기에서 탈피하여 가
정이 민주 시민의 양성과 평등 관계 실현의 공간적 원형으로
기여할 수 있게 한다.

242

여성 친화적 사회 공간 구성 : 공중 화장실이나 한 가정 내의 목욕탕, 부엌, 서재, 가구 등의 설계와 배치 과정에서 여성 사용자의 조건과 욕구에 맞추어 제작한다. 도시 내 사회적 양육(보육, 교육) 체계를 통해서 여성 개개인의 다중 부담을 완화할 수 있는 시설들을 마련한다.

공간의 사회적 생산에 대한 여성의 개입과·협상 : 도시화가 확산되는 현 시점에서 집합적 소비로서 아파트 장만 등의 문제에 여성이 개입하고 도시 내부 구성에서 빈곤과 성 상품화 공간을 퇴출시키는 등 도시 환경을 적극적으로 꾸리고 여성주의 공동체로서 마을 및 동네를 만들어 가는 역할을 한다.

여성의 문턱 없는 국제 이주 : 지구적 이주를 통한 삶의 기회를 확보함으로써 지구적 시민으로서, 또한 노동자로서 여성이 사회적, 경제적, 문화적 권리와 책임을 누리며 살아갈 수 있는 토대를 마련한다.

아시아 여성주의의 지리 만들기 : 여성주의자들의 네트워킹, 여성운동의 지구/지역화, 여성정책의 지역적/지구적 연대를 통해 지역 가부장제의 억압을 함께 종식시킨다.

가부장제적 시민사회에 대한 여성주의의 도전과 재구성 : 진보적 운동 내의 성별 분업 혹은 여성적 특화(평화운동 내의 성별 분업, 도시빈민운동 내의 성별 분업, 노동운동 내의 성별 분업 등)를 청산한다.

성별화된 공간적 표상 해체 : 상징체계, 언어 안에서 드러나는 성별화된 의미 구조를 해체한다. '여성 = 자연이다'(남성은 문화이다)라는 공간적 표상을 극복한다.

자연 경관과 문화 경관, 생태 경관의 재구성 : 지구라고 하는 거시적 공간 영역 전체에서 여성주의의 새 패러다임을 정립한다.

　여성주의의 공간적 실현을 위한 활동 공간은 매우 다양하고 다중적이다. 가부장제의 모순이 그만큼 여러 층위에 전면적으로 침투해 있기 때문에 이는 너무나 당연한 귀결이다. 이때 여성의 공간적 삶에 내장되어 있는 최장기의 최대 다수의 사회적 소수성을 어떤 한 층위에서 개혁하기보다는, 전체적인 문제의식 속에서 각급의 현장에서 공통의 비전을 갖는 행위자들과의 네트워킹이나 연대를 통해서 변화를 이루어 내는 과정이 불가피하게 요청되고 있다. 그러한 노력들이 결합하여 서로 시너지 효과를 낼 때 공간의 질서 자체가 변환되는 미래가 가능하다.

　또한 여성이 공간적 행위성을 구현하는 궤적은 위와 같은 원형 고리들 안에서 중첩되며 그 안에서 연속성과 불연속성을 함께 통일한다. 즉 각각은 담론의 층위에서는 분리되어 있으나 현실에서는 긴밀히 통합되어 있다. 예컨대 여성 친화적 도시 환경은 각급의 사회적 공간에서 노출하고 있는 반(反)여성성이 척결되어야 하는 것으로 연속된다. 또한 여성의 공간적 주체성은 심리적, 의식적 차원의 자기 통제력으로 발현될 뿐만 아니라 각종 사회적 공간에서의 주체 역할을 함으로써 의사결정력을 갖고 대 사회적 영향력을 확보하는 것으로 이어진다. 이 점에서 여성주의 리더십의 공간화를 모색하는 것이다.

심리학적 개념으로서 행위성(agency)은 자기 자신을 위해 단호하게 행동하는 자질, 혹은 자신에게 있는 모든 자원을 인식하고 적극적으로 활용하는 것으로서, 이것이 친교의 욕구와 더불어 인간의 두 동인이 된다. 철학적으로 행위성은 선험적인 자아를 찾는 형이상학적 혹은 형식적 논의가 아닌 실천적 맥락과의 관계 속에서 주체의 의식과 실천을 통합할 때 발현된다. 철학적으로 정초된 공간적 행위성은 자신이 속한 사회적 공간의 맥락 안에서 작동함으로써 구체적인 질을 획득하게 된다.

2) 소수자에 대한 돌봄이 가능한 공간 설계

여성주의는 평등주의를 지향하는 하나의 대안적 가치 체계다. 그리하여 여성주의 사회 기획은 소수자에 대한 보살핌, 계급/계층 간 층차 완화, 자연 내 상생 등 비계약적 가치들을 견지하므로 도구적 합리성을 통해 추구하는 계약적 가치 중심의 체계와 차별성을 갖는다. 즉 여성주의는 생물학적 여성성이나 문화적 여성성에만 편향적으로 몰입해 있는 협소한 가치가 아니라 사회적 소수자에 대한 보살핌과 연대, 상생을 추구하는 확산적 가치다.

한 예로서, 사회적 소수자의 복지 문제를 여성주의 공간 설계와 연결시켜 볼 수 있다. 김동선(2004)은 삶의 공간인 집이 사람의 사고나 기분, 건강까지 좌우한다는 것을 경험적 연구를 통해 논의하고 있다. 그녀는 일본의 일반 가정, 노인시설, 병원에서 노인 공간에 대한 관찰 속에서 신체적 약자에 대한 배려의 조건으로 배리어 프리(barrier free) 환경 조성에 특히 주목한다. 일본은 집에 노인을 위한 엘리베이터를 설치할 때 2백만 엔을 정부에서 보조하여 주택 개조를 확대하고 있다. 스웨덴은 고령화율이 15%이던 1975년에 주택법을 개정해 신축 주택은 문턱을 없애고 휠체어가 드나들도록 문을 넓히는 의무 조항을 신설하였다.

이러한 문턱 없는 사회는 공중 화장실에 슬로프를 설치하고 휠체어 전용차량이 있는 신칸센이나 지하철역과 지상 도로를 연결하는 엘리베이터와 에스컬레이터 정비, 장애인을 돕는 교통지도 발행 등에 지역사회가 적극적으로 나서게 하는 확산 효과를 갖는다. 결국 물리적으로 눈에 보이는 문턱뿐만 아니라 마음의 배리어 프리를 이루자는 정신은 여성주의의 원리와 일치하며 노인과 장애인에 대한 돌봄의 사회를 만들 수 있는 길에 동참하는 것이다.

또한 여성주의는 도시의 빈민층에 대한 사회적 돌봄에 대해서도 주목해야 한다. 도시 재개발 지역은 공간 추방과 새로운 삶의 터전 건설, 또 다른 이주로 이어지는 긴박한 삶의 현장이기에 여기에서 주로 표출되는 공간의 문제는 계급 문제이면서 동시에 여성들 간의 차이의 문제를 발생시킨다. 그리하여 계급/계층에 따른 상이한 공간 인식이 파생된다. 중산층의 상대적으로 여유 있는 응접실 등 사교 공간 배치에 대해서 파출부로 온 저소득층 여성은 "그 공간을 왜 놀리나? 월세를 놓으면 돈이 되는데 왜 이상한 물건으로 장식을 하나? 청소하기만 힘들게."라는 반응을 보인다(조은, 1990). 이들에게는 생존 차원의 인식이 더 강하게 작용하며, 생존(실용성)의 가치가 문화적 가치에 선행한다.

「난 밖에가 방이에요」
(김선희, 초등 6, 안산 예은신나는집)

난 맨날 집에 혼자 있기 싫어
맨날 밖에서 생활합니다.
밖에서 밤늦게까지 돌아다니다가
사람들이 사라지고
행복한 집으로 들어갔을 때
난 외롭게 집으로 발걸음을 향합니다.
(이하 생략)

어린 소녀의 짧은 시에서 우리는 공간이 물리적 토대 위에서 축적되는 삶의 의미들을 횡단하고 있으며 물리적 공간과 심리적 공간의 분열, 공간의 표상에 대한 주관적 차이 속에서 공간이 안과 밖으로 산뜻하게 나누어지지 않음을 극명하게 알 수 있다.

삶의 공간이 매매, 축적, 상품화, 투기, 재테크의 매체로 계급적으로 차별화되는 현실에 대한 변화 없이 공간적 정의를 내용상 추구하기는 어려울 것이다. 다들 '홈 스위트 홈'의 이상화와 낭만화에 대한 장소로 집을 생각하지만, 가정 내에서 담지될 것이라 기대된 사랑, 행복, 돌봄 등의 가치는 결코 모두에게 허용된 것이 아니다.

4. 아시아 안에서 도시 공간에 대한 비교 연구의 지점

시대적 맥락에서 볼 때 21세기는 지구적인 경쟁 속에서 지역 공동체의 발전을 도모하는 여러 축의 운동이 전개되고 있다. 각

국은 한편으로는 지구적 표준에 맞추면서 또 한편으로는 고유한 문화적, 지역적 정체성을 구성해 내야 하는 책임을 진다. 이러한 정체성 경합 및 지구적 표준화 현상은 국가 간에도 일어나지만 도시 간에도 발생한다. 도시의 여성정책은 여성의 일상적이고 구체적인 생활세계의 삶의 질을 직접 추동하는 힘이기 때문에 도시 연구에 중요하다. 이 점과 관련하여 영국 런던의 도시정책을 참조하여 논의를 전개해 보자.

1) 런던의 도시정책과 여성

브라우닐(Brownill, 2000)[8]에 따르면 영국에서 여성과 도시정책의 연대기는 선형적 발전을 보여주지 않으며 상이한 이론들, 정책들의 영향과 도전, 한계를 추적할 수 있다고 한다. 그 연대기를 몇 가지 단계로 축약하여 소개해 보면 다음과 같다.

(1) 도시정책의 시작 : 1968-1977년

1968년에 도시 프로그램과 공동체 개발 프로젝트(the Urban Programme and the Community Development Project: CDP)가 가동됨으로써 빈곤 사이클에 대한 토론이 이루어졌다. 이때 연구의 대상은 도시 지역 안의 특수한 박탈 지역이었고 주변부의 소

---

8) 브라우닐은 옥스퍼드 브룩스대학에서 도시계획을 가르치고 있으며 런던 도크랜드 개발 과정에서 공동체 계획 분야에 참여하였다. 도크랜드는 노후화되고 슬럼화된 항만 지역을 대규모 민자 유치를 통해 재개발함으로써 구도심 재개발의 대표적인 성공 사례로 꼽히고 있으며 전형적인 기업가 도시의 사례다. 본문의 도시정책 연대기는 Brownill(2000)을 참조하여 서술한 것이다.

외는 구조적 빈곤이 아닌 개인의 실패에 의한 것이라는 생각이 일반적이었다. 이러한 문제 추점(problem focus)의 시각에서 본 여성 가정 및 한부모 가정은 빈곤 세습의 장소이자 이너시티의 쇠퇴에 기여하는 변수였지만 인종 및 젠더의 복잡성은 간과되었다.

CDP 안의 토론 집단은 자체적으로 모색한 대안적 관점을 통해 도시 공간 안의 여성의 삶과 경험에 일정하게 주목하였지만 마르크스주의 정치 경제학에 과도하게 기울어져 경제 하강의 구조적 분석을 선호하면서 사회 병리적 해석을 거부하였고 젠더 관계를 배제하는 결과를 낳았다. 이들은 구조적인 차원의 접근을 시도했지만 정치적 행동을 야기할 수 있는 조직화된 남성 노동자가 있는 제조업에 대한 집중적인 정책을 시행하였고, 공동체 안 여성 조직의 문제는 주변화되었다. 단지 사회 병리학에 대한 집중으로 여성에게 약간의 혜택이 주어졌고 지역의 자발적 조직이 얻은 펀드와 시설 안에서 지역 여성의 의식 고양 작업이 이루어졌다.

(2) 1977년 : 이너시티(inner-city)에 대한 백서
백서의 발간으로 이너시티 쇠퇴의 원인들이 경제적 범주 안에서 언급되었고 그 결과 사회적 프로젝트에서 경제적 프로젝트로 펀드 안의 이동이 이루어졌다. 그러나 또다시 젠더 차원은 포함되지 않았다. 여성 고용을 위한 프로젝트는 여전히 도시계획(UP) 펀드의 지원을 받았지만 불균형성을 면치 못하였다. 또한 이 시기는 주요하게 중앙정부와 지방정부 사이에 '파트너십' 구축을 목표로 하는 식으로 도시정책이 변화되었다. 그 예로 공식 파트너십 위원회가 권력의 중심화를 대표하는 핵심 지역에 생겼으며

이러한 지방 민주주의 안의 변화가 도시정책의 형성에 여성이 참여할 수 있는 계기를 열었다.

(3) 1980년대 도시정책 : 사사화(privatization)

우익화된 정부는 지방 당국의 관료제를 걷어 내고 민간 부문에 주도권을 주는 방향으로 정책을 집행하여 기업 도시가 등장하게 되었다. 대표적 사례가 런던 도크랜드 개발을 기업에 위임한 것이었고, 도크랜드 개발 회사 임원 12명 중 여성은 1인이 포함되었다. 도시 공간의 사사화(privatization) 안에서 공공의 개방 공간은 적어지고, 사적 운송은 확대되고(차에 대한 여성의 접근은 제한적임), 사회적 편의시설은 부족한 상황이 지속되었다. 경제력이 약한 여성은 염가 세일 주택에의 의존성에서 벗어나기 어려웠다. 1980년대 말 약간의 변화가 일어났는데 공동체 투자 방향이 모색되어 육아 편의시설 제공하기, 일터와 집과 시설이 가까이 있는 환경 만들기, 독신여성의 생활을 고려하기, 노동을 가족 책임성과 결합하기 등의 정책적 목표가 설정되었다.

(4) 1980년대 대안적 목소리들

본격적으로 장소를 바꾸자(Changing Places)는 캠페인 속에서 여성의 관점으로 도시 공간을 변형시키려는 목소리가 나오게 되었다. 운송, 쇼핑, 환경, 거주 등 제반 영역에서 여성이 주도하지 못했던 상황이 비판되었다. 동시에 "런던에서 여성은 남성에 의해, 남성을 위해 만들어진 도시 안에서 사는 것이며 도시 환경을 변형하거나 영향을 미칠 기회를 거의 갖지 못한다. 도시계획 정책은 … 이러한 상황을 변화시키기 위해 먼 길을 갈 수 있다."

(Brownill, 2000:122)는 비전이 설정되었다. 여성위원회를 통해 자문 과정에 폭넓게 참여하면서 관료와 위원들의 태도를 바꾸어 나가는 식으로 지역정부의 도시정책에 여성의 관점을 반영하려는 실천이 모색되었다. 그러나 젠더 관점이 주류화되지는 못하였다.

(5) 1990년대-현재 : 임파워먼트, 파트너십 등 도시 재개발의 핵심 용어의 등장

도시 공간 생산에서 여성 참여를 포함시키는 임파워먼트를 전략적으로 채택하게 되었고, 젠더를 중심에 두면서도 공동체 간 다양성과 차이를 어떻게 반영할 수 있는지에 대한 본격적인 논의가 진행되고 있다. 도시 거버넌스를 둘러싼 정부, 민간, 시민사회의 파트너십의 형성을 기초로 하고 있다. 도시정책의 집행에 대한 젠더 회계 감사 등의 기술적 장치도 도입되고 있다. 한편 여성주의 인식론과 관련할 때 도시 공간의 여성주의적 생산 문제는 경험론, 입장론, 포스트모더니즘의 이론들이 서로 경합하는 국면과 맞물려 이론과 실천이 경쟁적으로 상승하는 구도하에 놓여 있다.

2) 서울시를 비롯한 아시아 글로벌 시티의 여성 친화적 공간 구성을 위한 제언

서울시는 2007년부터 2010년까지 4개년 계획으로 '여성이 행복한 도시정책'을 입안하여 실행 중에 있다. 이 프로젝트는 돌보는 서울(돌봄 서비스 확장), 일 있는 서울(여성의 사회권), 넉넉한 서울(여성의 문화권), 안전한 서울(여성의 안전), 편리한 서울(여

성 친화적 시설)의 다섯 영역으로 나뉜다. 이 프로젝트는 여성의 경제활동 참여 폭의 확대와 돌봄 노동의 사회화를 지향해 온 여성정책과 교차적으로 젠더 관점에서 도시정책을 펼치려는 의도를 갖고 있으며, 글로벌 시티의 주요 아젠다인 도시 공간의 안전성과 편의성, 문화적 환경의 확립 등으로 정책적 시야를 확장시킨 것이라고 평가할 수 있다.

특히 국가 단위의 중앙정부에서 다루기 어려운 도시 단위의 젠더 이슈를 지역 여성의 일상적 삶에서의 도시권에 바탕을 두고 처음으로 시도해 간다는 점에서 큰 의의가 있다고 볼 수 있다(이봉화·조영미, 2007). 또한 서울시 여성가족재단의 주도하에 서울, 타이베이, 도쿄, 마닐라 등 아시아 8개 도시에서의 여성의 사회 참여 활동을 주제로 하여 여성정책 관련자들이 서로 소통함으로써 정책과 실천의 발전을 도모하는 네트워킹 작업이 시행되고 있음도 매우 전향적이다.

도시 공간의 설계를 여성주의적으로 견인해 감으로써 도시 여성의 삶의 질을 제고하고 여성 친화적인 공간 구성을 확립하기 위한 몇 가지 실천 경험 혹은 아젠다들을 살펴보고자 한다.

　공간 이동은 안전하게
　공간 참여는 평등하게
　공간 이용은 편리하게
　공간 선택은 자유롭게
　공간 소비는 의식 있게
　공간 생산은 특징 있게

(1) 공간적 안전

30여 년 전에 독일에서 연쇄 성폭행 사건이 일어나 여성의 공간적 안전 문제가 사회적인 이슈가 되었다. 여성들은 이에 대응하여 안전한 밤길을 위한 거리 행진을 벌였고 이후 벨기에, 미국, 영국, 캐나다, 호주 등으로 확산되었다. 도시의 밤길을 주무대로 한 여성들에 대한 무차별 연쇄 살인의 문제는 비단 서구에 그치는 것이 아니라 아시아 각 지역에서도 마찬가지로 발생하고 있다. 그리하여 타이베이 시에서는 여성 정치인 살해를 계기로 하여 이를 이슈로 한 시위들이 조직되었다. 서울시에서도 젊은 여성에 대한 연쇄 살인 사건이 사회문제화되자 여성단체들이 연대하여 최근 4년간 연 1회씩 총 4회의 밤길 되찾기 시위를 진행해 가고 있고 특히 2007년에는 천안, 부천 등 지역 단위의 여성단체들로 확산되고 있다. 여성의 공간적 안전 이슈가 좀 더 조밀해짐에 따라 여성 전용 콜택시 제도 등에 대한 요구를 만들어 내었다. 도시의 밤길이 여성에게 공포와 심리적 위축감, 잠재적/현재적 성폭행의 가능성의 장소가 되지 않게 하는 지역적 연대 작업들의 아이디어와 성과 수렴이 필요하다.9)

(2) 공간 이용에서 평등한 접근

불평등한 화장실 공간 문제는 성평등한 공간 이용권에 대한 시각을 열어 주는 계기가 되었다. 타이베이에서는 1996년부터 지금

---

9) 최근 들어 서울시 여성정책에서 '성평등 정책 실현을 위한 글로벌 도시 전략'이 본격적으로 모색되고 있다. 2007년 세계해비타트의 날에서 선언된 "안전한 도시가 정의로운 도시다(A safe city is a just city)."라는 슬로건이 도시 여성정책에서 적극적으로 수용되고 있으며 이는 지구/지역적인 도시 공간에서 공통의 문제의식을 이룬다. Hannan(2007) 참조.

까지 국립대만대학생연합과 국립대만대학의 젠더와 공간 연구소 (Research Center for Gender and Space)를 중심으로 화장실 운동을 개시하였다. 초창기에는 화장실의 남녀 비율에서 여성 이용자의 편의성을 제고하는 식으로 개선할 것을 요구하였고 이후 더 나아가 화장실의 위생, 여성 화장실의 위치, 비치 품목, 공간 설계의 개선 등으로 더 세분화하였다. 시 당국은 이러한 활동들에 호응하여 여성 친화적인 화장실을 공공정책으로 제도화하였다.10) 한국의 서울시에서도 타이베이 시의 사례를 벤치마킹하여 공중화장실에서 여성용 변기를 남성용의 1.5배 이상 의무화하는 법이 시행되고 있다. 다른 한편으로 여성의 낮 시간대의 이동 사슬 (trip-chain: 가사와 돌봄 노동을 위한 이동을 소득을 위한 이동과 결합시키는 것)에 대해서도 주목할 수 있는데, 예를 들어 도시의 빈곤 여성들이 남성보다 더 자주 더 단거리 이동을 하지만 남성들의 직장 출퇴근 패턴에 맞춘, 피크 시간 중심의 교통 체계가 이러한 필요를 충족시키지 못하는 점들에 대한 인식도 환기해 볼 수 있다(Hannan, 2007).

(3) 공간의 편의성

글로벌 시티에서 도시 여성의 기본 거주 환경은 아파트 등 공

---

10) 필자는 2006년 7월 26-29일의 기간에 대만 타이베이 현장연구를 수행하였다. 여성주의 건축가인 사원 면접에서는 안전한 공간 설계에서 여성 관점을 반영하는 사례로서 공원의 담을 두르는 나무 담장의 높이에 대한 문제제기와 내부를 개방하는 설계에 대한 지침을 얻을 수 있었다. 특히 여성주의 문화인류학자인 필항달(Bih Herng-Dar: 국립대만대 젠더와 공간 연구소장) 면접 및 연구소 방문에서 여성 친화적인 화장실을 위한 활동 사례를 얻을 수 있었다.

동주택이 대표적이다. 아파트의 공간 배치 및 단지 내 여성 편의적 시설들이 어느 정도 갖추어져 있는지 등의 문제에 관심을 두면서 여성의 삶에 편리한 아파트 내부 구조 개선점들을 비교 연구할 만하다. 최근에는 여성 건축가들의 여성으로서의 생생한 경험을 반영하여 아파트 평면에서 북쪽에 있는 부엌과 식당을 가장 전망이 좋은 거실 위치로 옮기는 문제(김민경, 2006)가 제안되기도 하고, 부엌을 가족 구성원 모두가 가사에 동참하는 가시적인 공동 공간으로 만드는 문제가 제안되기도 한다. 이러한 변화는 건설회사 안에 여성 건축가들이 진입하면서 혁신적인 아이디어들을 제출하고, 여기에 잠재적 수요자인 여성 모니터들의 적극적인 여론 주도가 결합한 효과다.

(4) 공간 선택의 자유

지구화 국면에서의 여성 이주는 전체적으로 볼 때는 '빈곤의 여성화'와 궤도를 맞춘 생존 회로적 성격이 강하고 이들의 노동은 가사노동 등 서비스 부문에 집중되어 있다. 그렇지만 구체적인 한 도시를 두고 볼 때는 이주 경로와 주체에서 다양성이 교차한다. 서울의 경우 상층 회로와 생존 회로를 통해 이동하는 많은 외국인들이 공존하며(김현미, 2005:22-25), 특히 여성 이주자는 송출 지역의 가부장제적 억압과 여성에 대한 낮은 사회적 인정이 동기를 제공하기도 한다(154). 필자는 여성 개개인이 자신의 지역적 범위에 국한된 정보 획득과 인적 연결을 벗어나 좀 더 나은 삶의 기회를 모색하기 위한 국가 간, 지역 간 탈경계적 공간적 네트워킹의 경험을 통해 여성의 전반적 삶의 조건이 좀 더 평평해질 수 있다고 본다. 이는 한 공간에 정박된 삶 속에서 기회의 평등이나 조건의 평등을 실현해 내려는 노력들이 지구/지역적으로 교차될 때 훨씬 더 강력한 시너지 효과를 생성할 수 있음을 기대하게 한다.

(5) 공간의 윤리적 소비

책임여행 상품이나 공정무역 상품 이용을 비롯하여 소비자로서 여성이 윤리적 기준에 따르는 행위를 함으로써 지구/지역적 순환 하에 있는 소비 – 생산의 고리가 지속 가능한 개발, 사회 발전, 인간 개발에 통합될 수 있게끔 견인한다. 공간의 윤리적 소비에 대한 인식을 더 확장시킨다면 도시의 친환경적 보존과 복원을 위한 실천도 포함될 수 있다.

(6) 공간 생산의 특징화

서울시 안에서 성미산 마을 만들기 프로젝트(이은희, 2007)처럼 새로운 공동체 실험이 시도되고 있지만 여성주의적 공동체라고 부를 만한 콘텐츠를 갖는 지역 공간은 아시아 안에서 아직 태동하지 않은 듯하다. 여성주의적 돌봄을 원리와 가치로 하는 동네, 공동체 만들기 실험을 통해서 도시적 삶 안에서도 대안 공동체적 가치가 실현될 수 있게끔 구체적인 모델이 나올 필요가 있다.

5. 맺는 말

지구화가 전개되는 특정 현장으로서 글로벌 시티를 연구하는 일은 지구적인 것과 지역적인 것이 상호작용하는 접점을 이해하는 데 유용하다. 연구의 관점으로 '젠더 분석'을 채택한다는 것은 여성의 삶의 질을 평가하기 위한 장치다. 연구의 영역으로 '아시아'를 설정한 것은 탈식민의 해방적 잠재력이 있다고 보기 때문이다. 그리하여 이 논문은 아시아의 글로벌 시티가 여성에게 친화적인 공간적 체험의 장소가 되게 하려는 가치 지향을 갖고 있으며, 도린 매시(Massey, 1999)의 표현으로 하면 '지리와 차이'에 기반한 연구다.

'젠더와 공간' 프로젝트는 기본적으로 학제적이므로 여성주의 지리학, 도시사회학, 도시정책, 도시정부의 여성정책 등의 연구물들을 수렴하는 복잡한 과정을 요청한다. 이 점에서 공간이 가치 중립적인 물리적 인프라가 아니라 공간적 행위자들의 정치적 역학을 반영하면서 역으로 공간적 권력을 형성해 내는 사회적 장이라고 보는 공간 정치학의 연구들은 매우 유용하다. 공간 현상을 바라봄에 있어 구체적인 상황과 맥락에 주목하고, 억압과 저항의 다양한 차원과 매개에 대한 분석을 통해서 공간 생산의 방향이 잡힐 수 있다. 이러한 연구들을 수렴하여 공간과 장소[11]를 둘러싸고 지배력과 저항력이 어떻게 충돌하고 부딪치며 다양한 의미들이 어떻게 서로 경합하고 갈등하면서 공간에 표출되고, 동시에 행위자들은 공간을 어떻게 새롭게 생산하는지에 대한 더욱 포괄적인 비전이 모색될 수 있으리라 기대한다.

에드워드 소자는 공간적 전회(the spatial turn)를 새로운 문화 정치의 동력으로 삼는다. 그는 "공간적 전회가 한 일은 공간, 지

---

11) '공간'과 '장소'는 서로 대비되는데, 전자가 추상적인 차원의 것이며 움직임, 개방, 자유, 위협 등의 속성으로 서술되는 반면, 후자는 정지, 안전, 안정, 애정에 관한 인간 경험으로 비유된다. 우리가 무차별적인 공간에서 출발하여 특정 공간을 더 잘 알게 되고 거기에 가치를 부여하게 되면 공간의 장소화가 이루어진다. 이-푸 투안(1995) 참조.

식, 권력의 상호관계에 대한 공유된 의식을 둘러싼 새로운 문화 정치에 에너지를 주는 것이다. 그리고 지구적인 것에서부터 가장 지역적인 규모에 이르기까지 인간의 공간성의 사회적 생산이 어떻게 경제적 착취, 문화적 지배, 그리고 개인의 억압이라고 하는 불평등과 부정의를 만들어 내고 유지하는 데 적극적인 역할을 하는지를 보여주는 것이다. 만일 전통적인 평등의 정치가 '역사 만들기'를 집합적으로 통제하면서 급진적인 주체성을 동원한다면, 차이, 정체성, 그리고 재현의 문화 정치는 역사적인 영감에 따른 전략의 힘을 약화시키지 않고 '지리 만들기' — 인간의 공간성의 사회적 생산 — 를 더욱 크게 통제하는 더 직접적인 집합적 투쟁 안에 뿌리내린 동원된 의식의 새로운 자원을 추가한다."(Soja, 2000:281)고 함으로써 공간 안의, 그리고 공간과 더불어 진행하는 행위성을 적극적으로 논변한다.

공간이 권력의 무풍지대가 아닌 만큼 성별 중립적(gender neutral)으로 보는 관점은 사라지고 있다. 하지만 공간을 계급 관계의 표현으로 보는 공간의 정치 경제학은 마르크시즘을 기반으로 하여 발달한 반면, 공간이 남녀의 사회적 관계의 표현이며 역으로 사회적 공간들이 젠더 분할을 촉진하는 국면이라는 인식론에 기초한 연구들은 여성주의의 세례를 받은 세대가 나오길 기다려야 했다(조은, 1990)는 교훈을 되새길 수 있을 것이다. 여성주의 공간 연구(공간의 젠더)는 이론적 측면에서 상대적으로 짧은 역사를 갖는다. 그러나 후발자의 이득을 기대한다면 상황은 낙관적이다. 여성주의적 '공간적 선회'를 통해서 한 사회의 물적 토대 및 문화, 담론, 의식, 상징체계가 여성(여성주의)의 공간적 삶과 상호 작용하는 다기한 통로들을 추적함으로써 공간의 젠더적 생산의 기제와 효과를 묻고 장래의 전망을 설계하는 일은 매우 생산적일 것이다. 또한 센더 관점에서 연구하는 사회과학과 여성주의 공간철학이 중층적으로 결합할 때 더욱 포괄적인 전망이 기약될 것이다.

[참고문헌]

김동선(2004), 『야마토마치에서 만난 노인들』, 궁리.

김현미(2005), 「글로벌 도시, 서울」, 「글로벌 '욕망' 산업과 이주 여성 엔터테이너」, 『글로벌 시대의 문화 번역』, 또 하나의 문화.

데이비드 하비(2001), 『희망의 공간: 세계화, 신체, 유토피아』, 최병두 외 옮김, 한울.

막달레나의 집(2005), 『태양을 꿈꾸다』, 용산 집결지 삶에 대한 보고서.

미건 모리스(2005), 「사회적 등정의 위대한 순간들: 킹콩과 인간파리」, 베아트리즈 콜로미나 편, 『섹슈얼리티와 공간』, 강미선 외 옮김, 동녘.

(사)부스러기사랑나눔회 편(2002), 『가슴깊이 묻어 놓았던 보물상자 하나』, 도서출판 부스러기.

사스키아 사센(1998), 『경제의 세계화와 도시의 위기』, 남기범 외 옮김, 푸른길.

서민철(2005), 「지역불균등과 공간적 정의」, 『인문지리학의 시선』, 논형.

서울시 여성가족정책관(2007), <여성이 행복한 도시 프로젝트 사업별 4개년 계획안>.

앤서니 킹(1999), 『도시문화와 세계체제』, 이무용 옮김, 시각과 언어.

에드워드 소자(1997), 『공간과 비판사회이론』, 이무용 외 옮김, 시각과 언어.

엘리자베스 그로츠(2005), 「몸-도시」, 베아트리츠 콜로미나 편, 『섹슈얼리티와 공간』, 강미선 외 옮김, 동녘.

윤혜린(2006), 「지구시민사회 맥락에서 본 여성주의 시민의 정체성」, 『여성학논집』 제23집 1호, 이화여자대학교 한국여성연구원.

이대훈(1998), 『세계의 화두』, 개마고원.

이봉화 · 조영미(2007), 「여성의 도시권을 통해 본 도시여성정책 전망」, <한국여성학회 제23차 추계학술대회 자료집>.

이은희(2007), 「시민공동체 '성미산 마을' 프로젝트」, 조형 외, 『여성주의 시티즌십의 모색』, 이화여자대학교 출판부.

이-푸 투안(1995), 『공간과 장소』, 구동회 외 옮김, 도서출판대윤.

임옥희(2007), 「폭력과 애도의 정치학」, 여성평화연구원 공개세미나 (2007. 5. 4.)

장필화 외(2001), 「성매매 방지를 위한 국외 대안 사례 연구」, 여성부정책자료 2001-18.

장필화(2006), 「아시아 대학에서의 여성교육과 여성학」, 한국학술진흥재단 중점연구소 지원과제 연차보고서, 이화여자대학교 한국여성연구원.

조은(1990), 「공간 · 계급 · 여성」, 『사회비평』 제4호.

존 레니에 쇼트(2001), 『문화와 권력으로 본 도시탐구』, 이현욱 외 옮김, 한울.

주디스 로버(2005), 『젠더 불평등』, 최은정 외 옮김, 일신사.

피터 홀 외(2005), 『미래의 도시: 21세기 도시의 과제 및 대응 전략』, 임창호 외 옮김, 한울아카데미.

Barlow, T.(2006), "Asian Women in Reregionalization", 2006 Summer Lecture Sessions Proceedings, Asian Studies for Women's Studies at Ewha University.

Brownill, S.(2000), "Regen(d)eration: Women and Urban Policy in Britain", J. Darke ed., *Women and the City*, Palgrave.

Einhorn, B.(2006), "Citizenship in an Enlarging Europe: Contested Strategies", 이화여대 아시아여성학 센터 특강 발표문.

Hannan, C.(2007), "Promoting Gender Equality and Empowerment of Women in Cities(도시 여성의 성평등 향상과 여성세력화)", <Global City Strategies for Implementing Policies on Gender Equality> proceedings, 서울시 여성가족재단.

Magnusson, W.(2000), "Politicizing the Global City", Engin F. Isin ed., *Democracy, Citizenship and the Global City*, Routledge.

Massey, Doreen with the collective(1999), "Issues and Debates", Doreen Massey ed., *Human Geography Today*, Polity Press.

Sassen, S.(2001), *The Global City, New York, London, Tokyo*, 2nd ed., Princeton University Press,

Soja, E.(2000), *Postmetropolis Critical Studies of Cities and Regions*, Blackwell.

Werlen, Benno(2004), "The Making of Globalized Everyday Geographies", Jorgen Ole Baerenholdt, et. al., eds., *Space Odysseys*, Roskilde University.

김민경(2006), 「여성 건축가들의 제안: 부엌을 거실로 옮기자」, http://www.donga.com/docs/magazine/news_plus/news172/np172ii0....(검색일: 2006. 9. 25)

박승현(2006), 「지역 공동체와 마을 만들기」, http://blog.naver.com/stupa84/100022078614(검색일: 2006. 4. 9.)

조재길(2006), 「마천루 경쟁 높이 더 높이, 2010년 세계 톱 10중 5개 코리아에 우뚝」, http://news.naver.com/print_form.php?office_id=015&article_id=00000..(검색일: 2006. 10. 5)

차학봉(2007), 「지구촌 초호화 아파드, 수퍼 부자 부른다」, http:/

/news.chosun.com/site/data/html_dir/2007/06/13/2007061301038.
html(검색일: 2007. 10. 8)

한승희(2006), 「한강, 사회적 살인의 공간 괴물은 왜 한강에 사는가?」,
http//news.naver.com/news/read.php?mode=LSD&office_id=074
&arti...(검색일: 2006. 7. 21)

윤혜린은 이화여자대학교 한국여성연구원 연구교수로 재직 중이며, 한국학 숲진흥재단에서 지원한 <지구화와 젠더> 프로젝트를 6년간(1999-2005) 수행 했고 현재는 <탈식민 아시아 여성주의 공간철학> 9년 연구 프로젝트(2005-2014)를 진행하고 있다. 철학 박사 학위 논문으로 「사회의 마음: 그 실재성 과 지향성」(1997)을 썼고 현재 여성철학, 문화철학, 논술철학, 여성주의 리더 십 등으로 연구 및 교육 내용을 확장하고 있다. 철학의 대중화 실천의 일환 으로 이화여대 평생교육원에서 철학적 글쓰기 강의를 하고 있고, 서울시 늘 푸른여성지원센터의 길거리 상담 모니터링을 하고 있으며, 『한국일보』의 <삶과 문화> 칼럼에 글을 싣고 있다.

주요 저서로는 『초등논술 리더의 철학』(2007), 『베란다 정원의 철학』(2008), 『여성 리더십의 공간과 철학』(2009), 『여성과 철학』(공저, 1999), 『정보 매체 의 지구화와 여성』(공저, 2002), 『나의 삶 우리의 현실』(공저, 2004), 『지구화 시대 여성주의 대안가치』(공저, 2005), *Globalization and Feminism in Korea* (공저, 2005), 『지구화 시대의 현장 여성주의』(공저, 2007) 등이 있으며, 특히 여성 리더십 시리즈인 『여성주의 가치와 모성 리더십』(공저, 2005), 『여성주 의 시티즌십의 모색』(공저, 2007), 『여성주의 리더십 새로운 길 찾기』(공저, 2007) 등을 통해 여성 리더십의 철학적 기초를 확립하는 데 힘을 쏟고 있다.

지구화 시대 여성주의 철학

·

2009년 3월 10일 1판 1쇄 인쇄
2009년 3월 15일 1판 1쇄 발행

지은이 / 윤 혜 린
발행인 / 전 춘 호
발행처 / 철학과현실사
서울시 종로구 동숭동 1-45
전화 579-5908 · 5909
등록 / 1987.12.15.제1-583호

ISBN 978-89-7775-682-3 03130
값 13,000원